아무나 볼 수 없는 책

아무나 볼 수 없는 책
-귀중본이란 무엇인가

초판 1쇄 찍은 날 2022년 6월 7일
초판 1쇄 펴낸 날 2022년 6월 15일

지은이 장유승
펴낸이 김일수
펴낸곳 파이돈
출판등록 제406-2018-000042호
주소 03940 서울 마포구 월드컵북로 207 근영빌딩 302호
전자우편 phaidonbook@gmail.com
전화 070-4797-9111
팩스 0504-198-7308

ISBN 979-11-963748-6-0 03910
ⓒ 장유승, 2022

책값은 뒤표지에 있습니다.

아무나
볼 수 없는
책

귀중본이란 무엇인가

장유승 지음

파이돈

귀중본이란 무엇인가

아무나 볼 수 없는 책

아무나 볼 수 없는 책이라고? 대체 무슨 책이길래? 궁금하지요? 혹시 기분이 나쁠지도 모르겠습니다. 흥, 너는 봤다 이거지? 아니에요. 저도 못 봤어요. 제가 본 건 그 책을 촬영한 사진뿐입니다. 책의 실물을 본 적은 없습니다. 반드시 실물을 보아야 하는 납득할 만한 이유가 없는 이상, 도서관은 귀중한 책을 함부로 보여주지 않습니다. 저처럼 책을 연구하는 사람도 예외는 아닙니다. 저 역시 '아무나'의 한 사람에 불과합니다.

도서관이 귀중한 책을 아무나 보여주지 않는 이유는 무엇일까요? 이용자에게 책을 보여주는 것이 도서관의 역할이지만 책을 손상 없이 보관해서 후세에 전달하는 것도 도서관의 역할이기 때문입니다. 그 책이 희귀하고 가치 있는 문화재라면 더욱 그렇습니다. 금동미륵보살반가사유상이나 백제금동대향로를 아무에게나 보여주고 만지게 할 수 있겠습니까? 귀중한 책도 마찬가지입니다.

귀중한 책의 실물은 보기 어렵습니다. 볼 수 있는 건 고작해야 유리 진열장에 갇힌 모습이지요. 이래서야 겉모습만 구경할 뿐, 책은 한 장도 읽을 수 없습니다. 책을 읽고 싶은 사람은 복사본이나 사진을 보아야 합니다. 한 장씩 넘기는 손맛을 느끼지 못하는 건 유감이지만, 책을 읽고 싶다면 사진으로도 충분합니다. 요새는 해상도가 높아져서 사진을 보더라도 실물을 보는 것과 별 차이가 없습니다. 확대 기능을 잘 사용하면 맨눈으로 보는 것보다 나을지도 모르겠습니다. 게다가 어지간하면 인터넷으로 볼 수 있으니, 집안에 앉은 채로 클릭 몇 번만 하면 됩니다. 이 점에서 아무나 볼 수 없는 책은 누구나 볼 수 있는 책이기도 합니다. 그렇다면 아무나 볼 수 없으면서 누구나 볼 수 있는 귀중한 책은 과연 어떤 책일까요?

귀중한 책의 조건

국립중앙도서관에는 약 28만 권의 고서가 있습니다. 그중 1%에 해당하는 963종 3,475권은 '귀중본'으로 분류되어 있습니다. 귀중본은 귀중한 책을 말합니다. '본本'은 '책'과 같은 뜻입니다. 일본에서 유래한 표현이라고도 하지만 우리도 옛날에 활자나 목판으로 찍어낸 책을 '본'이라고 부르기도 했으니 쓰지 못할 말은 아닙니다.

어떤 책이 귀중한 책일까요? 국립중앙도서관의 귀중자료 기준은 이렇습니다.

① 고사본古寫本 및 고간본古刊本

　　가. 한국은 조선조 제17대 효종孝宗 이전(1659년)

　　나. 중국은 명조明朝 이전(1644년)

　　다. 일본은 경장慶長 이전(1614년)

　　라. 서양 및 기타 나라는 1800년 이전

② 신간본 및 필사자료

　　가. 1950년 이전 국내 발간자료

　　나. 1910년 이전 한국 관련 외국자료

　　다. 1945년 이전 독립운동가의 저작물

③ 국내 유일본

④ 현전본이 극히 적어서 자료적으로 가치가 있다고 인정되는 것

⑤ 왕이나 유명한 학자, 문인 등이 오래 간직하면서 애용하던 책으로 자
　필서명 또는 장서인이 있는 것

⑥ 명가 자필의 고본과 서간

⑦ 명가의 필사본 중 특히 가치가 있다고 인정되는 것

⑧ 명가의 초판본

⑨ 100부 이내의 한정본, 저명인사가 개인적으로 간행한 책 및 특수 장
　정본 중 자료적 가치가 높다고 인정되는 것

⑩ 자료적, 예술적 가치가 높다고 인정되는 서화

⑪ 고지도, 탁본

⑫ 기타 희귀자료

복잡하지요? 이 조건들을 바탕으로 귀중본 고서의 개념을 잡아보겠습니다. ①은 책이 만들어진 시기에 관한 조건입니다. '고'사본 및 '고'간본, 즉 오래된 책이어야 한다는 것입니다. 나라에 따라 조금씩 다르지만, 대체로 17세기 이전에 만들어진 책이면 귀중본으로 취급합니다. 지금으로부터 3백 년 전입니다. 요컨대 3백 년 넘은 책은 일단 귀중본으로 보면 됩니다.

일반적으로 우리나라 고서 전문가들은 임진왜란 이전(1592)의 책을 귀중본으로 간주합니다. 국립중앙도서관에서 군이 효종조를 기준으로 삼은 이유는 알 수 없지만, 귀중본의 범위를 넓히려는 의도로 보입니다. 임진왜란을 기준으로 삼으면 귀중본으로 분류 가능한 책이 너무 적어집니다. 귀중본이라는 꼬리표를 붙이지 않으면 관리가 소홀해질 수도 있습니다. 참고로 서울대학교 규장각은 인조 1년(1623), 한국학중앙연구원 장서각은 병자호란(1636)을 기준으로 삼고 있습니다.

②는 근현대 서적의 조건입니다. 꼭 오래된 책만 귀중한 것은 아니기 때문입니다. ③과 ④는 수량에 관한 조건입니다. 하나뿐이거나 몇 없는 책은 오래되지 않아도 귀중본이라는 것이지요. 그렇지만 수량이 적다고 반드시 귀중본으로 지정하지는 않습니다. 내 일기장은 하나뿐이지만 내가 죽은 뒤에 귀중본 대우를 받을 것 같지는 않습니다. 따라서 수량에 관한 조건은 반드시 다른 조건을 함께 충족시켜야 합니다.

⑤는 소장자에 관한 조건입니다. 책 주인이 유명한 사람이고, 그 책에 서명이든 도장이든 뭔가 흔적을 남겼으면 귀중본이라는 것입니다. 책 자체의 가치보다는 책을 둘러싼 맥락을 중시하는 것이지요. ⑥

과 ⑦은 필사자에 관한 조건입니다. '명가', 즉 이름난 사람의 자필 원고나 편지는 귀중본이라는 것입니다. 역시 책을 둘러싼 맥락에 관계된 조건입니다. ⑧과 ⑨ 역시 근현대 서적의 조건입니다. 책이 아니라도 초판과 한정판은 귀중합니다.

⑩, ⑪은 텍스트가 아닌 이미지로 이루어진 책에 해당하는 조건입니다. 다시 말해 그림책이나 사진집에 가까운 책입니다. 자료적, 예술적 가치가 높아야 한다는 단서를 달았지만 대체로 그림은 책보다 귀합니다. 그리 오래되지 않아도 충분히 귀중본 대접을 받습니다. 겸재 정선, 단원 김홍도, 혜원 신윤복 모두 조선 후기 사람입니다. 이 사람들이 활동한 시기에 만들어진 책은 귀중본으로 지정되는 경우가 드뭅니다. 하지만 이 사람들의 그림은 보물 대접을 받지요. 옛날 지도는 물론 비석 따위를 찍어낸 탁본도 책만큼 흔치 않으니 웬만하면 귀중본입니다. 이상의 조건에 해당하지 않더라도 ⑫가 있으니 탄력적으로 적용할 수 있습니다. 조건이 많으니 복잡해 보입니다. 하지만 귀중본의 실체는 단순합니다. 한마디로 말하자면 '드문 책'입니다.

책은 물건이다

우리가 세계에 자랑하는 《직지直指》(정식 명칭은 '백운화상초록불조직지심체요절')는 1372년 간행된 세계 최초의 금속활자본입니다. 지금 남아 있는 것은 전 세계에 딱 하나뿐입니다. 프랑스 국립도서관이 갖고 있지요. 활자인쇄의 기원을 증명하는 이 책이 귀중하다는 점은 누구나 동의할 것입니다.

이보다는 조금 늦지만 1454년경 유럽 최초로 인쇄된 활자본 '구텐베르크 42행 성경'이라는 책이 있습니다. 이 책도 몹시 드뭅니다. 전 세계에 4권뿐입니다. 역시 귀중본 중의 귀중본입니다. 꼭 오래되어야 귀중본은 아니지만 오래될수록 드물기 때문에 대체로 오래된 책이 귀중본입니다.

　국립중앙도서관이 효종조 이전의 책을 모두 귀중본으로 간주하는 것도 드물기 때문입니다. 그중에서도 출판인쇄술의 수준을 보여주는 활자본은 더욱 드뭅니다. 국립중앙도서관이 소장한 국보 2종 가운데 하나가 《십칠사찬고금통요十七史纂古今通要》(1412)입니다. 중국 원나라 사람 호정방胡庭芳이 편찬한 중국 통사입니다.

　호정방은 높은 평가를 받는 역사학자가 아닙니다. 《십칠사찬고금통요》라는 책도 그저 기나긴 중국 역사를 요약한 다이제스트에 불과합니다. 내용은 가치가 높다고 보기 어렵습니다. 국내에는 몇 종 없지만 중국에는 많습니다. 중국 사람이 지은 중국 역사책이니까요.

　그런데도 이 책이 국보로 지정된 것은 조선 최초의 금속활자 계미자癸未字로 찍었기 때문입니다. 나중에 설명하겠지만 조선시대 금속활자는 다품종 소량 인쇄를 위해 사용되었으므로 애당초 많이 찍어내지 않았습니다. 오래된 금속활자본이 드문 이유입니다. 그래서 조선 초기 금속활자본은 대부분 보물입니다.

　국립중앙도서관이 소장한 또 다른 국보는 《동의보감》(1613)입니다. 《동의보감》은 모르는 사람이 없습니다. 자주 간행되었으므로 지금 남아 있는 것도 많습니다. 게다가 활자본이 아니라 목판본입니다. 목판본은 흔합니다. 그런데 왜 귀중본일까요? 1613년 판 《동의보감》은 처음 간행된 《동의보감》으로, 현재 국내에 3세트밖에 남아 있지 않기 때문입니다.

이 밖에 유명한 사람의 자필로 쓰인 책, 유명한 사람이 가지고 있었던 책도 귀중본입니다. 이 역시 드물기 때문입니다. 흔해 빠진 《천자문》도 유명한 사람이 자필로 썼거나 가지고 있던 책이라면 귀중본입니다. 여기서 귀중본의 기준을 짐작할 수 있습니다. 귀중본은 내용이 귀중한 책이 아닙니다. 귀중본의 12가지 조건 중에 내용에 관한 것은 없습니다. 그러니까 '책에 중요한 내용이 적혀 있어서 귀중본이다.'라는 것은 있을 수 없다는 말입니다. 귀중본을 결정짓는 것은 책의 물리적 특징, 즉 물성物性입니다. 책은 결국 물건입니다.

쓰레기 고서와 귀중본 고서

고서를 연구하는 사람들은 귀중본에 관심이 많습니다. 귀중한 책은 귀중한 정보를 전해주기 때문입니다. 국립중앙도서관이 발행하는 《오늘의 도서관》이라는 소식지가 있습니다. 2011년부터 이 소식지에서 국립중앙도서관이 소장한 귀중본을 소개하기 시작했습니다. 그간 여러 필자들이 소개한 책이 1백 종에 가깝습니다. 하지만 아직도 알려지지 않은 귀중본이 많습니다.

저는 그동안 귀중하지 않은 책에 관심이 있었습니다. 귀중한 책이 드문 책이라면 귀중하지 않은 책은 흔한 책이고, 그만큼 많은 사람들이 읽었다는 것입니다. 흔한 책이 들려줄 수 있는 이야기가 있다는 믿음으로 흔하다 못해 쓰레기 취급을 받는 고서들을 소개하는 《쓰레기 고서들의 반란》(글항아리, 2013)이라는 책을 내기도 했습니다. 다행히 많은 호응을 얻었습니다. 그로부터 몇 년이 지나 저는 국립중앙도서관으로부터 귀중본 고서를 소개하는 글을 써 달라는 부탁을 받았습니다. 3년간의 연재를 마치고 그간 써놓은 글과 미처 발표하지 못한 글을 모아 이 책을 엮었습니다. 이번에는 귀중한 책이 들려주는 이야기에 귀를 기울여 보려 합니다.

여러 권의 귀중본 고서를 자세히 들여다보며 깨달은 것이 하나 있습니다. 지금 보물 취급을 받는 귀중본도 원래는 평범한 책이었다는 사실입니다. 당시에는 비교적 흔했던 책도 있고, 무언가 기념하기 위해 단체사진처럼 몇 부만 만들어 나누어 가진 책도 있습니다. 베스트셀러가 있는가 하면, 힘들여 펴냈지만 읽는 사람이 별로 없었던 책도 있습니다. 모든 고서는 책 한 권 분량의 사연을 간직하고 있습니다.

귀중본 고서를 다룬 책은 드물지 않습니다. 책을 연구하는 서지학자가 펴낸 학술서도 있고, 책을 모으는 수집가의 경험담을 풀어놓은 회고록도 있고, 귀중본 고서를 소유한 도서관과 박물관에서 펴낸 도록도 있습니다. 귀중본 고서의 학술적, 문화재적 가치를 알고 싶다면 이 책들을 보면 되겠습니다.

하지만 평생 고서를 만져볼 일이 없는 보통 사람들에게는 다소 어렵고 그다지 와닿지 않는 이야기인 것도 사실입니다. 가끔 뉴스를 통해 새로운 귀중본 고서가 발견되었다는 소식을 접해도 그것이 어째서 귀중한지 모릅니다. 당연합니다. 제아무리 연구자들이 귀중하다고 떠들어도 평범한 사람에게는 다른 나라 이야기이니까요. 귀중하게 여겨야 한다고 억지로 강요하는 것 같아 불쾌하기까지 합니다. 이런 오해를 바로잡기 위해서는 좀 더 알기 쉽고 자세한 설명이 필요합니다.

귀중본 고서가 과연 오늘날 우리에게도 여전히 가치가 있는지 확인해보겠습니다.

차례

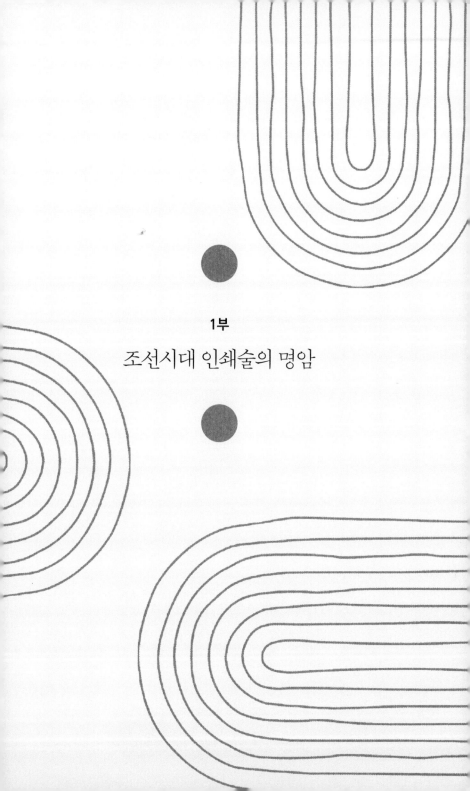

1부

조선시대 인쇄술의 명암

목판인쇄의 진실

팔만대장경과 유교 책판

한국 목판인쇄물의 진수, 팔만대장경

목판인쇄는 과거 동아시아의 보편적인 인쇄 방식이었습니다. 나무는 구하기도 쉽고 가공하기도 쉽기 때문입니다. 인쇄를 목적으로 글자를 새긴 나무판자를 판목板木이라고 합니다. 판목 한 장으로 책 한 장을 만들 수 있으니, 책 한 권을 인쇄하려면 이 판목이 수십, 수백 장 있어야 합니다. 만들기가 번거롭기는 하지만 일단 만들어놓으면 판목의 글자가 닳을 때까지 똑같은 책을 얼마든지 찍어낼 수 있습니다.

목판인쇄는 책의 보급에 크게 기여했습니다. 우리나라 옛날 책도 목판인쇄물이 대부분입니다. 그중 제일가는 것은 뭐니 뭐니 해도 팔만대장경입니다. 거대한 해인사 장경판전을 가득 채우는 그 규모는 세계 어느 나라의 책도 따라올 수 없습니다.

국립중앙도서관에는 팔만대장경의 인쇄본이 있습니다. 해인사에 보관된 판목을 일제강점기에 인쇄해서 책으로 만든 것입니다. 사실 팔만대장경의 판목은 원래 지금의 책 형태로 만들기 위한 것이 아닙니다. 휴지처럼 돌돌 마는 두루마리나 관광지의 안내 팸플릿처럼 접는 형태로 만들기 위한 것입니다. 그런데 이걸 억지로 책 형태로 만들었으니 모양새가 조금 어색합니다. 하지만 팔만대장경의 실체를 확인하기에는 문제가 없습니다.

고려시대부터 오늘날까지 여러 차례 사라질 위기를 넘기며 우여곡절 끝에 간신히 살아남은 팔만대장경은 우리의 대표적 문화유산으로 손꼽힙니다. 그 가치는 굳이 반복해 말할 필요가 없겠지요. 하지만 저는 이 글에서 다른 이야기를 해보려고 합니다. 팔만대장경은 우리 출판문화의 높은 수준을 보여주는 동시에 그 한계 역시 보여주고 있다는 사실입니다.

팔만대장경의 분량

대장경大藏經은 불경과 그 해설서를 한데 모은 일종의 전집입니다. 중국에서는 송宋나라부터 요遼, 원元, 명明, 청淸에 이르기까지 여러 왕조가 대장경을 만들었고, 고려와 일본에서도 만들었습니다. 이중 고려에서 만든 대장경을 다른 나라에서 만든 것과 구분하여 '고려대장경'이라고 합니다.

고려는 두 차례 대장경을 만들었습니다. 첫 번째는 거란의 침입이 한창이던 1011년부터 18년 동안 만들었습니다. 처음으로 새겨 만든 대장경이라는 뜻에서 초조대장경初雕大藏經이라고도 합니다. 이것이 1232년 몽고의 침입으로 불타버리자 1236년 다시 대장경 제작에 착수하여 15년 만에 완성합니다. 재차 새겨 만든 대장경이라는 뜻에서

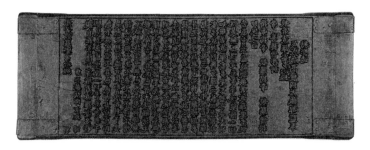

팔만대장경 중 반야심경 판목(출처: 강화역사박물관)

재조대장경再雕大藏經이라고도 합니다. 합천 해인사에 있는 바로 그것입니다. 8만 장이 넘는 경판으로 구성되었다고 해서 '팔만대장경'이라고도 하지요.

　　팔만대장경을 전부 쌓으면 백두산보다 높다고 합니다. 팔만대장경 경판 하나의 크기는 가로 70cm, 세로 24cm, 두께 4cm 정도입니다. 4cm 두께의 나무판자를 8만 개 쌓으면 3,250m입니다. 백두산의 높이가 2,744m이니 훨씬 높은 건 사실입니다. 다만 이것은 한 줄로 높이 쌓았을 때의 이야기입니다. 만약 팔만대장경 경판을 일정한 공간에 테트리스처럼 빈틈없이 꽉꽉 채워 넣는다면 얼마만큼의 공간이 필요할까요.

　　연구에 따르면 팔만대장경의 총 부피는 446m³입니다. 얼른 감이 오지 않지요? 대략 60평 아파트의 부피와 비슷합니다.(면적 198.35m² × 높이 2.2m) 팔만대장경 경판 8만 장을 차곡차곡 쌓으면 60평 아파트 한 채에 충분히 들어간다는 말입니다. 60평 아파트를 본 적이 없어서 모르겠다면 20평 아파트 세 채나 30평 아파트 두 채라면 짐작이 갈 겁니다. 생각보다 많은 양은 아니지요?

그런데 지금 팔만대장경이 보관된 해인사 장경판전의 규모는 이보다 훨씬 큽니다. 장경판전은 가로 60m, 세로 8m, 높이는 정확한 자료가 없지만 넉넉잡아 5m라고 합시다. 이런 건물이 두 채 있으니 부피는 4,880m³입니다. 팔만대장경 부피의 열 배가 넘습니다. 그러니까 장경판전을 빈틈없이 채우면 팔만대장경 열 세트를 집어넣을 수 있습니다. '팔십만대장경'을 넣는 것도 가능하다는 말입니다.

물론 실제로는 그렇게 할 수 없습니다. 바람이 통하게 판목과 판목 사이에 간격도 두어야 하고, 판목을 얹을 선반도 설치해야 하고, 사람이 지나다닐 통로도 있어야 하니까요. 그러니까 판목을 제대로 보관하려고 판목 부피의 열 배나 되는 공간을 마련한 것이지요.

장경판전만 그런 게 아니라 판목을 보관한 곳은 전부 그렇습니다. 영남의 유명한 종갓집에 가면 으레 장판각藏板閣이라는 건물이 있습니다. 조상 문집의 판목을 보관한 곳이지요. 들어가 보면 판목이 벽면의 선반에 줄줄이 진열되어 있지만 대부분은 빈 공간입니다. 판목을 보관하려면 넓은 공간이 필요합니다.

팔만대장경을 종이로 찍어낸다고 합시다. 앞서 경판의 크기가 가로 70cm, 세로 24cm, 두께 4cm 정도라고 했습니다. 종이로 찍으면 전체적인 크기는 줄어듭니다. 경판의 손잡이나 여백은 인쇄할 필요가 없으니까요. 가로 세로 크기가 그대로라고 치더라도, 두께는 현저히 줄어듭니다. 나무 경판의 두께는 4cm나 되지만, 종이는 제아무리 두

합천 해인사 대장경판. 대장경 판목을 보관한 장경판전의 면적은 300평에 가까우나 이것으로 찍어 낸 인쇄물은 2평이면 충분히 보관 가능하다.(출처: 한국민족문화대백과사전)

꺼워도 1mm도 못 됩니다.

계산의 편의상 종이 두께를 1mm라고 해두죠. 그렇다면 팔만대장경을 찍어낸 종이의 부피는 판목 부피 446m³의 1/40, 고작해야 11m³ 남짓입니다. 2평짜리 고시원 방이면 다 집어넣을 수 있습니다. 해인사 장경판전에 즐비한 8만 장의 판목을 인쇄한 종이가 고작 고시원 방 하나를 채우는 정도에 불과하다니, 여기서 목판인쇄라는 것이 얼마나 비효율적인 인쇄방법인지 알 수 있습니다.

목판인쇄를 고집한 이유

팔만대장경을 활자로 인쇄했다면 거대한 장경판전은 필요 없었을 겁니다. 인쇄에 사용된 활자와 틀, 각종 도구를 전부 모아봤자 해인사 해우소 한 칸도 못 채울 게 분명합니다. 팔만대장경은 목판으로 인쇄했기 때문에 지금처럼 어마어마한 규모의 유산을 남긴 것입니다.

원래 판목은 달랑 책 한 권 찍어내려고 만든 것이 아닙니다. 목판인쇄의 장점은 판목 하나로 최소 수백 장의 동일한 인쇄물을 찍어낼 수 있다는 점입니다. 글자가 닳을 때까지 계속 찍는다면 수천 장도 가능하겠지요. 반대로 소량만 필요하다면 목판인쇄는 효율적인 방법이 아닙니다. 소량 인쇄에 적합한 것은 활자인쇄입니다. 목판인쇄는 단일 품종 대량 생산에 적합하고, 활자인쇄는 다품종 소량 생산에 적합합니다.

대장경을 널리 보급하고 싶다면 목판인쇄로 찍어내는 것이 효율적입니다. 하지만 대장경의 수요는 많지 않습니다. 왕실 및 일부 귀족,

그리고 대형 사찰 정도에 불과했을 것입니다. 고작해야 수십 부 정도입니다. 이 정도라면 목판인쇄보다는 활자인쇄가 낫습니다. 그런데 어째서 고려는 팔만대장경을 활자로 찍어내지 않았을까요?

기술이 없었기 때문일까요? 고려는 이미 1234년 금속활자를 이용해서 《상정고금예문》이라는 책을 찍어낼 정도의 기술력을 보유하고 있었습니다. 팔만대장경 판각은 1236년에 시작되었으니, 활자로 찍으려고 마음만 먹었으면 할 수 있었을 것입니다. 그런데도 굳이 목판인쇄를 선택한 이유는 책보다 판목의 가치를 중시했기 때문이라고 봅니다.

활자인쇄는 한 장씩 조판하여 인쇄하고, 인쇄를 마치면 흩어버립니다. 활자인쇄를 마치면 남는 것이라고는 낱낱이 흩어진 활자뿐입니다. 인쇄가 필요하면 모든 작업을 처음부터 다시 해야 합니다. 목판인쇄는 다릅니다. 목판인쇄를 위해 제작한 판목은 인쇄한 뒤에도 그대로 남습니다. 판목만 있으면 책은 얼마든지 찍어낼 수 있으므로 판목은 인쇄한 책보다 더 높은 가치를 인정받았습니다.

팔만대장경은 책을 찍어내기 위해 만든 것이 아니다

널리 알려진 대로 팔만대장경은 몽고의 침입 때문에 만든 것입니다. 부처님의 힘으로 몽고의 침입을 막아내겠다는 것이었지요. 어떤 사람들은 외적이 쳐들어오는데 한가롭게 불경이나 만들고 있다니 말이 되느냐고 비난합니다만, 사실 그 내막은 자세하지 않습니다. 고려 사람들이 바보도 아니고, 공들여 불경을 찍어낸다고 부처님이 나타나서 거란군을 물리쳐 주리라고 생각하지는 않았을 것입니다.

혹자는 국내의 불교 세력을 포용하기 위한 조치였다고 하고, 혹자는 문화적 저항이라고도 합니다. 일제강점기에 우리 고전의 출판과 연구를 통해서 일제에 저항했던 것처럼 말이죠. 주술적인 목적이 있었다고 보는 견해도 있습니다. 몽고가 동유럽을 침공했을 때 그곳 사람들이 십자가와 각종 성물, 성자의 유골 따위를 꺼내놓고 몽고군이 물러나기를 기도했던 것처럼, 지푸라기라도 잡는 심정으로 부처님이 가호를 빌었을지도 모르는 일입니다. 누구 말이 옳은지는 알 수 없습니다. 다만 고서를 연구하는 사람으로서 제가 확실히 이야기할 수 있는 것이 하나 있습니다. 팔만대장경은 책을 찍어내기 위해 만든 것이 아니라는 사실입니다.

본디 목판은 책을 찍어내기 위한 도구입니다. 책이 결과물이고, 목판은 부산물입니다. 하지만 팔만대장경은 그렇지 않습니다. 목판이 결과물이고 책이 부산물입니다. 이것이 초조대장경 판목이 거란의 침입으로 불타자 불과 4년 만에 재조대장경, 즉 지금의 팔만대장경을 만든 이유입니다.

팔만대장경을 만든 이유는 이규보李奎報의 〈대장경을 판각하며 임금과 신하가 기원한 글大藏刻板君臣祈告文〉에 자세합니다. 여기에 거란의 침략으로 "부인사에 보관된 대장경 판본이 남김없이 불탔다.符仁寺之所藏大藏經板本, 亦掃之無遺矣"라고 했습니다. 부인사에 보관된 대장경 판본이란 거란의 침입을 막기 위해 새긴 초조대장경의 판목을 말합니다.

여기서 한 가지 생각해볼 것이 있습니다. 초조대장경 판목은 불타서 사라졌지만 그 판목으로 인쇄한 책은 남아 있었을 것입니다. 책이 하나도 남지 않았다면 몰라도, 판목이 사라진 지 4년 만에 급히 판목 제작에 착수한 이유는 무엇일까요? 이규보는 어째서 책이 없어졌기 때문에 새로 대장경을 판각한다고 말하지 않고 판목이 없어졌기 때문에 판각한다고 말했을까요? 판목의 영험한 힘을 믿었기 때문입니다.

이규보는 과거 초조대장경을 완성했을 때를 회고하며 "대장경 판목의 판각을 완성하자 거란 군사가 스스로 물러갔다.刻成大藏經板本, 然後 丹兵自退"고 했습니다. 판목으로 책을 찍어내자 물러간 것이 아니라 판목을 완성하자 물러갔다고 말한 점에 주목해야 합니다.

책을 만드는 것이 목적이었다면 판목을 새긴 뒤에 대량으로 인쇄해서 배포했겠지요. 하지만 그런 흔적은 찾을 수 없습니다. 고려시대에는 그만한 수요가 없었습니다. 이 점은 조선 초기에 대장경을 요구한 일본의 사례에서도 확인할 수 있습니다.

일본은 조선 개국 이래 줄기차게 대장경을 요구했습니다. 태조 때부터 중종 때까지 총 87회 대장경을 요구했고, 이중 45회는 받아가는 데 성공했습니다. 일본은 왜 이렇게 많은 대장경이 필요했을까요? 대장경을 요구한 사람은 일본의 쇼군과 각 지방의 유력 호족들이었습니다. 이들은 새로 지은 사찰 등에 안치하기 위해 대장경을 요구했습니다.

이 같은 대장경의 쓰임새는 불교 국가였던 고려 역시 마찬가지였을 것입니다. 전 국민에게 배포하기 위한 것이 아니었다는 점은 분명합니다. 소수의 귀족과 사찰에 나누어주는 것이 목적이라면, 대장경은 많은 부수가 필요하지 않습니다. 굳이 목판인쇄를 선택한 것은 인쇄물보다 판목이 중요해서입니다. 결국 대장경 판각의 목적은 책을 만들기 위해서가 아니라 판목을 만들기 위해서였던 것입니다.

여기서 한 가지 생각해보죠. 만약 팔만대장경의 판목이 전부 없어지고 판목으로 인쇄한 종이만 남아 있다면 우리는 지금처럼 팔만대장경에 경외심을 품을까요? 고작 반 평짜리 창고를 가득 채운 종이뭉치를 보면서 과연 우리는 민족문화의 위대함을 운운할 수 있을까요? 저는 아니라고 생각합니다.

유네스코 세계기록유산 유교 책판의 실체

유교 책판이라는 것이 있습니다. 경북 안동에 있는 한국국학진흥원이 소장한 조선시대 판목입니다. 대장경처럼 원래부터 하나의 세트를 이루는 것은 아닙니다. 305개 문중과 서원이 보관하던 별개의 판목을 한데 모아놓은 것입니다. 2015년 유네스코 세계기록유산으로 등재되었습니다.

유교 책판은 718종 64,226장으로 구성되어 있습니다. 팔만대장경에는 못 미치지만 역시 적은 분량은 아닙니다. 게다가 이것이 전부가 아닙니다. 범위를 넓혀서 전국에 흩어져 있는 비슷한 성격의 책판을 모으면 10만 장 정도는 가볍게 넘을 것입니다.

그런데 팔만대장경과 마찬가지로 유교 책판 역시 원래는 책을 만들기 위한 도구였지만 실제로는 책판 그 자체의 가치를 중시했습니다. 유네스코 홈페이지에 이 점을 잘 설명했습니다.

안동 도산서원의 장판각. 퇴계 관련 서적의 판목 2790장이 보관되어 있었으나 현재는 보존을 위해 한국국학진흥원으로 옮겼다. (출처: 문화재청 국가문화유산포털)

유교 책판이 본래 서책을 인쇄하기 위하여 제작된 것은 틀림없지만 단순히 인쇄용 매체로서 기능이 한정되었던 것은 아니다. 다시 말해, 유교 책판은 선현先賢이 남긴 학문의 상징으로 간주되었고 후대의 학자들은 이를 누대에 걸쳐 보관 및 전승해왔다.

유교 책판은 단순한 인쇄 도구가 아니라 '학문의 상징'이라는 것입니다. 팔만대장경이 부처님의 가호를 상징하는 것과 비슷합니다. 사실 유교 책판에 포함된 책들을 자세히 살펴보면 그 가치가 의심스러운 것들이 적지 않습니다. 이 점은 유교 책판의 유네스코 등재를 추진한 측에서도 인정하고 있는 사실입니다.

유교 책판에 포함된 책은 다양합니다. 가문의 족보와 개인의 연보도 있고, 성리서도 있고 예학서도 있습니다. 역사서와 지리서, 아동 교육을 위한 훈몽서도 있습니다. 이중에는 수요가 많은 책을 보급하기 위해 만든 것도 더러 있지만, 유교 책판의 80% 이상을 차지하는 개인 문집은 보급을 위한 책이 아닙니다. 경북 지역에서 활동한 그리 유명하지 않은 선비들의 문집이 대부분입니다.

문집은 원래 배포를 위한 책이 아닙니다. 조선 후기 문집의 상당수는 신분을 과시하기 위한 목적으로 편찬된 것입니다. 이중에는 아무리 후하게 평가해도 학문적인 성취를 인정하기 어려운 사람들의 문집도 포함되어 있습니다. 이렇다 할 내용도 찾기 어렵습니다. 다이어트하는 사람들이 야식을 먹고 싶은 욕구를 억누르며 "먹어봤자 아는 맛"이라고 스스로를 달랜다는데, 유교 책판도 마찬가지입니다. "읽어봤자 아는 내용"입니다.

문집 책판의 보존상태가 좋은 이유는 책을 찍는 데 별로 사용하지 않았기 때문이기도 합니다. 조선시대 문집이 별로 인기가 없었다는 것은 이미 널리 알려진 사실입니다. 문집이 나오면 벽을 바르거나 약봉지로 쓴다는 증언도 있습니다. '선조의 지혜'라느니 하는 말은 전부 사탕발림입니다. 알 만한 사람은 다 압니다. 함부로 입 밖에 내지 못할 뿐입니다. 촌구석에서 공자왈, 맹자왈만 외던 사람이 무슨 대단한 통찰을 기록으로 남겼겠습니까.

문집의 기록을 모두 진실이라고 믿어서도 안 됩니다. 맹자가 말했지요. "《서경》을 다 믿을 바에는 《서경》이 차라리 없는 게 낫다.盡信書, 不

如無書" 모든 기록은 과장과 거짓을 고려해야 한다는 말입니다. 유교 책판에 속하는 문집들을 읽어보면, 옛날에는 충신, 효자, 열녀만 살았던 것 같습니다. 선조를 높이려는 마음에 지어낸 이야기도 많습니다. 애당초 문집이라는 책은 저자의 위상을 높이기 위해 만든 것입니다. 때로는 그 목적을 위해 조작과 과장도 서슴지 않았습니다.

책판은 타임캡슐이다

유교 책판이 10만 장이나 된다지만, 책으로 찍어내면 팔만대장경에 비해 그리 많은 양도 아닙니다. 넓은 거실의 한쪽 벽면이 모두 책꽂이라면 그 안에 충분히 채워 넣을 수 있습니다.

유교 책판이 가치 없다는 말은 아닙니다. 옛날 평범한 사람들의 일상생활에 대한 기록도 지금으로서는 소중하니까요. 하지만 그 속에 무슨 대단한 진리가 숨겨져 있는 것처럼 말한다면 그건 거짓말입니다. 유학자들의 문집은 완전무결한 성인이 남긴 경전이 아닙니다. 기뻐하고 화내고 슬퍼하고 즐거워하는 평범한 인간이 남긴 기록입니다. 조선시대 기록의 성격과 관습을 고려하고 읽어야 그 가치가 비로소 빛을 발할 것입니다.

책보다 판목을 중시하는 관념은 조선시대에도 바뀌지 않았습니다. 이것이 바로 우리 선조들이 조선 말기까지 목판인쇄를 고집한 이유였습니다. 판목을 아무리 소중히 보관한들, 그 자체로는 사회에 아무런 영향도 미치지 못합니다. 판목은 그것이 책으로 바뀌어 널리 보급될 때 비로소 가치를 발휘하는 법입니다. 그 속에 아무리 수준 높은 지식이 들어 있어도 책으로 만들어지지 않으면 소용이 없습니다. 팔만대장경과 유교 책판은 지식의 보급에 기여하지 못했습니다. 지식이 소수의 전유물이었던 시대였으니 당연합니다. 이것이 우리가 세계에 자랑하는 팔만대장경과 유교 책판의 실체입니다.

팔만대장경과 유교 책판의 가치는 그것이 일종의 타임캡슐이라는 점에 있습니다. 타임캡슐은 당시에 흔히 쓰던 물건을 넣고 밀봉한 뒤 정해진 때가 되면 열어보는 것입니다. 길게는 수백 년까지도 잡는다고 합니다. 타임캡슐에 물건을 넣은 사람 말고는 그 속에 무엇이 들어 있는지 모릅니다. 중간에 열어볼 수도 없습니다. 다행히 먼 훗날까지 무사히 전해진다면 열어본 사람들은 먼 옛날 사람들이 어떻게 살았는지 알 수 있을 것입니다.

수백 년에서 천 년 가까이 봉인되어 있던 팔만대장경과 유교 책판이라는 타임캡슐이 모두에게 열린 지는 오래되지 않습니다. 지금까지 고스란히 전해진 것은 기적에 가까운 일이지만 그 기적에 심취하고 말아서는 곤란합니다. 철저히 조사하고 그 가치를 냉정히 평가해야 합니다. 쓸모 있는 것을 찾아보고 어떻게 활용할지 궁리해야 합니다. 그리고 이 타임캡슐을 잘 보관해서 후세에 전하는 것 또한 오늘날 사람들의 책임입니다.

②

조선의 스테디셀러

《포은집 圃隱集》

고려의 충신, 조선의 우상

정몽주는 설명이 필요 없는 위인입니다. 고려왕조에 충성을 다하다가 선죽교에서 철퇴에 맞아 죽은, 드라마틱한 인생은 잘 알려져 있지요. 반면 문무를 겸비한 재상으로 왜구 토벌에 공이 컸다는 사실, 명나라에 사신으로 가다가 난파하는 바람에 천신만고 끝에 살아남은 일화, 성리학에 조예가 깊어 조선 성리학자들에게 '동방 이학理學의 비조鼻祖', 즉 우리나라 성리학의 시조로 일컬어졌다는 점은 잘 알려져 있지 않습니다.

아이러니하게도 조선 건국을 반대했다가 살해당한 그는 조선왕조 5백년간 극진한 존숭을 받았습니다. 세상을 떠난 지 십 년도 못 되어 벼슬과 시호가 내리고, 후손은 관직에 오르고 세금을 면제받는 혜택도 누렸습니다. 역대 조선 국왕들은 기회 있을 때마다 그의 절개를 칭찬했습니다.

한 세기가 지나서는 문묘에 배향되었습니다. 문묘는 공자를 모신

사당입니다. 이곳에 공자와 함께 배향되면 왕조가 망할 때까지 극진한 대접을 받습니다. 더 이상 높일 수 없을 만큼 높인 것입니다. 최치원과 설총, 안유에 이어 네 번째였으며 조선왕조가 문묘에 배향한 첫 번째 인물입니다. 그를 기리는 서원도 세워졌습니다. 정몽주의 고향 경북 영천의 임고서원臨皋書院과 고려 수도 개성의 숭양서원崇陽書院이 대표적입니다.

정몽주의 문집《포은집》은 1409년 아들 정종성이 처음 간행했고, 1903년까지 총 14회 간행되었습니다. 평균 35년에 한 번 꼴로, 조선시대 최다 간행 문집입니다. 그 다음이 이제현李齊賢의《익재집益齋集》으로 6회 간행되었습니다.《포은집》의 절반도 못 됩니다.《포은집》이 얼마나 자주 간행되었는지 짐작할 만합니다.

조선 최다 간행 문집,《포은집》

선행연구를 참고하여 조선시대《포은집》의 간행 내역을 정리하면 다음과 같습니다.

① 1439년 아들 정종성이 목판으로 간행

② 1533년 현손 정세신이 황해도 신계현에서 목판으로 간행

③ 1575년 개성 숭양서원에서 목판으로 간행

④ 1585년경 선조 임금의 명으로 교서관에서 활자로 간행

⑤ 1585년경 경북 영천 임고서원에서 목판으로 간행

⑥ 1607년 경북 영천 임고서원에서 목판으로 간행

정몽주의 초상화. 정몽주의 문집《포은
집》은 조선시대 최다 간행 문집이다.
(출처: 국립중앙박물관)

⑦ 1608년 후손 정응성이 황해도 황주에서 목판으로 간행

⑧ 1662년 후손 정유성이 경북 봉화에서 목판으로 간행

⑨ 1677년 경북 영천에서 목판으로 간행

⑩ 1769년 개성 숭양서원에서 목판으로 간행

⑪ 1769년 후손 정중기가 경북 영천 임고서원에서 목판으로 간행

⑫ 1866년 후손 정원필이 경북 영천에서 목판으로 간행

⑬1900년 후손 정환익이 개성에서 목판으로 간행

⑭ 1903년 경남 진주에서 목판으로 간행

①은 최초로 간행된 《포은집》이지만 아쉽게도 전하지 않습니다. ②는 서울대 규장각과 고려대 도서관에 소장되어 있습니다. ③ 역시 전하지 않고 ④는 국립중앙도서관에 소장되어 있습니다. 을해자乙亥字라는 금속활자로 간행했지요. 조선전기에 금속활자로 간행한 책이니만큼 귀중본으로 지정되어 있습니다.

지금까지 확인된 판본만 이 정도이고, 별도의 판본으로 보아야 할지 논란이 있어 거론하지 않은 것도 있습니다. 이 밖에 미처 발견하지 못한 판본이 얼마나 있을지 알 수 없습니다. 일제강점기에 간행한 판본까지 합치면 그 수는 더 늘어납니다.

절반 정도는 후손이 간행을 주도했고, 그 밖의 판본 역시 후손이 관여했을 가능성이 높습니다. 포은 후손의 허락 없이 《포은집》을 간행했다고는 생각하기 어렵습니다. 간행 장소는 고려의 수도였던 개성, 그리고 정몽주의 생가가 있는 경북 영천이 가장 많습니다. 두 곳에 살던 사람들은 정몽주를 추모하는 마음이 남달랐을 것입니다. 두 곳이 행여 질세라 번갈아 《포은집》을 간행한 걸 보면 경쟁심리도 있었나 봅니다. 그 밖의 지역에서 간행한 판본은 정몽주의 후손이 지방관으로 부임하여 간행한 것입니다. 100년 넘게 간격을 두고 간행한 경우도 있지만, 불과 수년 간격으로 간행한 경우도 있습니다.

《포은집》은 왜 이렇게 자주 간행된 것일까요.

첫째는 수요입니다. 정몽주는 조선 개국 초부터 구한말까지 변함없는 존숭을 받았습니다. 처음에는 충신으로, 성리학이 지배 이념으로 자리 잡는 조선 후기에는 초창기 성리학자로, 그리고 국권 침탈의 위기를

경북 영천 임고서원. 1553년(명종 8) 창건되었다. 이곳에서 최소 3차례 이상 《포은집》을 간행했다.(사진: 김휴림)

맞은 구한말에는 충신의 면모가 다시금 부각되었습니다. 그래서 조선 시대 전 시기를 걸쳐 이 책을 보고자 하는 사람이 많았습니다. 수요가 있으면 공급이 따르는 법,《포은집》이 지속적으로 간행된 이유입니다.

둘째는 여건입니다. 일반적으로 문집 간행은 저자의 후손이 주도합니다.《포은집》은 정몽주가 활동한 개성과 영천 등지의 지역인들이 뜻을 모아 간행하기도 했지만, 대개는 후손이 간행을 주도했습니다. 아무리 대단한 인물의 문집이라도 후손이 몰락하면 간행하지 못합니다. 정몽주의 후손은 국가의 각별한 배려로 지속적으로 관계에 진출했고, 경제적으로도 넉넉했으므로 이처럼 지속적으로 간행할 수 있었던 것입니다. 쉽게 말해 정몽주 후손 중에 출세한 사람이 많았던 덕택입니다.

셋째는 판목의 수명입니다. 이미 간행한 문집을 다시 간행하는 데는 여러 가지 이유가 있습니다. 저자의 시문이 추가로 발견되면 이를 보태서 다시 간행했고, 문집의 목차를 조정할 필요가 있으면 다시 편집해서 간행했습니다. 간혹 이전에 간행한 것과 완전히 똑같은 형태로 간행하는 경우도 있습니다. 《포은집》은 간행을 거듭하며 수정 및 보충이 이루어졌지만, 때로는 이전 판본과 전혀 다름없는 내용으로 간행하기도 했습니다. 이것은 이전의 판목을 더 이상 사용할 수 없게 되었기 때문이라고 보는 것이 타당합니다.

앞서 거론한 《포은집》 판본 14종은 하나를 제외하고 모두 목판입니다. 목판인쇄를 위해 만든 판목은 화재에 취약합니다. 판목이 소실되어 다시 간행한 문집이 한둘이 아닙니다. 요행히 화재를 피하더라도 판목은 오래 쓸 수 있는 물건이 아닙니다. 습기를 먹어 썩거나 벌레 먹어 상하기 쉽고, 책을 찍는 과정에서의 손상도 적지 않았습니다. 책을 찍어내려고 만든 판목이지만 책을 많이 찍으면 오래 버티지 못합니다.

판목의 손상을 이유로 재간행한 문집들을 보면, 이전 판본과의 시간적 간격이 30~40년 정도입니다. 여기에는 재간행을 준비하는 기간도 포함됩니다. 재간행의 필요성을 인지하고, 인력과 자금을 확보하고, 재편집하는 과정이 필요합니다. 결국 판목의 수명은 한 세대도 못 간다고 보아야 합니다. 《포은집》의 간행 간격 역시 평균 35년이었습니다.

목판인쇄의 간행부수는 미스터리

조선은 다양한 활자를 주조했지만, 활자는 다품종 소량 생산을 위한 도구였습니다. 여러 종류의 책을 간행해야 하는 중앙정부에서는 활자를 적극 활용했습니다. 보급이 필요한 책은 일단 활자로 소량을 만들고, 지방 관청으로 내려보내 목판으로 다시 판각하게 했습니다. 제작은 활자, 보급은 목판, 이것이 조선시대의 출판방식이었습니다.

목판은 대량 생산이 가능합니다. 사서삼경을 비롯한 경전과 그 해설서,《사략》,《통감절요》따위의 학습용 역사책이 대표적입니다. 이런 책은 수요가 많습니다. 어찌나 많이 인쇄했는지 지금 남아 있는 책을 보면 판목이 닳은 흔적이 역력합니다.

문집도 목판으로 간행된 것이 많습니다. 그런데 문집을 목판으로 간행한 것은 보급을 위해서가 아닙니다. 여기에는 이유가 따로 있습니다. 문집의 판목은 그 자체로 가치가 있는 물건이기 때문입니다. 팔만대장경이나 유교 책판과 마찬가지입니다. 책보다 책판을 중요하게 여겼습니다.

간역소일기刊役所日記라는 책이 있습니다. 간역소는 문집 간행을 담당한 임시 기구입니다. 간역소일기에는 문집 간행을 위해 얼마만큼의 인력과 물자, 비용과 시간이 투입되었는지 자세하게 소개되어 있습니다. 오늘은 무슨 작업을 했는지, 돈을 얼마나 썼는지, 무슨 물건을 사용했는지 빠짐없이 기록했습니다. 이황李滉의《퇴계집退溪集》, 최흥원崔興遠의《백불암집百弗菴集》, 채제공蔡濟恭의《번암집樊巖集》허전許傳의《성재집性齋集》등을 편찬하는 과정에서 만들어진 간역소일기가 전하고 있습니다. 조선시대 문집 간행의 실상을 살펴볼 수 있는 귀중한 자료입니다.

　그런데 이 많은 간역소일기 중에 간행부수를 밝힌 것은 하나도 없습니다. 책을 간행하는 이유는 널리 배포하기 위해서인데, 간행부수를 밝히지 않다니 이상합니다. 인부들에게 지급한 밥값과 술값까지 전부 기록한 점에 비추어보면 도무지 이해가 가지 않습니다. 이 때문에 연구자들은 간역소에서 사용한 종이의 수량을 토대로 간행부수를 추정했습니다. 아무래도 정확하지 않을 것입니다. 그렇다면 관점을 달리할 필요가 있습니다. 수많은 간역소일기 중에 간행부수를 밝힌 것이 하나도 없다면, 그 자체가 어떤 의미를 가지는 것이 아닐까요? 혹시 간행부수는 그들에게 중요하지 않았던 것이 아닐까요?

　간행부수에 대한 기록이 워낙 드문 탓에 조선시대 문집이 몇 부나 간행되었는지는 알기 어렵습니다. 다만 드문드문 확인되는 기록을 보면 목판본 문집의 간행부수는 40~50부에 불과합니다. 정구鄭逑의《한강집寒岡集》은 50~60부, 김장생金長生의《사계유고沙溪遺稿》는 고작 40부였습니다. 두 사람의 학문적 명성을 고려하면 의외로 적은 수량입니다.

　활자본이야 애당초 소량 인쇄를 위한 것이었으니 그렇다 치고, 목판본은 대량 생산이 가능한데 어째서 겨우 이 정도만 간행했을까요. 문집 간행에는 현재 가치로 10억 원 정도의 비용이 필요했으며, 그 대부분은 판목을 새기는 데 들어갔습니다. 엄청난 비용을 들여 판목을 새겨놓고, 정작 책을 찍어내는 데는 인색했던 이유는 무엇일까요? 혹시 책을 만드는 것 말고 다른 목적이 있었던 것은 아닐까요?

판목의 가치는 교환가능성

문집은 비매품입니다. 문집을 간행하면 저자의 친지와 문인, 지역 사회의 주요 인물들에게 거의 다 나누어주었습니다. 문집 간행에 사용한 판목은 장판각을 지어 고이 모셔두었습니다. 간혹 문집을 원하는 사람이 있으면 그 판목을 사용하여 인출해 주기도 했지만, 아무나 가능한 것은 아니었습니다. 판목이 소중하기 때문입니다.

판목은 돈과 비슷한 점이 있습니다. 원래 돈이라는 물건 자체는 별로 가치가 없습니다. 너덜너덜한 종잇조각이 무슨 가치가 있겠습니까. 돈의 가치는 '교환가능성'에 있습니다. 돈은 무슨 물건으로든 바꿀 수 있습니다. 사람들이 인생을 바쳐가며 돈을 모으는 까닭도 이것이겠지요.

그런데 돈의 교환가능성은 돈을 쓰는 순간 사라집니다. 돈을 내고 물건을 사면 돈은 없어지고 물건만 남는다는 말입니다. 그 물건도 다른 물건과 교환할 수는 있겠지만 금이나 은처럼 환금성이 높은 물건이 아닌 이상, 물건의 교환가능성은 돈의 교환가능성에 미치지 못합니다.

부동산처럼 지속적으로 가치가 상승하는 물건이라면 돈 대신 쌓아 둘 수도 있겠지만 대개의 물건은 시간이 지날수록 가치가 하락합니다. 그래서 사람들은 물건을 쌓아 놓기보다는 돈을 쌓아 둡니다. 교환가능성을 쌓아 두는 것이지요. 부자는 교환가능성을 많이 소유한 사람입니다. 부자가 되려면 돈을 쓰지 않고 모아야 하며, 쓰더라도 자신이 소유한 교환가능성을 크게 손상하지 않는 범위 내에서 씁니다.

아무리 부자라도 흥청망청 돈을 썼다간 순식간에 빈털터리가 되기 때문입니다.

판목은 나뭇조각입니다. 판목의 가치는 그것으로 책을 찍어낼 수 있다는 가능성, 다시 말해 책으로의 '교환가능성'에 있습니다. 그게 아니라면 판목은 불쏘시개 말고는 쓸 데가 없습니다. 그런데 판목으로 책을 마구 찍어내면 그 판목은 오래지 않아 못쓰게 됩니다. 돈으로 물건을 사면 돈이 없어지는 것과 같습니다. 책을 찍어내기 위해 만든 판목을 책을 찍어내는 데 마냥 사용할 수는 없는 이유입니다. 감가상각이 너무 큽니다.

그러므로 어렵사리 판목을 만들어 놓고도 책은 소량만 찍고, 장판각에 고이 모셔두는 것입니다. 장판각에 즐비한 판목은 책을 찍어낼 수 있는 가능성만으로 충분히 위엄이 있었습니다. 문집에 한해서 말하자면 목판인쇄는 책의 보급에 그다지 기여하지 못했습니다. 당연히 지식의 보급에도 기여하지 못했습니다.

정부가 널리 보급하고자 하는 책이 있을 때, 목판인쇄는 큰 힘을 발휘했습니다. 《삼강행실도》는 중종 때 2,490질을 한꺼번에 간행했다고 합니다. 아마 그 이전과 이후에 간행한 것까지 합하면 그 두 배는 훌쩍 넘을 것입니다. 이 정도 양이면 전국 방방곡곡 배포하고도 남습니다. 사서삼경이 집집마다 보급된 것도 목판인쇄의 힘입니다.

체재 유지에 유리한 책을 적극적으로 간행, 보급하는 것은 세계 어느 나라나 마찬가지입니다. 하지만 이처럼 천편일률적인 출판 여건에서는 지식의 보급과 발전을 기대하기 어렵습니다. 출판문화의 생명은

홍윤표 전 연세대 교수가 국립중앙도서관에 기증한 《용산세고龍山世稿》 판목(출처: 국립중앙도서관)

다양성입니다. 다양한 책이 널리 유통될 때, 사회는 발전하기 마련입니다. 다양성이 체제의 안녕을 위협할 소지가 있는 것도 사실입니다. 그러나 이 또한 사회 발전의 일부입니다. 물론 권력을 가진 사람으로서는 묵과할 수 없는 위험 요소입니다.

정조 임금은 서적 편찬에 적극적이었습니다. 그의 명령으로 편찬된 책이 무려 153종 3,991권입니다. 하지만 보급에는 적극적이지 않았습니다. 많은 부수를 찍은 사실이 확인되는 책은 그의 즉위를 정당화하는 《명의록明義錄》 정도가 고작입니다. 무려 1천 부를 찍었습니다. 다른 책들은 많아야 수십 부에 불과했습니다. 결국 정조 임금이 편찬한 수많은 책은 대부분 일부 지식인을 위한 것이었습니다.

권력이 아무리 다양성을 억눌러도 조선에는 수많은 지식인들이 있었습니다. 그중 일부는 권력이 강요하는 이념을 벗어나 다양한 생각을 하고, 그 생각을 책으로 남겼습니다. 하지만 그 책을 널리 유통할 길이 없었습니다. 국가가 출판을 장악했고 민간 출판의 힘은 턱없이 약했기 때문입니다.

• 참고문헌

장유승, 〈조선 후기 문집 간행 및 유통 양상 재고〉, 《국문학연구》 43집, 국문학회, 2021.

최채기, 〈조선시대 간행 《포은집》 판본에 관한 연구〉, 《서지학보》 30집, 한국서지학회, 2006.

최채기, 《포은집》을 통해 본 문집의 간행동인〉, 《민족문화》 30집, 2007.

무엇을 위한 금속활자인가

《북헌유고 北軒遺稿》

문집의 편찬과 간행

문집은 개인 저술의 집합입니다. '플라톤 전집', '김수영 전집'처럼 사람 이름을 내세운 책이 문집입니다. 그 사람이 남긴 글을 빠짐없이 실었다면 '전집'이라고 하지만, 현실적으로 모든 글을 싣기는 어렵습니다. 옛날에는 더욱 그럴 수밖에 없었습니다. 몇 가지 이유가 있습니다.

첫째는 비용입니다. 문집을 간행하려면 돈이 많이 듭니다. 책이 두 꺼울수록 많이 듭니다. 그래서 후손들은 눈물을 머금고 선조가 남긴 글을 고르고 골라 일부만 문집으로 간행했습니다. 독자도 선별 과정을 거친 문집을 선호합니다. 쓸데없는 글까지 잔뜩 실어 놓으면 좋은 평가를 받지 못합니다.

둘째는 검열입니다. 문집을 간행하면 거기에 실린 모든 글이 공개됩니다. 따라서 저자의 치부를 드러내는 글은 제외합니다. 사회적으로 물의를 일으킬 가능성이 있는 글도 제외합니다. 자칫 논란이 생겼다가는 책과 판목을 모두 불태우는 훼판毀板을 당할 수도 있습니다. 경상

우도 선비들이 존경해 마지않는 조식曹植의 《남명집南冥集》조차 훼판을 피하지 못했습니다. 그의 제자 정인홍鄭仁弘이 역적으로 처형되는 바람에 일부 내용이 문제가 되었기 때문입니다. 한편 후손들이 문집의 저자를 위대한 인물로 만들려고 저자의 인간적인 면모가 엿보이는 글을 일부러 제외하기도 합니다.

문집을 간행하려면 삭제할 것도 있지만 추가할 것도 있습니다. 원래 제대로 된 문집은 이름난 문인의 서문과 발문, 그리고 부록이 제대로 갖추어져 있어야 합니다. 부록은 저자의 저술이 아니라 저자에 관한 타인의 기록입니다. 저자가 죽었을 때 주위 사람들이 애도하며 지은 만사挽詞와 제문祭文, 저자의 일생을 서술한 행장行狀, 묘지명墓誌銘, 묘표墓表, 연보年譜 따위를 함께 싣는 것이 일반적입니다.

그런데 부록을 만들려면 저자가 죽고도 제법 오랜 세월이 걸립니다. 2, 30년 안에 완성하면 빠른 편입니다. 이처럼 시간이 오래 걸리다 보니 부록을 완성할 때까지 원고를 내버려둘 수는 없습니다. 화재가 나서 불에 타거나 잃어버리기라도 하면 어떻게 되겠습니까. 따라서 복본複本을 만들 필요가 있습니다.

이때 사용한 것이 활자입니다. 활자를 이용하여 문집을 10~20부 정도 간행해서 친척이나 문인들이 나누어 보관합니다. 배포용이 아니라 보관용입니다. 이렇게 해놓고 언젠가 제대로 목판에 새겨 간행하기를 기다리는 것입니다. 부록 없는 활자본 문집이 많은 이유입니다.

하지만 사람 일은 뜻대로 되지 않는 법, 이런저런 사정으로 결국 목판으로 간행하지 못한 문집이 한둘이 아닙니다. 활자본이라도 남아 있으면 다행입니다. 활자인쇄조차 못하고 필사본으로 딱 1부만 남은 문집이 허다합니다. 요행히 활자본으로 간행했더라도 목판으로 간행하지 못하면 결국 그 문집은 활자본 10~20부가 전부인 셈입니다. 김춘택金春澤, 1670~1717의 《북헌집北軒集》도 그중 하나입니다.

김춘택의 생애와 《북헌유고》

김춘택은 그다지 널리 알려진 인물은 아닙니다. 평생 과거를 본 적도 없고 벼슬을 한 적도 없으니 당연합니다. 집안은 좋았습니다. 할아버지 김만기는 숙종의 장인이고, 할아버지의 동생은 소설 《구운몽》과 《사씨남정기》의 저자로 유명한 김만중입니다.

김춘택은 어린 시절 김만중에게 배웠다고 합니다. 훗날 한글소설 《구운몽》과 《사씨남정기》를 한문으로 번역하기도 했습니다. 기껏 한글로 써놓은 소설을 뭐 하러 한문으로 번역했나 싶겠지만, 당시 한글은 여성용이고 한문은 남성용이었습니다. 부녀자가 대부분이었던 한글 소설의 독자를 사대부 남성까지 확대한 공로는 인정할 만합니다.

김춘택의 부친 김진귀는 숙종비 인경왕후의 오빠로 왕실의 외척인데다 고위 관직을 두루 역임하여 당쟁의 중심에서 누차 고초를 겪었습니다. 그 여파는 김춘택에게까지 미쳤습니다. 김춘택은 젊은 시절부터 남인 측에 요주의 인물로 낙인찍혔습니다. 그는 부친을 대신해서 여러 편의 상소문을 작성했고, 막후 정치에도 개입한 것으로 보입니다. 이 때문에 젊은 시절부터 각종 정치적 사건에 연루되어 김천, 부

후세에 장정한 《북헌유고》. 표지를 넘기면 상소문 등을 모은 1책 《가초》가 나온다. 김춘택의 친필이다. (출처: 국립중앙도서관)

안, 해남, 흑산도, 제주, 전국 각지로 유배를 다녔습니다.

김춘택은 인생의 절반 이상을 유배지에서 보냈습니다. 정국이 바뀔 때마다 죽을 고비도 여러 번 넘겼습니다. 그가 일찌감치 자신의 저술을 정리해 두었던 이유는 언제 죽을지 모른다고 생각했기 때문인 듯합니다. 김춘택이 세상을 떠나기 직전까지 그를 다시 유배해야 한다는 상소가 끊이지 않았습니다. 결국 그는 뛰어난 글재주를 제대로 써보지도 못한 채 눈을 감았습니다. 남긴 것은 평생 지은 수많은 글뿐이었습니다.

김춘택은 자신의 모든 저술을 시기별로 정리해 두었고, 이 작업은 1717년 그가 세상을 떠나기 직전까지 계속되었습니다. 이것이 바로 국립중앙도서관 소장본 《북헌유고》 12책입니다. 김춘택은 나름 유명한 인물이고, 이 책은 그의 자필입니다. 게다가 그가 스스로 정리하여 남긴 것이므로 귀중본으로 지정되어 있습니다.

12책 모두 표지에 '북헌유고'라고 적혀 있지만, 김춘택이 스스로 써 붙인 것은 아니고 후세에 장정한 것입니다. 한 장만 넘기면 원래의 표지가 있습니다. 1책은 젊은 시절 부친 김진귀를 대신해서 지은 상소문 따위를 모은 《가초家草》, 2책 역시 젊은 시절의 저술인 《지감志憾》, 3책은 전북 임피 유배 시절의 글을 모은 《취산鷲山》, 4책은 경기 광주 노산에 은거할 때의 글을 모은 《노산병신록蘆山丙申錄》, 5책은 임피 유배에서 풀려난 이후의 글을 모은 《임피귀후시문집臨陂歸後詩文集》, 6책은 개성 일대를 유람하며 지은 《박연록朴淵錄》, 7책은 부안 유배에서 풀려난 이후의 글을 모은 《부안이후시문扶安以後詩文》, 8책과 9책은 그간의 저술을 한 차례 정리한 《서천고西川稿》, 10책은 《북헌시집北軒詩集》, 11책은 젊은 시절의 글 《초년록初年錄》, 12책은 1책과 마찬가지로 《가초》입니다.

김춘택이 세상을 떠난 뒤, 손자 김두추는 할아버지가 남긴 문집 초고를 다시 정리했습니다. 12책을 전부 간행하기는 어려우니, 일부만 추려서 간행할 생각이었던 모양입니다. 《북헌유고》에는 김두추가 교정하고 선발한 흔적이 뚜렷이 남아 있습니다. 김두추는 《북헌유고》에서 추려낸 글을 《북헌집》20권 7책으로 다시 엮고, 1760년(영조36) 교서관인서체자라는 활자를 이용해 간행했습니다.

활자본 문집의 간행부수는 실제 어느 정도였나

김두추는 《북헌집》 말미에 다음과 같은 글을 덧붙였습니다.

이상은 우리 할아버지 북헌 부군께서 남긴 글이다. 부군께서 예전에 편집하여 9책으로 만들었다. 다섯 항목이 있으니, 초년初年, 수해沙海, 취산鷲山, 은귀恩歸, 습유拾遺이다. 나중에 또 노산록蘆山錄 2책을 남겼으니, 이것이 온전한 저술이다.

…내가 서쪽 지방의 수령으로 부임하여 목판으로 간행하려 하였고, 의리를 좋아하는 몇 사람이 부군을 사모하여 마지않아 기꺼이 도와주었다. 이것이 어찌 단지 친구의 의리 때문일 뿐이겠는가. 원고는 부군의 편집을 거쳤으니 지금 감히 덜거나 고칠 수 없다. 그러나 힘이 부족하여 우선 그중에 가장 중요한 것만 활자로 먼저 7책을 인쇄했다.

- 김두추, 〈북헌집발北軒集跋〉

김춘택이 생전에 자신의 저술을 정리해 두었고, 김두추가 황해도 은율현감으로 부임하여 이를 전부 간행하려 했다는 것입니다. 지방관으로 부임한 후손이 그 지방의 인프라를 이용하여 조상의 문집을 간행하는 것은 관례입니다. 하지만 은율현처럼 작은 고을이 김춘택의 원고 전체를 판각하고 인출하는 비용을 감당하기는 어려웠을 것입니다. 그래서 김두추는 교서관 활자를 빌려 7책만 '우선' 간행했습니다. 이것이 현재의 교서관인서체자본 《북헌집》입니다. 교서관인서체자는 출판을 담당한 정부 부처 교서관의 활자인데, 민간에서 빌려 쓰는 경

교서관인서체자. 문집 간행에 자주 이용되었으
며 간행 부수에 대한 정보를 제공한다는 점에서
중요하다. (출처: 국립중앙박물관 역사부, 《조
선의 금속활자 교서관인서체자》, 2007)

우가 많았습니다.

　교서관인서체자는 1684년(숙종10) 무렵 주조되었습니다. 당시 명
나라에서 유행하던 글씨체, 즉 명조체를 본떴습니다. 명조체는 명나
라明 왕조朝의 서체體라는 뜻이지요. 교서관인서체자는 여러 차례 보충
을 거쳐 200년 이상 사용했습니다. 문집 간행에 가장 많이 쓰인 활자
가 다름 아닌 교서관인서체자입니다. 그래서 '문집자文集字'라는 별명
도 있습니다.

　교서관인서체자는 국가 소유의 활자입니다. 앞서 말한 대로 활자
인쇄에서 가장 많은 비용이 드는 것은 활자의 주조입니다. 활자의 원
료가 되는 구리의 가격과 이를 가공하여 활자를 제작하는 비용이 엄
청납니다. 국가가 아니면 감당하기 어렵습니다. 만약 국가가 만들어놓
은 활자를 빌려 쓰는 것이 가능하다면 비용을 대폭 절약할 수 있습니

다. 활자를 종이에 찍어내는 '인출' 비용만 부담하면 됩니다. 인출이란 활자를 조판하고 잉크를 묻혀 종이에 찍어내는 과정입니다. 인출 과정에서 인건비는 얼마 되지 않았던 듯합니다. 종잇값의 비중이 가장 높았을 것입니다. 교서관인처체자본 문집은 이렇게 국가 소유의 활자를 대여해서 인출한 것입니다.

교서관인서체자로 찍은 책의 또 다른 특징은 간행정보를 담은 간기刊記가 자주 보인다는 점입니다. 예를 들면 이렇습니다.

> 성상 5년(1729, 영조5) 기유년 9월, 철활자로 인출을 시작하여 140여 일 만에 마쳤다. 모두 3백 본本을 인출했다.
> 上之五年己酉季秋, 以鐵字始印役, 百四十餘日而告訖, 凡印三百本
>
> — 오도일吳道一, 《서파집西坡集》

> 성상 3년(1723, 경종3) 계묘년, 철활자로 인출을 시작하여 140여 일 만에 마쳤다. 모두 3백 본本을 인출했다.
> 上之三年癸卯, 以鐵活字始印役, 一百四十餘日而訖, 凡印三百本
>
> — 남구만南九萬, 《약천집藥泉集》

> 을사년(1725) 여름, 철활자로 인출하여 90여 일 만에 마쳤다. 4백여 본本을 인출했다.
> 乙巳夏, 以鐵字入印, 凡九十餘日而訖工, 印得四百餘本.
>
> — 최창대崔昌大, 《곤륜집昆侖集》

이상은 모두 교서관인서체자로 간행한 문집입니다. 지금까지는 이 간행정보에 나오는 본本을 질帙, 즉 한 세트로 해석했습니다. 연구자들은 이를 근거로 조선시대 문집은 3~4백 질 정도 간행되었을 거라고 추정해 왔습니다. 이 시기 조선 인구가 1천만 명이었고, 문집을 읽을 수 있는 사람은 소수에 불과했으니, 3~4백 질이면 웬만한 사람들은 이 문집을 구해 볼 수 있었을 것이라는 추정입니다. 하지만 제 생각은 좀 다릅니다.

오도일의 《서파집》은 30권 15책, 장수로는 1,100여 장입니다. 3백 질을 간행하려면 33만 장을 인출해야 합니다. 140일 만에 인출을 마쳤다고 했으니, 하루에 2,300장을 인출했다는 계산이 나옵니다. 남구만의 《약천집》은 34권 17책, 장수로는 1,300여 장입니다. 3백 질을 간행하려면 39만 장을 인출해야 합니다. 역시 140일 만에 인출을 마쳤다고 했으니, 하루에 2,700장을 인출했다는 계산이 나옵니다. 최창대의 《곤륜집》은 20권 10책, 장수로는 700여 장입니다. 4백 질을 간행하려면 28만 장을 인출해야 합니다. 90일 만에 인출을 마쳤다고 했으니 하루에 3,100장을 인출했다는 계산이 나옵니다. 과연 이것이 가능했을까요?

조선 최초의 활자 계미자癸未字(1403)는 하루 인출량이 몇 장 밖에 되지 않았다고 합니다. 하지만 인출 기술이 발전하면서 경자자庚子字(1420)는 하루 20여 장, 초주갑인자初鑄甲寅字(1434)는 하루 40여 장까지 인출할 수 있었다고 합니다. 그렇다면 교서관인서체자의 하루 인출량은 얼마나 되었을까요?

《동국문헌비고東國文獻備考》는 1770년 교서관인서체자로 간행한 책입니다. 이 책을 편찬할 때 영조가 출판을 담당한 홍계희洪啓禧에게 질문한 적이 있습니다. 하루에 몇 장이나 인출할 수 있는가? 홍계희는 하루 20장 정도 인출할 수 있으며, 그 이상 인출하면 품질이 떨어진다고 답변했습니다. 홍계희는 출판에 해박한 인물이었으니, 그의 말은 대체로 사실에 가깝다고 생각합니다.

교서관인서체자만이 아닙니다. 이 시기에 사용된 무신자戊申字, 현종실록지顯宗實錄字를 비롯한 금속활자의 하루 인출량은 20~30장에 불과했습니다. 조선의 활자인쇄 기술은 초주갑인자가 나온 지 3백 년이 지나도록 별다른 진보가 없었던 것입니다.

그렇다면 교서관인서체자로 문집을 간행하면서 하루 2~3천 장씩 인출했다고 보기는 어렵습니다. 결국 간기의 '본本'은 한 세트를 가리키는 것으로 보기 어렵습니다. 책의 수량을 가리킨다고 보는 것이 현실적입니다. 그렇다면 《서파집》의 인출 건수는 20질, 《약천집》은 17질, 《곤륜집》은 40질입니다. 너무 적은 듯하지만 조선시대의 일반적인 문집 간행 부수에 비추어보면 현실적인 수량입니다.

교서관인서체자본 《북헌집》 역시 고작 10~20질 정도 간행했을 것으로 보입니다. 아마 《북헌집》을 간행한 김두추는 일단 소량만 간행해서 보관하고 있다가 나중에 기회가 되면 목판으로 다시 간행할 생각이었던 듯합니다. 하지만 기회는 오지 않았고, 결국 《북헌집》은 김춘택이 남긴 초고와 김두추가 간행한 교서관인서체자본 두 가지로만 남게 되었습니다.

우리나라에서 금속활자가 발달한 이유

구텐베르크의 활자인쇄술이 세계 4대 발명품의 하나로 손꼽히는 이유는 지식의 대중화에 기여했기 때문입니다. 구텐베르크의 금속활자는 다양한 책을 대량으로 인쇄할 수 있었습니다. 하지만 우리나라의 금속활자는 대량 생산을 위한 것이 아니었습니다. 우리 금속활자의 내구도 및 조판 방식은 대량 생산에 적합하지 않았습니다. 그런데 어째서 중국이나 일본과는 달리 우리나라만 금속활자인쇄가 활발했을까요? 금속활자가 다품종 소량 생산에 최적화된 수단이었기 때문입니다.

한국과 중국, 일본은 모두 한자문화권으로 비슷한 문화를 공유했습니다. 조선의 지식인이나 중국과 일본의 지식인이나 읽어야 하는 책의 수량은 비슷합니다. 똑같이 사서오경四書五經을 읽어야 하고, 똑같이 역사책과 문학책도 읽어야 합니다. 요컨대 여러 가지 책이 필요하다는 것입니다. 그런데 중국과 일본은 지식인층의 규모가 큽니다. 일찍부터 상업 출판이 발달해서 민간의 수요도 적지 않았습니다. 이런 상황에서는 굳이 활자인쇄를 고집할 이유가 없습니다. 대량 생산에 적합한 목판인쇄가 제격입니다.

반면 소량 생산이 목적이라면 활자인쇄가 목판인쇄보다 여러 면에서 유리합니다. 우선 비용입니다. 목판인쇄를 하려면 판목을 만들어야 하고, 판목을 만들려면 대량의 목재가 필요합니다. 반면 활자인쇄에 목재 따위는 필요 없습니다. 활자인쇄에서 가장 많은 비용이 드는 것은 활자의 제작입니다. 금속활자건 목활자건 새로 활자를 만들어 책을 인쇄하려면 엄청난 비용이 듭니다. 하지만 이미 만들어진 활자를 사용한다면 비용을 크게 낮출 수 있습니다. 기존 활자를 사용할 경우, 목판인쇄의 1/3에서 1/4 정도의 비용으로 인쇄가 가능하다는 기록이 있습니다.

활자인쇄는 간행 기간도 크게 줄일 수 있습니다. 목판인쇄를 하려면 판목을 일일이 판각해야 합니다. 반면 활자인쇄는 활자를 조판하는 것으로 끝납니다. 글자를 새기는 시간과 글자를 배치하는 시간의 차이를 생각해보면, 활자인쇄가 목판인쇄보다 훨씬 빠르다는 점을 이해할 수 있습니다. 전통 활자인쇄의 유일한 단점은 대량 생산이 어렵다는 점뿐입니다. 그리고 그것이 바로 목판인쇄의 유일한 장점입니다.

중국과 일본은 수요가 많았으므로 여러 가지 책을 목판으로 인쇄해도 충분히 소화 가능합니다. 하지만 조선에는 그만한 수요가 없었습니다. 목판인쇄로는 수지가 맞지 않습니다. 반면 활자인쇄는 한 번에 인쇄할 수 있는 수량이 많지 않지만, 조선은 그 정도면 충분했습니다. 게다가 그 활자를 다시 조판하면 다른 책도 인쇄할 수 있습니다. 다품종 소량 생산에 최적화된 활자인쇄는 조선의 현실에 가장 적합한 인쇄 방식이었습니다.

우리나라는 18세기까지 국가가 출판을 주도했습니다. 교서관에서 금속 활자로 소량의 책을 찍어내고, 이 책을 지방 관청으로 보내 목판으로 대량 생산했습니다. 민간 출판이 없는 것은 아니었지만 식자층이 넓지 않으므로 수지가 맞지 않았습니다. 조선의 민간 출판은 식자층이 대폭 늘어난 19세기 무렵에 와서야 비로소 자리를 잡았습니다.

우리나라에서 금속활자를 처음 사용한 시기는 1234년입니다.《상정고금예문》이라는 책을 금속활자로 간행했다는 기록이 고려 문인 이규보의《동국이상국집》에 실려 있습니다. 그런데《상정고금예문》의 간행부수는 28질에 불과했습니다. 조선시대에 들어서도 활자본 서적의 간행부수는 수십 부 정도에 불과했습니다.

우리의 금속활자는 대량 생산을 위한 것이 아니었습니다. 우리나라에서 활자인쇄가 발달한 이유는 인구 규모가 비교적 적은 나라에서 다양한 책을 생산하기 위한 불가피한 선택이었을 뿐, 출판기술의 우월성을 입증하는 증거는 아닙니다. 이것이 구텐베르크보다 2백 년 앞선다는 한국 금속활자의 실체입니다.

참고문헌

장유승,〈조선 후기 문집 간행 및 유통 양상 재고〉,《국문학연구》43집, 국문학회, 2021.

정하정,〈북헌 김춘택(金春澤)의 필기체 자기서사 연구〉,《민족문화연구》78집, 고려대학교 민족문화연구원, 2018.

2부

환영받지 못한 반환 문화재

기록을 지배하는 자, 권력을 차지한다

《난여 爛餘》

조선의 관보, 조보

관보官報라는 것이 있습니다. 정부가 국민에게 널리 알리려는 사실을 모아서 발행하는 일종의 신문이지요. 지금은 인터넷으로도 쉽게 찾아볼 수 있습니다. 새로운 법령, 각 관청의 공지사항, 인사이동, 재판결과 따위가 실려 있습니다. 평범한 사람은 읽어봤자 하품이 나오겠지만 누군가에게는 중요한 정보일 수 있습니다. 그래서 정부는 매일 관보를 발행합니다.

조선시대에도 관보가 있었습니다. 조보朝報라고 합니다. 내용은 지금의 관보와 비슷합니다. 국왕의 명령, 신하의 보고, 조정의 주요 결정사항 등이 실려 있지요. 지금은 공무원이 아니면 관보를 볼 일이 별로 없지만 조보는 보려는 사람이 많았습니다. 신문이 없던 시대이니 조보가 아니면 나라가 어떻게 돌아가는지 알 길이 없기 때문이지요. 이 점에서 조보는 지금의 뉴스와 비슷합니다.

조보는 국왕의 비서실 승정원에서 매일 만들었습니다. 각 관청의 아전들은 매일 승정원에 모여 깨알 같은 글씨로 일일이 베껴 써서 복사본을 만들었습니다. 지방 관청에서는 며칠 단위로 묶어서 가져갔습니다. 불편하긴 하지만 조보 덕택에 조선시대 사람들은 전국 어디서든 조정의 소식을 들을 수 있었습니다.

조보는 전쟁 중에도 발행되었습니다. 오희문吳希文의 《쇄미록鎖尾錄》을 보면 그는 피난하는 와중에도 조보를 통해 전황을 파악했습니다. 강화회담의 진척 과정, 일본 측의 요구사항, 중국 측의 반응도 자세히 전해졌습니다. 거의 뉴스 속보 수준입니다. 전쟁이 한창인데도 이렇게 행정 기능이 유지되었다니 놀랍습니다.

수요가 많았기에 조보를 간행하려는 시도도 있었습니다. 민간에서 사헌부의 허락을 얻어 1577년부터 간행했는데, 국가 기밀 누설을 우려한 선조 임금이 금지한 탓에 1년도 못 가서 간행이 중지되었습니다. 그 결과, 조보는 조선이 망할 때까지 필사를 통해 유통되었습니다.

원래 국가란 자랑하고 싶은 것만 국민에게 알리고 싶어 하는 법입니다. 반대로 국가가 잘못한 일은 물론, 정책을 결정하는 과정은 어떻게든 감추려 합니다. 감추고 싶은 것은 공개하라는 법원의 판결에도 아랑곳없이 버티며 감추는 반면, 알리고 싶은 것은 명절 연휴 KTX 자리마다 일일이 팸플릿을 꽂아서라도 알리려고 합니다. 조선시대도 마찬가지였을 것입니다. 조보는 국왕의 잘잘못과 조정의 의사 결정 과정을 적나라하게 보여줍니다. 조보가 필사를 통해 알음알음 퍼지는 것은 어쩔 수 없더라도, 인쇄를 통해 전국적으로 널리 유통되는 것은 몹시 부담스러웠을 것입니다.

조보는 매일 새로운 내용을 담습니다. 게다가 일정한 수요도 있습니다. 따라서 인쇄한다면 활자인쇄가 적격입니다. 금속활자도 좋고 목활자도 좋습니다. 만약 조보를 활자로 인쇄하는 관행이 자리잡았다면, 조선의 출판문화는 한 단계 도약했을 것입니다. 이 점에서 조보의 활자인쇄가 중단된 것은 아쉽기 그지없습니다. 하지만 국가 기밀 누설을 걱정할 만도 합니다. 조보에 국가 운영에 관한 정보가 자세한 것은 사실이기 때문입니다.

조보는 원래 낱장의 문서 형태입니다. 독자 입장에서는 한 번 보고 버리는 경우도 있겠지만 필요한 내용을 발췌해서 책으로 만들기도 했습니다. 일종의 스크랩북이지요. 이렇게 만든 책의 제목에는 으레 찢어진 조각을 뜻하는 '난爛'자가 붙습니다. 중국 송나라의 왕안석王安石이 공자가 편찬한 《춘추春秋》라는 역사책을 못마땅하게 여겨 "잘리고 찢어진 조보斷爛朝報"라고 혹평한 데서 나온 말이지요. 그래서 조보를 바탕으로 만든 책에는 난초爛抄, 난록爛錄, 난휘爛彙 같은 이름을 붙입니다. 국립중앙도서관 소장 《난여爛餘》도 그중 하나입니다.

4대 6상의 명문가

《난여》는 영조 때 영의정을 지낸 김재로金在魯, 1682~1759가 만든 책으로 알려져 있습니다. 청풍김씨 명문가 출신입니다. 이 집안은 보통 명문가가 아닙니다. 김재로 본인은 영의정, 아버지 김구金構는 우의정, 아들 김치인金致仁은 영의정, 형 김희로金希魯의 손자 김종수金鍾秀는 영의정, 사촌 동생 김약로金若魯와 김상로金尙魯 역시 영의정을 지냈습니다.

영의정은 최고의 관직입니다. 영의정을 여럿 배출한 가문이 한둘이 아니지만 이렇게 집중적으로 쏟아진 집안은 찾기 어렵습니다. 영의정, 좌의정, 우의정을 정승이라고 합니다. 4대에 걸쳐 여섯 명의 정승을 배출했으므로 '4대代 6상相의 가문'으로 일컬어집니다. 《삼국지》를 보면 원소袁紹의 집안을 두고 '4세世 3공公의 가문'이라고 합니다. 4대에 걸쳐 세 명의 정승을 배출한 집안이라는 말이니, 김재로의 집안이 한 수 위입니다.

김재로의 당색은 노론입니다. 영화와 드라마, 소설에서 노론은 악의 무리로 묘사되곤 하지만 원래 당쟁에는 선악이 없습니다. 모두 각자의 신념과 이익에 따라 행동할 뿐입니다. 김재로의 입장에서 노론은 선이며 소론은 악이었습니다. 투철한 신념 탓인지 그는 성균관 유생 시절부터 당쟁에 뛰어들었습니다. 영의정을 역임한 소론의 영수 최석정이 《예기유편禮記類編》을 지어 경전을 어지럽혔다며 김재로는 처벌을 요구했습니다. 요구가 받아들여지지 않자 동맹 휴학을 벌였지요.

과거에 급제해 관직에 오른 뒤에는 더욱 가열차게 당쟁에 뛰어들었습니다. 소론의 정신적 지주 윤증尹拯을 공격하고, 소론의 중진 유봉휘柳鳳輝를 탄핵했습니다. 노론과 소론이 부딪치는 곳에는 항상 그가 있었습니다.

숙종이 세상을 떠나고 경종이 즉위하자 노론에게 큰 위기가 찾아왔습니다. 신임사화였습니다. 숙종 말년부터 소론은 경종을 지지했고, 노론은 영조를 지지했습니다. 경종이 즉위하면서 정권은 소론에게 넘어가는 것처럼 보였지만, 노론은 영조를 세제世弟에 책봉하도록 유도

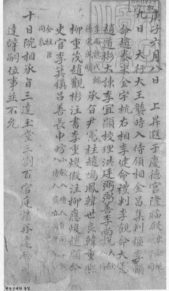

《난여》. 총 26책으로 신임사화에 관한 한 국가의 기록보다 훨씬 더 자세하다. (출처: 국립중앙도서관)

해 차기 정권을 노렸습니다. 이를 가만 두고 볼 수 없었던 소론이 역모를 빌미로 노론을 일망타진한 사건이 신임사화입니다.

신임사화는 노론이 맞닥뜨린 최대의 정치적 시련이었습니다. 노론사대신, 즉 김창집金昌集 · 이이명李頤命 · 이건명李健命 · 조태채趙泰采 등 노론의 지도자 네 사람이 일시에 죽임을 당하고, 김재로 역시 그들과 한패라는 이유로 유배됐습니다.

경종이 세상을 떠나고 영조가 즉위하면서 김새로는 유배에서 풀려났습니다. 그는 신임사화로 피해를 본 노론의 재건에 힘을 쏟았습니다. 혈기 넘치던 젊은 시절과 달리 그는 이미 노련한 정치가로 성장했습니다. 당쟁이 극에 달하면 양쪽 모두에 파멸적인 결과를 초래한다는 사실을 깨달았기 때문인지, 자신의 권력과 가문의 위상을 안전하게 지키기 위해서였는지, 만년에는 영조의 탕평 정책에 협조해 소론 측과 연립정권을 구성했습니다.《난여》는 평생을 당쟁의 와중에서 보낸 김재로의 파란만장한 정치적 역정의 산물입니다.

소론의 만행을 속속들이 기록하다

《난여》는 총 26책입니다. 각 책의 첫머리에는 열람의 편의를 위해 목차를 두어 대략의 내용을 파악할 수 있게 했습니다. 제1책은 1720년 숙종이 승하하고 경종이 즉위하는 내용으로 시작됩니다. 그리고 제26책의 마지막은 1724년 영조가 좌의정 유봉휘를 부르는 내용입니다. 당시 영조는 즉위한 지 두 달 남짓이었습니다. 그러니까《난여》는 경종 재위 기간에 해당하는 1720년부터 1724년까지 4년간의 기록입니다.

경종의 재위 기간은 짧았지만 그 기간 동안 노론은 극심한 박해를 받았습니다. 노론의 입장에서 경종 재위 기간은 '잃어버린 4년'이었던 셈이지요. 새로 정권을 잡은 세력이 권력을 굳건히 하려면 지난 정권의 잘못을 속속들이 파헤쳐야 합니다. 이른바 '적폐 청산'이지요. 노론은 경종 재위 기간 동안 소론이 저지른 만행을 속속들이 기억해 두었다가 두고두고 써먹을 필요가 있었습니다. 이것이《난여》가 만들어진 이유입니다.

《난여》제1책의 첫머리에는 이 책을 만드는 데 참조한 문헌의 목록이 실려 있습니다. 김재로는《난여》를 편찬하면서 자기 집안에서 보관하고 있는 조보 외에도 다른 집안의 조보 및 각종 야사野史를 참고한 것 같습니다. 신임사화에 관련된 기록이라면 가리지 않고 모았던 것이지요. 그 결과《난여》는 26책이라는 엄청난 분량이 되었습니다.

인터넷이 없던 시절, 정보를 모으려는 사람은 신문과 잡지에서 필요한 기사를 오려내어 노트에 붙여 책으로 만들었습니다. 이렇게 조각scrap을 모아 만든 책을 스크랩북이라고 하지요. 지금으로서는 상상하기 어려울 정도로 번거로운 짓입니다. 인터넷에서 '즐겨찾기', '보내기' 버튼만 누르면 메일이든 블로그든 원하는 방식으로 저장할 수 있으니까요.

이제 스크랩 같은 번거로운 짓을 하는 사람은 찾아보기 어렵지만 쏟아지는 정보를 갈무리하는 나름의 방법은 필요합니다. 눈으로 대충 훑고 넘어가는 정도로는 그 정보를 자신의 것으로 만들 수 없습니다.

정보가 늘어나면 늘어날수록 스크랩의 중요성은 높아집니다. 모든 정보를 머릿속에 담아 놓을 수는 없기 때문입니다.

따지고 보면 조선시대 필사본 문헌의 상당수는 스크랩북입니다. 책이 워낙 귀했으니, 어렵사리 구했다면 잊지 않도록 베껴 적어야 하겠지요. 다음에 다시 읽을 기회가 주어진다는 보장이 없기 때문입니다. 조선시대 사람들은 그렇게 스크랩북을 만드는 과정에서 책에 실려 있는 정보를 곱씹어보며 자기 것으로 만들었습니다.

《난여》는 조보와 여러 문헌의 조각으로 만든 일종의 스크랩북입니다. 신문 기사 스크랩처럼 오려 붙인 것이 아니라 옮겨 적은 것이기는 하지만, 그래도 가공하지 않은 정보를 있는 그대로 옮겨 적었다는 점에서 객관성을 확보하기 위한 나름의 노력을 엿볼 수 있습니다.

《난여》는 얼마나 자세한 기록일까요? 경종 재위 기간 조정에서 일어난 모든 사건을 기록한 경종조 《승정원일기》가 약 50책 분량입니다. 여기에는 신임사화와 무관한 기록도 많습니다. 신임사화 관련 기록만 모아서 26책으로 만들었다는 것은, 신임사화에 관해서는 국가보다 더 자세한 기록을 갖고 있다는 뜻입니다. 신임사화의 전말을 기록한 책이 많지만, 이 책에 필적하는 것은 없다고 단언할 수 있습니다.

1721년 10월 17일의 기록을 보겠습니다. 신임옥사의 결정적 계기가 된 날입니다. 당시 경종은 세제(영조)에게 대리청정을 맡기겠다는 명령을 내린 상황이었습니다. 노론은 표면적으로 반대했지만 속으로는 내심 환영하고 있었습니다. 반면 소론은 결사반대했지요. 경종은 대리청정 명령을 철회하여 소론의 손을 들어줍니다. 이날 노론사대신의 처사는 두고두고 문제가 되었지요.

《승정원일기》해당 일자의 기록은 의외로 빈약합니다.《영조실록》은 이보다 자세하지만 알고 보면 축약된 것입니다.《난여》를 보면 알 수 있습니다.《난여》에는 이날 노론사대신이 올린 상소문인 차자^{箚子}, 노론 측 관원들이 소론의 조태구^{趙泰耈}와 최석항^{崔錫恒}을 논죄한 계사^{啓辭}의 원본을 그대로 옮겨 적었습니다. 어전에서 벌어진 신하들의 논쟁도 실록보다 자세합니다. 이쯤 되면 국가보다 자세한 기록이라는 표현은 과장이 아닙니다.

김재로는《난여》를 통해 신임사화의 책임은 소론에 있으며 노론은 억울한 희생자라는 이른바 '신임의리'를 확고히 정립했습니다. '신임의리'는 노론의 정치적 정당성을 뒷받침하는 명분으로 자리잡았습니다. 기록을 지배하는 자가 권력을 차지하는 법, 김재로 가문이 4대 6상을 배출하며 영, 정조조에 권력을 잡았던 배경에는 기록의 힘이 작용했을 것입니다.

한일협정에 따른 반환 문화재《난여》

《난여》의 표지를 한 장 넘기면 이렇게 적힌 종이가 붙어 있습니다. "이 책은 한일 간 '문화재 및 문화협력에 관한 협정' 제2조의 규정에 의하여 1966년 5월 28일 자 일본 정부로부터 반환된 도서임." 다시 말해 1965년 체결된 한일협정에 따라 이듬해 돌려받은 문화재라는 뜻입니다. 한일협정 당시 기나긴 협상 끝에 우리나라가 돌려받게 된 문화재는 총 1,321점이었습니다. 그런데 이 가운데 책이 163종 852

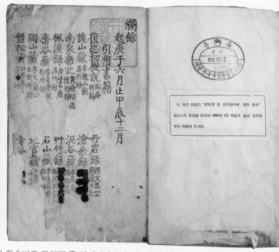

1965년 체결된 한일협정에 따라 환수받은 문화재 중 하나인《난여》(출처: 국립중앙도서관)

책으로 절반을 넘습니다. 이 때문에 우리나라 학자들은 불만이 많았습니다. 돌려줘도 아깝지 않은 것만 돌려줬다거나 종이 뭉치를 가져온 거나 다름없다는 혹평이 이어졌습니다.(《동아일보》1965.6.24.)

당시는 책의 문화재적 가치가 그리 높지 않은 시절이었습니다. 반환 문화재에 대한 사람들의 관심은 고대 유물과 도자기류에 쏠려 있었습니다. 어렵게 돌려받게 된 문화재의 절반 이상이 책이라는 사실이 알려지자 실망한 것도 무리가 아니었지요. 사실 이때 돌려받은 책은 대부분 조선 후기의 것이었습니다. 귀중본으로 취급되는 임란 이전의 책은 한 권도 없었습니다. 그렇다고 전부 무가치한 것이냐 하면 그렇지는 않습니다. 다른 데서 볼 수 없는 책도 있습니다. 제대로 활용될 기회가 없었을 뿐입니다.

이때 돌려받은 책은 모두 국립중앙도서관에 소장되어 있고, 전부 귀중본으로 지정되어 있습니다. 사실 이 책들이 전부 귀중본으로서의 가치가 있는지는 의심스럽습니다. '종이 뭉치'라고까지는 못해도, 비교적 흔한 책도 많기 때문입니다. 일일이 가치를 따져보면 귀중본 대우를 받을 만한 책은 손에 꼽을 정도일 것입니다. 《난여》도 마찬가지입니다. 조보를 필사한 책은 드물지 않습니다. 분량이 많다지만 고유한 정보를 담은 것이 아니라 기존의 정보를 옮겨 적은 것에 불과합니다. 다만 이 책의 서두에서 말했듯이, 책을 둘러싼 역사적 맥락 또한 귀중본의 조건입니다. 한일협정에 따른 반환 문화재라는 점은 귀중본으로 지정할 만한 역사적 맥락으로 보기에 충분합니다.

지금도 해외 문화재 환수는 뜨거운 이슈입니다. 그렇지만 정작 돌려받고 나면 그 열기는 온데간데없습니다. 귀국 전시회를 열어 한 차례 선보이고 나면 수장고로 직행합니다. 간신히 돌려받은 문화재는 이렇게 잊히고 말지요. 국립중앙도서관 서고에서 잠자고 있는 반환문화재 고서도 마찬가지입니다. 이제는 그런 일이 있었다는 사실조차 잊히고 있습니다. 이럴 바에는 차라리 외국에 그대로 있는 것이 나을지도 모르겠습니다. 계속 관심을 환기할 수 있기 때문입니다. 돌려받는 것도 중요하지만 더 중요한 것은 돌려받은 이후입니다. 그리고 해외로 반출된 문화재도 중요하지만 더 중요한 것은 우리가 가지고 있는 문화재입니다.

②
시간의 저울
《주형 宙衡》

낙론의 영수, 도암 이재

조선 후기 유학자 도암陶菴 이재李縡, 1680~1746는 낙론洛論을 대표하는 학자입니다. 낙론은 노론老論의 분파입니다. 노론은 송시열이라는 거물의 존재에 힘입어 정치적, 학문적 헤게모니를 장악했습니다.

송시열이 세상을 떠난 뒤 노론은 둘로 갈라졌습니다. 서울 경기 지역 학자 중심의 낙론, 그리고 충청도 지역의 호론입니다. 인간의 본성과 인간을 제외한 만물의 본성이 같은지 다른지 따지는 인물성동이론人物性同異論이라는 학설의 차이 때문이라고 하지만, 그것만은 아닌 것 같습니다. 낙론과 호론은 송시열이 살아 있을 때부터 갈라질 조짐이 보였습니다.

송시열은 시골의 한미한 집안 출신이었습니다. 지금도 그렇듯이 조선시대에도 서울과 지방의 격차가 심각했습니다. 서울에는 권력과 가까운 가문들이 모여 있었고 문화 수준도 단연 높았습니다. 송시열은 강경한 이념을 내세워 정치적 패권을 장악하기는 했지만, 유감스럽게도 송시열의 학문적 수준은 수도권 명문가 출신의 학자들에 미치지 못했습니다. 시골 학생이 아무리 열심히 공부해도 강남 대치동에서 공부하는 학생을 따라가기 어려운 것과 마찬가지입니다. 조건의 차이는 무시할 수 없지요. 동시대의 저명한 학자였던 김창협이나 박세채와 비교하면 송시열의 학문적 수준은 그리 높이 평가하기 어렵습니다.

이렇게 말하면 송시열 후손들이 펄쩍 뛰겠지만, 송시열의 관심사는 공부보다 정치였습니다. 그래서인지 송시열은 자신의 학문이 부족하다는 점을 인정하고 주저 없이 서울의 학자들에게 도움을 청하곤 했습니다. 이것이야말로 송시열이 존경받을 만한 점이겠지요.

송시열과 달리 노론 낙론계는 권력과 늘 가까웠고 경제적으로도 풍족했으며, 무엇보다 서울의 문화적 혜택을 듬뿍 받았습니다. 수준 높은 학자들이 노론 낙론에서 나오는 것은 당연한 결과입니다. 이재는 낙론의 대표주자입니다. 다시 말해 당시 최고 수준의 학자였다는 말입니다. 본인의 능력과 노력도 무시할 수 없지만 집안이 워낙 좋았습니다.

이재의 할아버지는 우의정을 지냈습니다. 아버지는 일찍 죽었지만 작은아버지 둘 모두 고관을 역임했습니다. 어머니는 노론 핵심 가문 여흥민씨 집안 사람입니다. 심지어 어머니의 언니, 그러니까 이재의 이모는 인현왕후입니다. 그의 집안은 조선의 1%에 속합니다.

이재는 다섯 살에 아버지를 잃고, 5년 뒤 기사환국을 맞이했습니다. 기사환국은 인조반정 이래 계속 정권을 잡았던 노론이 맞닥뜨린 최초의 정치적 시련이었습니다. 송시열을 비롯한 노론의 거물들이 줄줄이 사약을 받았고, 인현왕후는 폐위되어 중전의 자리에서 물러납니다.

이재의 집안도 큰 타격을 입었습니다. 소년 이재는 어머니의 손을 잡고 경기도 고양으로 이사해서 조용히 숨어 살았습니다. 훗날 기사환국 이야기가 나올 때마다 치를 떨었던 것도 이해할 만합니다. 5년 뒤 갑술환국으로 인현왕후가 중전의 자리를 되찾고 다시 노론이 정권을 잡으면서 이재는 세상에 나갈 준비를 합니다.

이재는 23세에 문과에 급제합니다. 엘리트 관원으로 승승장구하여 제법 높은 자리에까지 올랐습니다. 그러나 1722년 노론에게 두 번째 시련이 닥쳤습니다. 신임사화였습니다. 노론의 주요 가문은 다시 한 번 큰 타격을 입었습니다. 이재가 아버지처럼 따르던 작은아버지 이만성은 감옥에서 죽고, 이재는 이 사건을 계기로 관직생활을 접었습니다.

영조가 즉위하면서 노론은 세력을 조금 회복했지만 영조는 소론을 축출할 생각이 없었습니다. 영조는 '탕평'이라는 명분으로 신하들이 서로를 견제하게 만들어 왕권을 강화했습니다. 이 때문에 이재는 완강히 출사를 거부합니다. 그에게 갑술환국을 일으킨 남인과 기사환국을 일으킨 소론은 불구대천의 원수였기 때문입니다. 대제학이라는 문인 최고의 영예도 그를 나오게 할 수는 없었습니다. 이재는 끝까지 출사를 거부하고 용인의 한천寒泉(현 용인군 이동면 천리)으로 내려가 한천정사寒泉精舍를 짓고 저술과 강학에 몰두했습니다.

이렇게 보면 벼슬할 생각을 버리고 학문에 전념한 학자 같지만, 그렇게만 보기는 어렵습니다. 송시열이라는 정신적 지주를 잃은 노론이 분열되자 그는 낙론의 영수로 당론을 좌지우지했습니다. 《도암집陶菴集》에 실려 있는 편지를 보면 그가 얼마나 능수능란하게 정치인들을 배후 조종했는지 알 수 있습니다. 한마디로 막후의 실력자였습니다. 물론 치열한 당쟁의 와중에서도 학자로서의 본분은 잃지 않았습니다.

이재는 62세 되던 1741년부터 중풍을 앓기 시작했고, 2년 뒤부터는 반신불수나 다름없는 상태가 되었습니다. 혀가 굳어 말이 나오지 않아 손가락으로 글자를 써서 의사를 전해야 했습니다. 그래도 저술은 중단하지 않았습니다. 50권 25책에 달하는 《도암집》을 비롯해 30종에 가까운 저술을 남겼습니다. 관혼상제의 핵심을 정리한 《사례편람四禮便覽》, 성리학 입문서 《서사윤송書社輪誦》, 자기 수양의 지침서 《검신록檢身錄》, 잡다한 견문을 정리한 《삼관기三官記》, 당쟁의 경위를 기록한 《수미록首尾錄》, 사서四書를 독자적인 견해로 해석한 《사서강의四書講義》 등입니다. 이번에 소개하는 《주형宙衡》도 그중 하나입니다.

이례적 상황에 대처하는 방법

《주형》은 이재의 말년 저술입니다. 이재는 임종을 앞두고 제자 유언집兪彦鏶, 1714~1783에게 이 책의 마무리를 부탁했습니다. 유언집은 이재의 사위 유언흠의 재종제이기도 합니다. 그는 평생에 걸쳐 스승의 저술을 정리했습니다. 1786년 유언집의 아우 유언호兪彦鎬, 1730~1796가 이 책에 서문을 써서 편찬 경위를 밝혔습니다.

과거의 사례에서 상황에 따라 바뀌는 중도를 찾아내어 현실에 적용하는 것, 이것이 과거, 현재, 미래를 관통하는 시간의 저울《주형》이라는 책 제목의 의미이다. (출처: 국립중앙도서관)

천하의 일은 일상적인 것이 있고 변칙적인 것이 있다. 일상적인 일에서 중도를 지키는 것은 보통 사람도 가능하다. 그러나 일은 만 가지로 다르고 때는 만 번이나 변한다. 복잡하게 얽혀 의심스러운 일의 가부를 결정할 적에는 터럭만큼의 차이가 결과를 좌우하니, 현명한 군자라도 지나치거나 못 미치는 잘못을 저지른다.

이 때문에 증자曾子처럼 아버지를 잘 섬긴 사람도 아버지가 큰 몽둥이로 때릴 때 달아나지 않았다가 성인 공자에게 꾸지람을 들었고, 육권鬻拳처럼 임금을 아끼는 사람도 옳지 않은 방법으로 간언하다가 선대 유학자에게 비난을 받았다. 변칙적인 일을 만나면 이처럼 처신하기 어렵다. 옛일을 배우고 미리 대책을 정한 사람이 아니고서야 어떻게 정밀하기 그지없는 의리를 알고 갑작스런 변고에 대응하겠는가.

도암 이 선생께서 이를 걱정하여 경전과 역사서, 제자백가에서 변고에 대처하기를 잘하고 잘못한 사례를 모아 조목을 나누어 이 책을 만들고 '주형'이라 명명하였다.

_유언호, 〈주형서宙衡序〉

    증자는 공자의 제자로 지극한 효자였습니다. 하루는 아버지와 밭일을 하다가 실수로 오이 뿌리를 잘라버렸습니다. 아버지는 화가 치밀어 몽둥이를 집어 들고 증자를 마구 때렸습니다. 증자가 기절할 정도였습니다. 나중에 이 이야기를 들은 공자가 말했습니다. "작은 회초리로 때리면 맞고, 큰 몽둥이로 때리면 달아나라." 아버지가 벌을 주면 순순히 받는 것이 효도입니다. 하지만 목숨이 위험한 경우는 다릅니다. 이때는 달아나 목숨을 건지는 것이 효도입니다.

　육권은 춘추시대 초나라의 충신입니다. 초나라 왕이 전쟁을 일으키려 하자 육권은 강력히 반대했습니다. 하지만 왕은 들어주지 않았습니다. 육권은 군사를 동원해서 궁궐을 포위하고 왕을 위협했습니다. 왕은 들어줄 수밖에 없었습니다. 육권은 사죄의 의미로 두 발을 스스로 잘랐습니다. 왕의 잘못을 바로잡으려는 목적은 타당했지만, 방법이 잘못되었기 때문입니다. 육권은 다른 방법을 찾았어야 합니다.

　《주형》은 필사본입니다. 조사해보니 국립중앙도서관 소장본을 포함, 5질 정도가 남아 있습니다. 제자들이 돌려보며 베껴 쓴 모양입니다. 27권 10책이나 되는 책을 베껴 썼다니 대단한 정성입니다. 그만한 가치가 있다고 여겼던 것이겠지요.

　먼저 《주형》이라는 책 제목의 뜻부터 알아보겠습니다. 주형의 '주'는 우주宇宙의 '주'입니다. 옛날의 우주는 지금 우리가 알고 있는 우주 공간과는 다릅니다. '우'는 상하사방上下四方, 위아래와 동서남북, 즉 모든 공간입니다. '주'는 왕고래금往古來今, 지난 과거와 다가올 미래, 다시 말해 모든 시간입니다.

　주형의 '형'은 저울입니다. 조선시대의 저울은 '대저울'입니다. 눈금이 새겨진 막대기의 한쪽 끝에 저울추를 매답니다. 다른 한쪽에는 갈고리나 접시가 있습니다. 여기에 무게를 재려는 물건을 올립니다. 저울추의 위치를 이리저리 옮겨 수평을 맞추고 눈금을 보면 무게를 알 수 있습니다. 물건이 무거우면 저울추가 중심에서 멀어야 수평이 맞고, 가벼우면 가까워야 합니다. 저울추의 이동에 따라 무게 중심도 바뀝니다.

조선시대 대저울은 상황에 따라 중도가 바뀌듯이 저울추의 이동에 따라 무게 중심이 바뀐다.

저울은 중도中道를 비유합니다. 중도라는 것은 어느 한쪽으로 치우치지 않는 올바른 길입니다. 중도는 고정된 것이 아닙니다. 상황에 따라 바뀝니다. 부모님의 말씀이 옳으면 따르는 것이 중도이지만, 틀리면 따르지 않는 것이 중도입니다. 상황에 알맞은 중도를 찾기 위해서는 과거의 사례를 배워야 합니다. 과거의 사례에서 상황에 따라 바뀌는 중도를 찾아내어 현실에 적용하는 것, 이것이 과거, 현재, 미래를 관통하는 시간의 저울, '주형'이라는 책 제목이 지니는 의미입니다.

이 책은 열 가지 항목으로 구성되어 있습니다. ① 부자父子, ② 군신君臣, ③ 부부夫婦, ④ 형제兄弟, ⑤ 붕우朋友, ⑥ 학술學術, ⑦ 치도治道, ⑧ 출처出處, ⑨ 응사접물應事接物, ⑩ 상론인물尙論人物입니다. ①부터 ⑤까지는 타인과의 관계, ⑥은 자기 수양, ⑦과 ⑧은 정치, ⑨는 처세, ⑩은 역사

인물의 사례입니다. 각 항목은 총론과 하위 항목들로 구성되어 있습니다. 하위 항목은 150개이며, 각 하위 항목은 수많은 세부 항목으로 다시 나뉩니다. 이 정도면 인생에서 마주치는 웬만한 상황에 모두 대처할 수 있을 것입니다.

첫 번째 항목인 '부자'를 보겠습니다. 부모 자식 관계에서 중도를 찾는 방법입니다. 일반적으로 자식은 부모에게 효도하고 부모는 자식을 사랑하는 것이 중도입니다. 그러나 일반적이지 않은 상황이 있을 수 있습니다. 부모가 자식을 미워한다면? 부모가 부모 노릇을 하지 못한다면? 심지어 자식을 죽이려 한다면? 이때는 마냥 부모님 말씀을 따르는 것이 능사가 아닙니다. 상황에 맞는 중도를 찾아야 합니다.

이 책은 경전과 역사책에서 찾아낸 수많은 역사적 사례를 통해, 비정상적 상황에 맞는 중도를 제시합니다. 순舜임금의 아버지 고수瞽瞍는 자나 깨나 아들을 죽일 생각뿐이었습니다. 순은 어떻게 대처했을까요? 주周나라 유왕幽王은 포사褒姒라는 미녀에 빠져 태자 의구宜臼를 폐위합니다. 의구는 어떻게 대처했을까요? 설포薛包와 민자건閔子騫은 계모에게 미움을 받았고, 백기伯奇와 중이仲耳는 계모를 겁탈하려 했다는 누명을 썼습니다. 이들은 어떻게 대처했을까요? 진시황이 아들 부소扶蘇에게 자결을 명하자 부소는 순순히 따랐습니다. 이것은 과연 중도에 맞는 행동이었을까요? 드라마 같지만 실제 역사적 사건입니다. 지금 보아도 난감한 상황이 많습니다.《주형》은 다양한 사례와 그에 대한 유학자들의 평가를 제시함으로써 상황에 맞는 중도를 찾도록 도와주는 책입니다.

예외 없는 원칙 없다

우리 사회에는 소소한 에티켓부터 법과 제도에 이르기까지 수많은 원칙이 있습니다. 원칙이 있어야 사회 질서가 유지됩니다. 원칙이 없거나, 있어도 곧잘 흔들리면 혼란이 일어납니다. 그런데 원칙이 아무리 자세해도 항상 예외는 존재하기 마련입니다. 원칙이란 구체적인 현실을 추상적인 언어로 규정한 것이기 때문입니다.

고조선 8조 금법의 제1조 "사람을 죽인 자는 사형에 처한다.殺人者死"를 예로 들어봅시다. 살인은 인간이 저지를 수 있는 가장 큰 죄입니다. 하지만 살인도 여러 가지입니다. 원한에 의한 살인도 있고, 실수에 의한 살인도 있고, 사이코패스의 범죄처럼 이유 없는 살인도 있습니다. 정당방위에 의한 살인도 있고, 누군가를 구하기 위해 저지르는 살인도 있습니다. 전쟁터에서 적을 죽이는 것도 엄밀히 말하면 살인입니다. 사형을 국가가 저지르는 살인이라고 주장하는 사람도 있습니다.

모두 똑같은 살인일까요? 모두 원칙대로 사형에 처해야 할까요? 만약 그렇게 한다면 사회 질서를 유지하기 위한 원칙이 오히려 사회를 혼란에 빠뜨릴 것입니다. 살인조차 예외를 인정하지 않을 수 없습니다. 따라서 현대의 법은 원칙을 고수하면서도 판례를 참조하고 정상을 참작하여 예외를 인정합니다.

조선시대 사람들에게 유교경전은 성인이 정해놓은 원칙으로, 반드시 따라야 하는 것이었습니다. 하지만 여기에도 예외가 없을 수 없습니다. 경전의 원칙을 따르기 어려운 상황은 항상 존재했습니다. 원칙과 현실이, 또는 원칙과 원칙이 상충하면 어떻게 할 것인가, 어디까지 예외를 인정할 것인가. 이것은 조선시대 유학자들에게 늘 고민거리였습니다. 조선 후기 정계를 들썩인 예송논쟁도 결국에는 원칙과 예외에 관한 문제입니다.

예송논쟁은 효종의 상을 당한 자의대비가 어떤 상복을 입어야 하는가를 두고 벌어진 논쟁입니다. 자의대비는 효종의 계모인데, 명목상 어머니입니다. 아들이 죽었을 때 어머니가 어떤 상복을 입어야 하는지는 예법에 정해져 있습니다. 장남이 죽었을 때와 장남 아닌 아들이 죽었을 때 어머니가 어떤 상복을 입어야 하는지 역시 예법에 정해져 있습니다.

문제는 효종이 차남으로서 왕위를 계승하였기 때문에 장남과 다름없는 존재였다는 것이었습니다. 차남이면서 장남과 다름없는 아들이 죽었을 때 어머니가 어떤 상복을 입어야 하는지는 예법에 정해져 있지도 않고 전례도 없습니다. 이것이 예송논쟁이 벌어진 이유입니다.

《주형》은 이러한 문제의식에서 만들어진 책입니다. 원칙은 지켜야 하지만 예외를 인정하지 않으면 더 큰 혼란을 야기합니다. 차라리 예외가 생길 가능성을 인정하고, 그에 대처하는 가이드라인을 미리 제시하는 편이 낫습니다. 《주형》은 다양한 예외적 상황과 그에 대처한 역사적 사례를 모아놓은 일종의 판례집입니다. 《주형》은 과거의 사례를 통해 현실의 문제를 가늠하는 시간의 저울입니다.

전례의 나라

오늘날의 법치국가와 비교할 수는 없지만, 조선은 당시 세계 어느나라 못지않은 법률 체계를 갖추고 있었습니다. 하지만 추상적인 법이 복잡다단한 현실을 모두 규정할 수는 없습니다. 이 때문에 조선은 법보다 전례에 매달렸습니다. 오늘날 재판에서도 판례가 중시된다는 점을 고려하면, 조선이 전례를 중시한 것은 당연합니다.

조선 조정은 모든 사안을 결정할 적에 반드시 전례를 참고했습니다. 신하가 국왕에게 재가를 요청하면 국왕의 대답은 둘 중 하나입니다. "전례는 어떠한가?" "전례대로 하라." 이 때문에 "조선은 전례의 나라다."라는 말이 나올 정도였습니다.

따라서 전례를 조사하는 것은 관원의 중요한 업무였습니다. 먼저 관청별로 모아놓은 문서철 '등록謄錄'을 확인합니다. 여기에 없으면 지금의 대통령기록물에 해당하는 '승정원일기'를 찾아봅니다. 여기도 없으면 실록을 찾아봅니다. 실록은 아무나 볼 수 없으니 반드시 사관을 보내야 합니다.

그래도 없으면 중국의 전례를 참고합니다. 중국은 땅이 넓고 사람이 많아 별의별 일이 있으니 어지간하면 참고할 만한 전례를 찾을 수 있습니다. 우리나라보다 전례가 풍부하니 자연히 중국의 제도와 역사에 익숙해집니다. 조선 사람들이 자국의 역사에는 어두운 반면, 중국의 역사에는 밝다고 지적한 사람이 한둘이 아니었는데, 그럴 만한 이유가 있었던 것입니다.

조선이 맞닥뜨리는 사안의 전례는 신라나 고려에서 찾기보다 중국에서 찾는 쪽이 수월합니다. 신라와 고려는 귀족국가입니다. 명색이 중앙집권이라지만 각 지역을 지배하는 호족의 세력도 강성했습니다. 게다가 불교국가입니다. 조선과는 다른 점이 너무 많습니다.

따라서 조선에서 참고할 전례를 찾으려면 신라나 고려 역사보다는 중국 역사를 찾아보는 게 낫습니다. 특히 송나라와 명나라는 조선과 시기적으로도 가깝고 여러모로 유사한 점이 많아 크게 참고가 되었습니다. 조선 사람들이 우리나라 역사보다 중국 역사에 밝았던 것은 이 때문입니다. 사대주의라고 비난할 것 없습니다. 그들은 보다 유용한 것을 배웠을 뿐입니다.

전례를 따르면 안전합니다. 문제가 생겨도 전례에 책임을 미룰 수 있습니다. 반면 자의적인 결정은 위험합니다. 그 책임을 오롯이 당사자가 뒤집어써야 합니다. 전례 없는 문제를 자의적으로 결정한 결과가 어떤 풍파를 일으키는지는 앞서 언급한 조선 후기 예송논쟁에서 확인할 수 있습니다.

예송논쟁 같은 혼란을 피하기 위해서는 가급적 많은 전례를 수집하고 쉽게 찾아볼 수 있도록 정리해야 합니다. 우리가 세계에 자랑하는 조선의 거대한 국가기록물, 관청의 등록, 승정원일기, 조선왕조실록은 모두 전례를 중시하는 관습의 산물입니다. 이 밖에 《동국문헌비고》, 《만기요람》 따위도 마찬가지입니다. 여기저기 흩어져 있는 전례를 주제별로 한 곳에 모아 만든 책입니다. 전례를 수집, 정리하는 작업은 민간에서도 이루어졌습니다. 《주형》도 그중 하나입니다.

《주형》은 변례變例에 대처한 전례를 모은 책입니다. 변례는 예법에 없거나 예법과 맞지 않은 상황입니다. 예법이 아무리 자세해도 현실의 모든 문제를 포괄할 수는 없습니다. 따라서 예법에 없거나 예법과 맞지 않은 상황에 대처할 준비는 반드시 필요합니다.《주형》은 경전과 역사에서 그러한 전례를 모아 만든 책으로, 전례의 나라 조선에 꼭 필요한 책이었습니다.

3

사랑의 역사
《정사유략초 情史類略抄》

사랑도 공부가 필요하다

누구나 한번은 사랑 때문에 고민하지요. 보통은 그런 고민이 생기면 친구를 찾습니다. 친구는 나를 이해하고 나와 공감하기 쉽기 때문입니다. 하지만 친구의 역할은 공감에서 끝입니다. 사랑을 잘 모르기는 친구도 마찬가지라서 그렇습니다.

인류 역사에서 사랑 때문에 고민한 사람이 한둘이 아닙니다. 그들은 자기 경험과 생각을 기록으로 남겼습니다. 그러니 사랑 때문에 고민한다면 맨땅에 헤딩하기보다는 그들이 쌓아놓은 토대 위에서 고민을 시작하는 것이 효과적입니다. 빈손으로 장사를 시작하는 사람과 막대한 유산으로 장사를 시작하는 사람의 차이입니다. 사랑도 공부가 필요합니다.

사랑을 공부한다고 하면 대개는 아리스토텔레스의 '필리아philia'를 시작으로 서양 철학의 사랑 개념을 살펴보거나 에리히 프롬의 《사랑의 기술》을 펼쳐보곤 합니다. 읽어보면 대충 이해는 가지만 절실하게 와닿지는 않습니다. 서양의 역사와 문화는 우리와 다르기 때문입니다.

사랑은 인간의 본성이지만, 역사와 문화의 산물이기도 합니다. 역사와 문화를 이해하지 않으면 사랑을 이해할 수 없습니다. 서로 다른 가정환경에서 자란 두 사람조차 사랑하는 방식이 다릅니다. 하물며 서로 다른 문화권은 말할 것도 없습니다. 사랑을 공부하려면 우리의 역사와 문화 속에서 사랑이란 과연 무엇이며 어떠한 모습이었는지 살펴볼 필요가 있습니다. 열녀 춘향 이야기가 우리 사랑 이야기의 전부라고 생각하면 곤란합니다. 우리에게도 다채로운 사랑의 전통이 존재합니다.

선덕여왕을 짝사랑하다가 불귀신이 된 지귀志鬼 이야기, 짝사랑하던 여인과 결혼에 골인했지만 현실의 벽을 넘지 못하고 결국 이별을 택한 조신調信 이야기, 인간과 호랑이의 사랑을 다룬 김현金現 이야기, 김춘추와 김유신의 누이 김문희, 호동왕자와 낙랑공주, 바보 온달과 평강공주 등 삼국시대부터 이미 한가득입니다. 어릴 적부터 듣던 옛날이야기입니다만, 남녀의 사랑이라는 각도에서 다시 보면 새롭습니다. 김시습의 《금오신화金鰲新話》도 전부 사랑 이야기이지요. 조선시대 사랑 이야기 역시 다채롭고, 우리와 정서가 비슷한 중국과 일본으로 범위를 확대하면 더욱 다채롭습니다.

중국 명나라 사람 풍몽룡馮夢龍 1574~1646의 《정사유략情史類略》은 사랑情의 역사史를 분류類하여 요약略한 책입니다. 그냥 《정사》라고도 합니다. 쉽게 말해 사랑 역사책이자 사랑 백과사전입니다. 서양과 동양

의 도식적 구분은 바람직하지 않지만, 그래도 우리와 역사와 문화가
비슷한 동양의 사랑 이야기들은 사랑으로 고민하는 사람에게 진실한
사랑의 의미를 깨우쳐 줄 것입니다.

풍몽룡, 사랑의 역사를 쓰다

풍몽룡은 소주蘇州 출신입니다. 그는 젊은 시절부터 글재주로 이름
을 날렸습니다. 과거 시험에 여러 차례 도전했지만 운이 나빠서인지
번번이 낙방했습니다. 가세는 점차 기울어 끼니를 걱정해야 하는 처
지에 놓였습니다. 할 줄 아는 일이라고는 글 쓰는 일밖에 없었습니다.
풍몽룡은 생계를 위해 출판업에 뛰어들었습니다.

당시 소주는 문화와 예술의 중심지였습니다. 출판업도 번성했지
요. 이 시기 소주의 출판업은 독서 인구의 증가와 출판 여건의 개선으
로 호황을 누리고 있었습니다. 검열이 없었다는 점도 출판업 발전에
기여했습니다. 풍몽룡은 수험용 참고서, 각종 실용서를 비롯해 온갖
책을 펴냈는데, 그중에서 가장 인기를 끈 것은 소설과 희곡이었습니
다. 풍몽룡은 순식간에 소주 출판계의 스타 작가로 부상했습니다.

하지만 책이 아무리 많이 팔려도 풍몽룡에게는 별 도움이 되지 않
았습니다. 당시는 저작권이라는 개념이 없었기 때문이지요. 직접 출판
사를 차리고 책을 냈다면 큰돈을 벌었을 텐데, 풍몽룡은 가난한 서생
이었습니다. 그럴 여력이 없었으므로 서방書坊이라는 출판업자에게 원
고를 통째로 넘겨줄 수밖에 없었습니다. 그 대가로 버는 돈은 입에 풀
칠하는 수준에 지나지 않았습니다. 때문에 그는 환갑이 가까운 나이

사랑의 역사를 분류하여 요약한 《정사유략초》는 모두 21개 항목에 100개의 사랑 이야기를 요약해놓았다. (출처: 국립중앙도서관)

가 되도록 과거 공부를 포기하지 못했습니다.

풍몽룡은 57세에 비로소 공생貢生의 자격을 따냈습니다. 공생은 시험을 오랫동안 준비한 장수생에게 주어지는 특혜로, 합격은 아니지만 관직에 임용될 기회가 주어집니다. 그는 이듬해 학생들을 가르치는 훈도訓導라는 관직에 임명되고, 얼마 후 수녕壽寧이라는 작은 고을의 원님이 되었습니다. 풍몽룡의 관력은 이것으로 끝입니다.

몇 해 뒤 그는 벼슬을 그만두고 고향으로 돌아가 저술에 몰두했습니다. 그 사이 명나라가 멸망하고 청나라의 시대가 왔습니다. 일흔이 넘은 풍몽룡은 나라 잃은 울분 속에 세상을 떠났습니다. 단편소설집 《삼언三言》, 역사소설《동주열국지東周列國志》, 그리고 여기 소개하는《정사유략情史類略》이 그의 대표작입니다.

스물한 가지 사랑

역사와 문학에 해박했던 풍몽룡은 각종 문헌에 실려 있는 사랑 이야기를 수집하고 분류해서 《정사유략》을 엮었습니다. 원래 24권 12책의 방대한 분량으로 24항목에 882개의 사랑 이야기가 실려 있습니다. 국립중앙도서관 소장 《정사유략초》는 이를 10분의 1에 가까운 분량으로 요약한 것입니다. 21개 항목에 100개의 이야기가 실려 있습니다. 각 항목의 내용은 다음과 같습니다.

- 정아류情芽類 : 사랑의 맹아. 공자에게도 첩이 있었다는 충격적인 사실을 필두로, 사랑의 싹은 누구의 가슴 속에서나 움튼다는 이야기.
- 정보류情報類 : 사랑의 보답. 은혜 갚은 사랑과 원수 갚은 사랑 이야기. 죽은 처녀의 유골을 묻어주고 그 인연으로 부부의 연을 맺은 이야기, 죽은 남편의 혼령이 재혼한 부인에게 복수한 이야기.
- 정외류情外類 : 통념을 벗어난 사랑. 동성애 이야기.
- 정통류情通類 : 만물을 관통하는 사랑. 동물과 동물의 사랑, 사람과 동물의 사랑 이야기.
- 정적류情蹟類 : 사랑의 흔적. 사랑에 얽힌 시 이야기.
- 정정류情貞類 : 올바른 사랑. 일편단심의 사랑 이야기. 남편이 죽은 뒤 수절한 여인, 남편의 원수를 갚은 여인, 가난해져도 변치 않은 연인들의 사랑 이야기.
- 정사류情私類 : 한눈에 빠진 사랑. 아버지 친구 문병 갔다가 그의 첩과 사랑에 빠진 이야기.

1900년대 중국에서 출판된 《정사유략》의 삽화. 심소하(沈小霞)의 아내가 기지를 발휘해 잡혀가는 남편을 구하는 내용이다.

- 정협류情俠類 : 협객다운 사랑. 가난한 남자와 사랑의 도피를 벌인 부잣집 딸을 비롯하여 적극적으로 사랑을 쟁취한 여인들의 이야기.
- 정감류情感類 : 감동적인 사랑. 죽은 아내가 아들을 낳았다는 믿기 어려운 이야기.
- 정환류情幻類 : 환상적인 사랑. 그림 속 여인과의 사랑 이야기.
- 정령류情靈類 : 영험한 사랑. 이승과 저승을 넘나드는 사랑. 죽은 사람이 살아난다거나 환생하여 사랑을 이어가는 이야기.
- 정화류情化類 : 사랑 때문에 변신한 이야기. 남편을 기다리다 바람이 된 아내, 동반 자살하여 연꽃이 된 연인 이야기.
- 정매류情媒類 : 누군가 맺어준 사랑. 잎사귀에 적은 시로 맺어진 연인 이야기.

- 정의류情疑類 : 의심스러운 사랑. 선녀와의 사랑 등 실제인지 의심스러운 이야기.

- 정귀류情鬼類 : 귀신과의 사랑. 절에 공부하러 갔다가 귀신과 사랑에 빠진 이야기.

- 정요류情妖類 : 요괴와의 사랑. 귀신과 요괴는 무엇이 다를까? 귀신은 죽은 사람의 영혼이고, 요괴는 사람 아닌 사물의 영혼이다. 국화, 파초, 거문고의 요정 따위와 사랑에 빠진 이야기.

- 정감류情憾類 : 한 많은 사랑. 당 현종과 양귀비처럼 죽음이 갈라놓은, 못다 이룬 사랑 이야기.

- 정예류情穢類 : 더러운 사랑. 불륜적인 사랑. 황후와 불륜에 빠진 신하, 남편과 의붓아들을 동시에 사랑한 여인 이야기.

- 정호류情豪類 : 사치한 사랑. 거금을 주고서 마음에 드는 기생을 얻은 이야기.

- 정애류情愛類 : 사랑에 푹 빠진 사람들의 이야기. 아끼는 기생이 말 곱창을 먹고 싶어 하자 비싼 말을 죽인 사람, 후궁이 죽자 사흘 동안 식음을 전폐하고 시신 곁을 떠나지 않은 임금 이야기.

- 정치류情癡類 : 바보 같은 사랑. 네크로필리아(시체성애)를 비롯한 충격적인 이야기.

각 항목별로 적게는 한두 가지, 많게는 십여 가지 이야기가 실려 있습니다. 이 가운데 가장 많은 분량을 차지하는 것은 '올바른 사랑'에 해당하는 정정류입니다. 상대를 변함없이 사랑하고 그를 위해 모든 것을 희생하는 지고지순한 사랑이 가장 이상적인 사랑으로 여겨졌던 것입니다. 게다가 희생하는 쪽은 대체로 여성입니다. 아무래도 남성 중심적이라는 점은 한계라고 하겠습니다. 당시 사회 분위기가 그러했으니 어쩔 수 없습니다. 그렇지만 이 책은 사람이 경험하고 상상할 수 있는 거의 모든 종류의 사랑을 망라하고 있습니다. 이 책에 실려 있는 이야기들은 사람마다 사랑하는 방법이 다르다는 사실을 알려줍니다. 자세한 내용이 궁금하다면 번역본이 있으니 찾아보기 바랍니다.

진실한 사랑은 무엇인가

"두 사람은 오래오래 행복하게 잘 살았습니다"로 끝나는 이야기보다는 이루어지지 못한 애절한 사랑 이야기가 사람들의 심금을 울리기 마련입니다. 《정사유략초》에도 이런 이야기가 많지만, 그중에서도 백미는 〈정감류〉에 실려 있는 '축영대'라는 이야기가 아닐까 합니다.

> 양산백梁山伯과 축영대祝英臺는 모두 동진東晉 사람이다. 양산백은 회계會稽에 살았고 축영대는 상우上虞에 살았는데, 여자의 몸이지만 공부가 하고 싶었던 축영대는 남장을 하고 회계에 갔다. 양산백은 축영대의 정체를 알지 못한 채 함께 공부했다. 몇 년 뒤 축영대가 공부를 마치고 집으로 돌아갔다. 훗날 양산백이 상우를 지나는 길에 축영대를 찾아갔다가 비로소 그가 여자라는 사실을 알았다. 양산백은 부모에게 그녀와 혼인하고 싶다고 말했으나 축영대는 이미 마씨에게 시집가기로 되어 있었다. 양산백은 무언가 잃어버린 것처럼 허전했다.

3년 뒤, 양산백은 은鄞이라는 고을의 수령이 되었다. 병들어 죽게 되자 청도산淸道山 아래 묻어달라는 유언을 남겼다. 이듬해, 축영대가 마씨에게 시집가면서 그곳을 지나게 되었다. 바람과 파도가 거세져 배가 앞으로 가질 않았다. 축영대는 양산백의 무덤을 찾아가 목 놓아 통곡했다. 홀연 땅이 갈라지자 축영대는 뛰어들어 죽었다.

양산백과 축영대의 사랑 이야기입니다. '양축고사梁祝故事'라고 합니다. 1천 년이 넘는 세월 동안 전승된 이야기이며, 수많은 소설과 희곡으로 변주되었습니다.

축영대는 여성이지만 공부가 하고 싶어서 남장을 합니다. 양산백은 그것도 모르고 함께 공부합니다. 아마도 양산백은 이때부터 축영대에게 미묘한 감정을 느끼고 자책했을 것입니다. 축영대가 여자라는 사실을 알게 된 양산백은 그녀와 혼인하려 합니다. 하지만 축영대는 이미 약혼한 상태였지요. 양산백은 물러날 수밖에 없었지만 죽을 때까지 그녀를 잊지 못합니다. 훗날 이 사실을 알게 된 축영대는 스스로 목숨을 끊습니다. 두 사람의 사랑은 죽어서야 비로소 완성됩니다. 축영대가 양산백의 무덤으로 뛰어든 후에 시종들이 양산백의 무덤을 살펴보니 아가씨의 옷자락 끝만 보였답니다. 그것을 잡아당기니 한 쌍의 나비로 변해 하늘로 표표히 날아갔다는 이야기입니다.

단순하다면 단순한 이야기입니다만 비극적인 사랑 이야기의 구조는 대체로 이와 비슷합니다. 이런 이야기가 지금까지 인기를 얻는 이유는, 남녀의 사랑이 현실의 제약을 넘어서지 못하고 비극적으로 끝나는 일이 드물지 않기 때문인 듯합니다.

《정사유략초》에 실려 있는 백 가지 사랑 이야기의 주인공들은 저마다의 방법으로 상대를 사랑합니다. 어떤 사랑이 가장 열렬한 사랑일까요? 사랑이 얼마나 열렬한지 가늠하는 방법이 하나 있습니다. 사랑을 얻거나 지키기 위해 어떠한 대가를 치를 수 있는지 확인하는 것이지요.

사람이 치를 수 있는 가장 비싼 대가는 죽음입니다. 따라서 가장 열렬한 사랑은 죽음을 각오한 사랑입니다. 부모나 자식을 위해 죽을 수 있다는 사람도 있겠지만, 그것은 엄밀히 말해 사랑의 힘이라기보다는 윤리적 의무 또는 동물적 본능에 가깝습니다. 순전히 사랑의 힘으로 죽음을 각오하게 만드는 것은 나와 동등한 존재뿐입니다. 따라서 진실한 사랑은 상대가 나와 동등한 존재라는 인식에서 출발합니다. 상대가 나보다 우월한 존재, 또는 열등한 존재라고 생각하면 진실한 사랑은 불가능합니다.

동등한 존재이므로 돈도 지위도 상관없습니다. 심지어 상대가 인간이 아니라도 상관없습니다. 상대에게 바라는 것도 없습니다. 바라는 것은 오직 상대의 존재 그 자체뿐입니다. 결국 진실한 사랑은 존재 자체에 대한 사랑입니다. 인간은 고독한 존재이며, 그 고독을 채울 수 있는 것은 다른 인간의 존재뿐이기 때문입니다. 상대방의 존재 자체를 있는 그대로 받아들이는 것이 진실한 사랑입니다. 이런저런 단서가 붙는 사랑은 진실한 사랑이 아닙니다. 《정사유략초》에 실려 있는 백 가지 사랑 이야기에서 제가 얻은 결론은 이것입니다.

참고문헌
유정일, 《정사 - 중국인의 사랑이야기》, 학고방, 2015.
임정지, 〈한국 고전소설의 애정유형과 변화양상 연구〉, 한국학중앙연구원 박사학위논문, 2008.

4

다른 생각, 다른 말, 다른 행동
《남화경주해산보 南華經註解刪補》

좋은 생각, 좋은 말, 좋은 행동

　세계적인 락 밴드, 퀸의 보컬 프레디 머큐리Freddie Mercury의 일대기를 다룬 영화 〈보헤미안 랩소디〉는 천만 가까운 관객을 동원했습니다. 천만 관객을 넘은 영화가 한둘이 아니지만, 외국 영화로는 이례적입니다.

　프레디는 대학에서 디자인을 전공한 인텔리였지만, 공항에서 수화물 운반 아르바이트를 하면서 음악에 빠져 삽니다. 보수적인 그의 아버지는 음악을 한답시고 밖으로 나도는 아들을 못마땅하게 여기며 훈계합니다. "좋은 생각, 좋은 말, 좋은 행동Good thoughts, Good words, Good deeds!" 아버지는 프레디에게 '좋은 것'을 강요합니다. 그것은 기성 사회의 전통과 관습이었습니다.

　프레디는 반항합니다. 그는 '좋은 생각, 좋은 말, 좋은 행동'을 거부하고 자신만의 음악을 추구합니다. 그가 추구한 음악은 모든 면에서 기존의 음악과 다른 것이었습니다. 퀸은 마침내 〈보헤미안 랩소디〉라는 명곡으로 정상의 자리에 오릅니다. 보헤미안은 사회의 관습과 규범을 무시하고 자유롭게 살아가는 사람입니다. 평론가들은 이 음악을 혹평했지만, 프레디는 개의치 않았습니다.

프레디 머큐리가 평론가들에게 좋은 평가를 받는 무난한 음악을 추구했다면, 대중음악사에 길이 남는 성공을 거두지는 못했을 것입니다. 프레디 머큐리는 기존의 전통과 관습을 거부했습니다. 그의 성공 비결은 '좋은 생각, 좋은 말, 좋은 행동'이 아니었습니다. 프레디 머큐리는 '다른 생각, 다른 말, 다른 행동'으로 전설이 되었습니다.

다름을 용납하지 않는 사회

조선은 주자학이 지배하는 나라였습니다. 주자학 이외의 철학은 모두 배척했습니다. 불교나 도교는 말할 것도 없고, 주자학과 비슷한 양명학도 배척했습니다. 아니, 비슷하면 비슷할수록 더욱 배척했습니다. 똑같은 주자학자라도 생각이 다르면 '사문난적斯文亂賊'으로 매도했습니다. 사문난적은 '이념의 적'이라는 말입니다. 정작 주자학의 본고장인 중국에서는 쓰지 않는 말입니다. 조선은 '다름'을 용납하지 않았습니다.

우리나라 사람들이 속이 좁아 그런 게 아닙니다. 그럴 만한 이유가 있습니다. 조선은 작은 나라입니다. 조선에 인접한 중국과 일본은 이미 오랜 옛날부터 넓은 영토와 많은 인구를 소유한 강대국이었습니다. 강대국의 틈바구니에서 분열은 멸망의 지름길입니다. 국가의 존속을 위해서는 사상 통일이 필요했습니다. 조선은 다양성을 포용할 여

중국 무이의 주자 묘소와 주자 서원

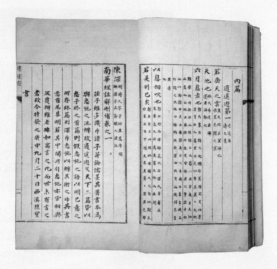

박세당이 《장자》를 전편에 걸쳐 정밀히 분석한 《남화경주해산보》는 기존 《장자》의 주석에서 찾아보기 어려운 독특한 견해를 담고 있는 독보적인 저술이다. (출처: 국립중앙도서관)

건이 되지 않았습니다. 이 때문에 조선의 철학사는 중국이나 일본에 비해 다양성이 다소 부족해 보입니다.

그러나 그 와중에도 남과 다른 생각, 다른 말, 다른 행동을 하는 사람은 끊이지 않고 나타났습니다. 유가의 선비이면서 불가의 승려로 행세한 김시습金時習, 수학과 도상학에 해당하는 상수학象數學에 조예가 깊었던 서경덕徐敬德, 조선의 양명학자 정제두鄭齊斗 등이 그들입니다. 그중 압권은 조선 사대부가 모두 존경하는 주희朱熹를 비판하여 반주자학자로까지 일컬어지는 박세당朴世堂입니다.

박세당 역시 기본적으로는 주자학자입니다. 반주자학자라는 그간의 평가는 지나칩니다. 하지만 그런 평가를 받을 만한 이유가 있습니다. 박세당은 《사변록思辨錄》을 지어 주희의 경전 해석에 이의를 제기하고, 주희가 확정한 경전의 본문을 뜯어고쳤습니다. 당시 학자들에게 거센 비난을 받았지만 박세당은 굴하지 않았습니다. 주희가 정한 예법도 옳지 않다고 생각하면 따르지 않았습니다. 대표적인 예가 망자에게 음식을 올리는 상식上食을 폐지해야 한다는 주장입니다. 주희의 견해와는 정면 배치되는 주장이었습니다. 박세당은 유언으로 상식을 올리지 말라고 하며 자손들에게 당부했습니다.

너희가 만약 이 때문에 여러 사람에게 비난을 받더라도 내 유언을 어겨서는 안 된다.

그는 남과 다른 행동이 초래할 결과를 잘 알고 있었습니다. 그럼에도 자기가 옳다고 믿는 것을 따랐습니다.

박세당의 남다른 행동은 여기서 그치지 않았습니다. 그는 이단의 서적으로 취급받는 《노자老子》와 《장자莊子》에 주석을 달았습니다. 《신주도덕경新註道德經》과 《남화경주해산보南華經註解刪補》가 그것입니다. 조선시대 학자치고 《노자》와 《장자》를 읽지 않은 사람은 없겠지만, 그것은 교양으로서, 그리고 문장력을 기르기 위한 수단에 불과했습니다. 주석을 다는 것은 차원이 다릅니다. 주석 작업은 학문적 연구를 의미합니다. 조선시대에 《노자》와 《장자》를 연구하고 주석을 단 학자가 없지는 않지만, 대개는 단편적인 수준에 머물렀습니다. 박세당의 주석 작업은

'남화경주해산보'는 남화경의 주석과 해설을 삭제하고 보충했다는 뜻이다. 박세당은 기존의 주석을 편집하고 자기 의견을 덧붙여 이 책을 편찬했다. (출처: 국립중앙도서관)

분량과 그 수준에서 전무후무한 것이었습니다. 특히《장자》를 전편에 걸쳐 정밀히 분석한《남화경주해산보》는 독보적인 저술입니다.

유학자의 시선으로《장자》를 보다

'남화경주해산보'는 남화경南華經의 주석과 해설註解을 삭제하고 보충했다刪補는 뜻입니다. 남화경은《장자》의 다른 이름입니다. 박세당은 중국 학자들의《장자》주석을 폭넓게 검토한 뒤, 삭제할 것은 삭제하고 보충할 것은 보충하여 이 책을 편찬했습니다.

이 책의 첫머리에 실려 있는〈채집제가성씨採輯諸家姓氏〉에는 박세당이 참고한《장자》주석의 저자 40명의 인적사항이 실려 있습니다. 중국에서 나온《장자》주석 가운데 중요한 것은 전부 검토했다고 볼 수 있습니다. 특히 초횡焦竑의《장자익莊子翼》, 임희일林希逸의《장자구의莊子口義》, 곽상郭象의《장자주莊子注》등 권위 있는 주석을 집중적으로 참고했습니다.

박세당은 이 수많은 주석 가운데 무엇을 삭제하고 무엇을 보충했을까요? 일반적으로 노자와 장자의 철학은 유교에 비판적이라고 알려져 있습니다. 격언으로 구성된 노자의 유교 비판은 비교적 온건하지만, 우화 중심으로 구성된 장자의 유교 비판은 신랄하고 냉소적입니다. 그러나 박세당의 견해는 달랐습니다. 박세당 역시 기본적으로는 유가의 관점에서 장자를 비판합니다. 하지만 "한갓 고원하고 쓸모없는 학문을 한 사람이 아니다."라고 변호해 주기도 합니다. 그는 장자의 철학이 유교의 가르침을 크게 벗어나지 않는다고 보았습니다.

박세당에 따르면, 장자는 인륜을 버린 사람이 아니라 인륜을 중시한 사람이며, 속세를 버린 사람이 아니라 속세를 불쌍히 여긴 사람입니다. 장자는 사실 왕도정치를 주장했는데, 후세 사람들이 장자의 본뜻을 오해했다는 것이 그의 주장입니다. 심지어 인간 심리에 대한 장자의 탁월한 견해는 주자학자에게도 참고가 된다고 했습니다.

원래 새로운 사상은 받아들여지기 어렵습니다. 그러므로 새로운 사상을 소개하는 사람은 으레 기존 사상과의 차이점보다는 유사성을 강조하는 경향이 있습니다. 외래 종교와 이념이 새로운 영토에 자리를 잡기 위해서는 이렇게 경계심을 허물어야 합니다. 굴러온 돌이 터줏대감을 적으로 삼았다간 쫓겨나기 십상입니다. 일단 어느 정도 받아들여지면 그때부터 속셈을 드러냅니다. 박세당의 속셈은 무엇이었을까요.《남화경주해산보》의 서문을 보겠습니다.

> 장자는 제자백가를 비판하고 유가와 묵가까지 문제 삼았지만, 그의 저서는 본디 혜시惠施의 무리와 논변하기 위한 것이다. 그러므로 첫머리의 〈소요유〉와 마지막의 〈천하〉는 모두 혜시와의 논변으로 끝을 맺었다. 〈소요유편〉에서는 혜시의 말을 인용하여 자신의 뜻을 밝혔고, 〈천하편〉에서는 혜시를 심하게 비판하여 그 학술의 오류를 따졌으니 그 책의 의도가 처음부터 끝까지 몹시 분명하다. 중간에 혜시를 인용한 부분도 모두 서로 논쟁한 내용이니 우언寓言에 비할 바 아니다. 그런데 세상에 말하는 사람이 없으므로 지금 특별히 말한다.
>
> _경신년(1680) 9월 20일, 서계초수 쓰다.

박세당은《장자》의 첫 번째 챕터 〈소요유〉와 마지막 챕터 〈천하〉를 혜시와의 논쟁으로 마무리한 점에 주목합니다. 박세당은 이를 근거로 장자가 유교를 비판한 것이 아니라 궤변을 일삼은 동시대의 철학자 혜시를 비판했다고 보았습니다. 이러한 해석은 당쟁이 극심했던 당시 정치상황과도 관련이 있습니다. 쓸데없는 논쟁으로 분란을 일으키는 혜시에 대한 비판은, 곧 소모적인 논쟁에 몰두하는 당시 조선 지식인들에 대한 비판이었다고 볼 수도 있습니다.

이와 같은 박세당의 견해는 기존의《장자》주석에서 찾아보기 어려운 독특한 견해입니다. 박세당은 서문에서 이 점을 자부하여 "세상에 아직까지 이렇게 말한 사람이 없으므로 지금 특별히 말한다."라고 하였습니다. 《장자》를 학문적으로 연구한 것부터가 남다른데, 연구의 결론 또한 남달랐던 것입니다.

다른 생각이 더 나은 세상을 만든다

다시 〈보헤미안 랩소디〉로 돌아갑니다. 프레디 머큐리는 아프리카 기아 퇴치를 위한 자선 콘서트 '라이브 에이드'에 참가하기로 결정합니다. 그는 오랫동안 소원하게 지내던 아버지를 만나 이 소식을 전하며 말합니다.

좋은 생각, 좋은 말, 좋은 행동, 아버지에게 배운 대로 하고 있어요.

두 사람은 서로를 끌어안고 마침내 화해합니다. 다른 생각, 다른 말, 다른 행동을 추구하며 아버지의 뜻과 정반대로 살아온 프레디의 인생은 결국 아버지의 뜻과 크게 다르지 않았던 것입니다.

퀸이 〈보헤미안 랩소디〉를 발표했을 때, 평론가들은 혹평했습니다. 그러나 대중은 그 색다른 음악에 열광했습니다. 퀸의 음악은 프레디 머큐리가 세상을 떠난 지 삼십 년 가까운 세월이 지난 지금까지도 '좋은 음악'으로 전 세계인의 사랑을 받고 있습니다.

박세당이 《남화경주해산보》를 완성한 것은 1680년경입니다. 그로부터 오래지 않아 이 책은 현종실록자顯宗實錄字로 간행되었습니다. 현종실록자는 1677년 《현종실록》을 인출하기 위해 만든 동활자입니다. 국가 소유의 활자로 간행되었다는 사실은 이 책이 인정을 받았다는 의미입니다. "주자의 학문 외에는 모두 이단"이라는 이념이 지배한 조선 후기 사회에서조차 결코 적지 않은 사람들이 박세당의 다른 생각을 지지했던 것입니다. 비록 생전에는 사문난적으로 핍박을 받았지만, 오늘날 박세당은 조선의 철학사를 말할 때 빠뜨릴 수 없는 존재입니다. 만약 그가 아니었더라면 조선 철학사는 단조롭기 그지없었을 것입니다. 다른 생각, 다른 말, 다른 행동이 그를 불멸의 존재로 만들었습니다.

근대 철학의 아버지 데카르트는 말했습니다. "가장 확실한 지식을 얻기 위해서는 모든 것을 의심하라." 남들이 당연하게 생각하는 것을 의심하고 달리 생각하는 것이 철학의 출발점입니다. 다른 생각은 다른 말, 행동으로 이어지며, 그것은 결국 다른 세상, 더 나은 세상을 만드는 데 기여합니다.

참고문헌

박헌순, 《박세당의 장자 읽기 : 남화경주해산보》, 유리창, 2012.
전현미, 〈박세당의 《남화경주해산보》 저술 의의 구명-주자와 박세당의 장자 인식 비교를 통해서〉, 《한국철학논집》 42집, 한국철학사연구회, 2014.

5

누워서 떠나는 여행
《명산기 名山記》

한국인의 산 사랑

우리나라 사람의 산 사랑은 유별나지요. 주말마다 서울 근교의 산은 등산객으로 가득합니다. 단풍철이면 전국 명산의 등산로는 정체까지 빚어집니다. 평일에도 버스나 지하철에서 등산복을 차려입은 무리를 만나기는 어렵지 않습니다. 젊어서 등산에 관심 없던 사람도 나이가 들면 산을 찾습니다. 신문 광고 중에 가장 많은 것이 아파트 광고, 그 다음이 등산용품 아닌가 싶습니다.

우리나라 사람은 왜 이렇게 산을 좋아할까요? 건강에 좋으니까, 돈이 많이 들지 않으니까, 여러 가지 이유가 있겠지만 우리나라의 독특한 지형적 조건과 이로 인한 문화적 전통 때문으로 보입니다. 우리나라는 좁은 공간 안에 다양한 지형이 오밀조밀하게 모여 있습니다. 지형의 변화가 역동적이다보니 어디서나 산이 눈에 띕니다.

우리나라에 피라미드나 자금성 같은 대형건축물이 없는 이유가 산 때문이라는 견해도 있습니다. 대형건축물은 허허벌판에 지어야 위

107

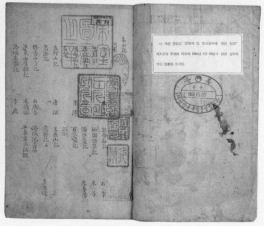

조선 후기에 수입된 중국의 대표적인 여행기《명산승개기》의 내용 일부를 뽑아 만든《명산기》
(출처: 국립중앙도서관)

용을 뽐낼 수 있습니다. 산 옆에는 아무리 큰 건물을 지어봤자 그다지 거대해 보이지 않습니다. 산이 워낙 거대하니까요. 그래서 우리나라의 건축물은 대형화하지 않고 주변 자연과 조화를 이루는 방향으로 발달했다는 주장입니다.

어쨌든 한국인은 산이 보이는 곳에서 태어나고, 산이 보이는 곳에서 살다가, 죽으면 산에 묻힙니다. 한국인에게 산은 고향 같은 존재입니다. 우리는 산을 등지고 강을 마주한 배산임수背山臨水의 지형을 명당이라고 여깁니다. 그건 우리만의 생각입니다. 산 밑을 집터로 선호하는 문화는 세계적으로 독특합니다. 또 우리는 사람이 죽으면 산에 묻는 걸 당연히 여깁니다. 무덤을 산소山所라고 하는 것도 이 때문입니다. 하지만 이 역시 세계적으로 독특한 문화입니다. 산에 무덤을 쓰는 나라는 많지 않습니다.

이뿐만이 아닙니다. 세계 어디를 가도 군주가 사는 궁전은 넓은 평지에 자리를 잡습니다. 한국은 그렇지 않습니다. 산에 바짝 붙어서 궁전을 짓습니다. 북악산을 등진 경복궁을 보십시오. 경복궁은 북악산의 위용을 빌려 권위를 과시합니다. 일종의 호가호위狐假虎威랄까요. 한국인에게 산은 권위를 상징합니다. 한국인이 홀린 듯 산을 찾는 이유가 이것입니다.

일단 등산에 맛을 들이면 주말마다 전국 방방곡곡의 명산을 찾아다닙니다. 그래도 만족하지 못하면 외국으로 눈을 돌립니다. 중국 명산은 한국인의 인기 관광지로 자리 잡은 지 오래입니다. 히말라야 트레킹도 더 이상 특별한 경험이 아닙니다. 한국인의 산 사랑은 이미 세계로 뻗어나가고 있습니다.

누워서 떠나는 여행

지금은 시간과 돈만 있으면 어디든 여행을 갈 수 있습니다. 하지만 옛날에는 어림도 없습니다. 집을 떠나면 숙식을 해결하는 것부터가 큰 문제입니다. 돈이 있어도 먹고 잘 데가 없습니다. 주막은 사람의 왕래가 빈번한 곳이 아니면 찾기 어려웠습니다. 역참과 사찰이 곳곳에 있었지만 관원이 아니면 이용하기 어렵습니다.

조선 후기에 접어들어 화폐 경제가 발달하면서 여행 문화도 변하기 시작했습니다. 지역간 이동이 수월해지고 경제력을 갖춘 계층이 확대되면서 업무를 위한 여행이 아닌, 여행을 위한 여행의 시대가 도

래했습니다. 금강산을 비롯해서 전국 방방곡곡의 명산을 찾아다니는 여행객이 점차 늘어났습니다. 조선 후기 문헌에서는 관광가이드와 직업여행가의 존재도 확인할 수 있습니다.

우리가 여행 가서 사진을 찍듯, 그들은 여행 경험을 잊지 않으려고 기록을 남겼습니다. '유기遊記'라고 하는 여행기입니다. 여행을 떠나려는 사람은 앞서 여행한 사람이 남긴 유기를 찾아 읽었습니다. 여행 가이드북인 셈이지요. 꼭 여행을 떠날 계획이 있어야 하는 것도 아닙니다. 때로는 여행기가 진짜 여행보다 재미있는 법, 많은 사람들이 유기를 읽으며 여행을 간접 경험하고 대리만족을 느꼈습니다. 여유 있는 사람은 화가를 시켜 명산을 그림으로 그리게 하여 벽에 걸어놓고 상상으로 여행을 떠났습니다. 이처럼 글과 그림을 통한 간접 여행을 '와유臥遊'라고 했습니다. 누워서 떠나는 여행이라는 뜻이지요.

중국 남북조 시대 송나라 사람 종병宗炳은 여행을 좋아했습니다. 전국의 명승을 샅샅이 누볐습니다. 하지만 세월 앞에 장사 없는 법, 늙고 병들자 더 이상 여행을 떠날 수 없었습니다. 그는 그동안 여행한 장소들을 그림으로 그려 걸어놓고 방에 누운 채로 그 그림을 보며 상상의 여행을 떠났습니다. 이것이 '와유'의 유래입니다.

누워서 여행하는 방법은 여러 가지입니다. 종병처럼 그림을 보며 여행 가는 상상을 한 사람도 있었고, 산을 연상케 하는 괴석怪石을 수집하여 감상하는 사람도 있었습니다. 부자들은 정원에 연못을 파고 가산假山을 만들었습니다. 거대한 모형 산입니다. 남승도覽勝圖라는 보드게임을 즐기기도 했습니다. 전국 각지의 명승을 유람하는 게임이지요. '부루마블'을 연상케 합니다. '부루마블'은 해외여행이 어려웠던 시절, 우리나라 어린이들에게 세계 여러 나라의 도시를 상상으로나마 여행할 수 있는 기회를 제공했습니다.

뭐니 뭐니 해도 누워서 떠나는 여행의 으뜸은 여행기입니다. 여행기가 진짜 여행을 대신할 수는 없지만 잘 쓴 여행기는 실제 여행보다 흥미진진합니다. 여행기는 진짜 여행보다 더 많은 지식과 감동을 주기도 합니다. 조선시대에는 명작 여행기를 모은 《와유록臥遊錄》이라는 여행기 모음집이 유행했습니다. 특히 중국 명나라 후기에는 여행이 붐을 이루면서 수많은 여행기가 출판되었고, 조선에 수입된 것도 많았습니다. 덕택에 조선 사람들은 중국 여행기를 읽으며 중국 각지의 명승을 여행했습니다.

누워서 떠나는 여행은 어디든 갈 수 있습니다. 목적지를 우리나라로 한정할 이유가 없습니다. 해외여행이라고는 꿈도 꾸기 어려웠던 조선시대 사람들은 누워서 가는 여행에 열광했습니다. 조선 사람들은 여행기를 읽으며 상상으로나마 중국의 명승을 유람했습니다. 때마침 조선 후기에는 명청대에 편찬된 총서叢書가 한창 수입되는 중이었습니다. 총서란 기존의 저술을 주제별로 종합한 책입니다. 중국 명산의 유기를 종합한 여행기 총서도 조선에 수입되었습니다. 조선 문인들은 이런 책을 통해 상상 속에서나마 중국의 명산을 여행했습니다.

집에 앉아 중국의 명산을 여행하다

조선 후기에 수입된 중국의 여행기 총서 가운데 대표적인 책이 바로《명산승개기名山勝槩記》입니다. 이 책의 저자는 분명치 않은데, 하당何 鏜, 1507~1585의 《고금유명산기古今遊名山記》를 바탕으로 여러 사람이 보충 했다고 알려져 있습니다. 50권에 가까운 거질입니다. 이 책은 조선에 들어와 대대적인 인기를 끌었습니다. 이 책의 영향으로 여행을 떠나 고, 여행기를 쓰고, 여러 사람의 여행기를 엮어 책으로 만드는 붐이 일 었습니다. 책 한 권이 조선의 여행 문화를 바꾸는 데 기여한 것입니다.

국립중앙도서관 소장 《명산기名山記》는 《명산승개기》의 일부를 뽑 아 만든 책입니다. 50권 가까운 《명산승개기》를 단 1권으로 압축했으 니, 얼마나 고르고 또 골랐을지 짐작할 만합니다. 이 책은 조선 사람 들이 중국의 유기를 어떻게 받아들여 자기 것으로 만드는지 보여줍 니다.

《명산기》의 저자는 알 수 없습니다. 만들어진 시기도 알 수 없습니 다. 목차와 본문 첫면의 장서인藏書印은 임흥관林興寬의 것입니다. 18~19 세기 중인 신분의 인물입니다. 그가 만들었는지는 알 수 없지만, 책의 형태로 보아 조선 사람이 만든 것은 확실합니다.

《명산기》에는 총 110여 편의 유기가 실려 있습니다. 하남, 산동, 산 서, 섬서, 복건, 광동, 광서, 사천, 운남 9개 지역으로 나누었습니다. 당 시로서는 오지에 속하는 지역도 포함되어 있습니다. 중국 동북 지역과 북경 일대는 제외했는데, 이 지역은 조선 사신이 통과하는 곳이므로 조 선 사람의 여행기가 많습니다. 그래서 굳이 넣지 않은 듯합니다. 시기적 으로는 당唐, 송宋, 원元, 명明의 유기가 모두 실려 있는데, 이몽양李夢陽, 이 반룡李攀龍, 왕세정王世貞, 원굉도袁宏道, 종성鍾惺 등 여행 문화가 꽃핀 명나라 때 활동한 문인들의 유기가 많습니다.

이 책에 수록된 유기의 무대는 대부분 중국의 명산입니다. 오악에 해당하는 숭산, 태산, 항산, 화산, 형산, 험하기로 유명한 태항산, 불교 성지 오대산, 주자학의 성지 무이산, 이 밖에 여산, 나부산, 아미산, 점 창산 등 수많은 명산이 등장합니다. 산 여행기만 있는 건 아닙니다. 지 금도 유명한 관광지인 계림^{桂林}과 삼협^{三峽}, 이름난 사찰과 정원의 유기 도 있고, 황하의 근원을 찾아가는 유기도 있습니다.

조선시대 사람들은 주희를 존경했으니, 그가 은거했던 무이산에 한번 가보고 싶었을 것입니다. 하지만 방법이 없으니 이런 여행기로 나마 상상해 보았을 것입니다. 명나라 사람 황중소^{黃仲昭}가 지은 〈무이 산기^{武夷山記}〉가 이 책에 실려 있습니다.

무이산의 둘레는 백여 리, 큰 봉우리가 서른여섯 개다. 도가^{道家}의 경전 에는 이곳에 16개소의 동천^{洞天}이 있다고 했다. 전하는 이야기에 따르면 신선이 이곳에 내려와 무이군^{武夷君}으로 자칭했다고 한다. 또 《열선전^{列仙} ^傳》에 따르면 신선 전갱^{錢鏗}에게는 두 아들이 있었는데 장남은 무^武, 차남 은 이^夷였으므로 이를 따서 이름 붙였다고 한다. 두 가지 이야기가 서로 다르다. 주희는 이렇게 썼다.

"무이산이라는 이름은 한^漢나라 때부터 있었다. 말린 고기로 제사를 지 냈는데, 과연 어떤 신선인지는 모르겠다. 산에 오래된 나무가 바위 사이 에 있는데 배와 관 따위가 부서진 것이다. 관 속에는 유해가 있고 밖에는 질그릇을 늘어놓았는데, 아직도 모두 부서지지 않았다. 옛적 길이 막혀

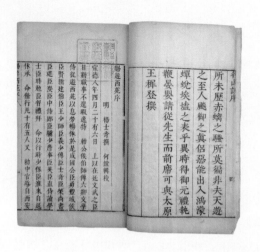

《명산승개기》. 총 32책으로 청대 목판본이다. 《명산기》는 이를 축약한 책으로 조선 사람들이 중국의 유기를 어떻게 수용하여 자기 것으로 만들었는지를 보여준다. (출처: 국립중앙도서관)

통하지 않고 강이 막혀 흐르지 않았을 때 야만인이 살던 곳인 듯하다. 한 나라에서 제사지낸 것은 그들의 군주이다. 원래는 세상을 피해 살던 사람인데 백성이 군주로 받들었고, 후세에 신선으로 전해진 듯하다.

지금 무이산의 여러 봉우리 중에 가장 높고 바른 것은 아직도 대왕봉이라고 불린다. 중간에 언덕이 있는데 군주가 살던 곳인 듯하다. 작은 개울이 여러 봉우리 사이를 돌아 흐르니 모두 아홉 구비이다."

무이산이라는 이름의 유래를 설명하는 글입니다. 무이군이라는 신선이 살았기 때문에 붙은 이름이라는 설도 있고, 신선의 두 아들 이

《명산승개기》에 수록된 여행기의 무대는 무이산을 비롯한 중국의 명산이 많으나 이름난 사찰과 정원, 황하의 근원을 찾아가는 여행기도 있다. (출처: 국립중앙도서관)

름이라는 설도 있다고 합니다. 무이산을 명소로 만든 주희는 이곳에야만인 군주가 살았던 것으로 추측했습니다. 사실 여행기라기보다는 여러 문헌에서 무이산 관련 기록을 모은 것입니다. 본격적인 여행기는 이 뒤부터 이어집니다.

요즘 여행기는 현지의 역사와 문화보다는 여행자의 경험과 생각에 주안점이 있습니다. 하기야 인터넷을 찾아보면 다 나오는 정보를 굳이 책에 넣을 필요는 없겠지요. 하지만 옛날 여행기는 현지의 정보를 자세히 전달하는 것이 가장 중요했습니다.

《명산기》에 실려 있는 여행기는 비교적 긴 것도 있지만 두세 줄에 그치는 짧은 여행기도 많습니다. 아무리 잘 쓴 여행기라지만 진짜 여행을 대신할 수 있었을까요. 사진으로도 담아내기 어려운 웅장하고 아름다운 명산의 모습을 과연 글을 읽고 상상할 수 있었을까요. 제아무리 사실적으로 묘사했다 해도 분명 한계가 있을 것입니다. 그럼에도 여행기는 여행이 주지 못하는 또 다른 감동을 선사합니다.

조선 문인들은 문헌을 통해 이 명산들의 존재를 잘 알고 있었지만 직접 가볼 기회는 없었습니다. 보고자 하는 염원이 간절했기에 그들은 여행기를 읽는 것만으로도 그곳에 간 것이나 다름없는 감격을 느꼈을 것입니다. 사진과 영상에 익숙해진 우리로서는 이해하기 어려울지 몰라도, 그들은 누군가 전해준 이야기나 책에서 읽은 글 한 편을 통해 세계를 여행했습니다.

나를 바꾸는 여행

여행을 떠나는 이유는 무엇보다도 색다른 경험에 대한 욕구입니다. 익숙한 공간에서 반복되는 일상에서는 아무런 변화가 생기지 않습니다. 낯선 환경 속에서의 색다른 경험만이 변화와 발전의 계기를 제공합니다. 여행이 사람을 성장하게 만드는 이유가 이것입니다. 그러나 여행이 나를 바꾸는 계기가 되기를 바란다면, 잊지 말아야 할 것이 하나 있습니다.

예로부터 사람을 바꾸는 것은 여행과 독서라고 했습니다. 하나만으로는 안 됩니다. 독서만 하면 현실 감각이 떨어지고, 여행만 하면 생각이 깊어지지 않습니다. 독서와 여행은 병행해야 합니다. 나를 찾는 여행, 나를 바꾸는 여행이 되기를 바라며 이곳저곳을 여행했지만 아

조선시대 사람들의 무이산에 대한 동경은 주희에 대한 존경의 연장이다. 무이산 전경.

무 것도 찾지 못하고 아무 것도 바뀌지 않았다면, 그것은 여행 경험이 부족해서가 아니라 독서 경험과 사색이 부족해서입니다.

　잘 먹고 잘 마시고 사진 많이 찍는 여행은 자랑거리나 휴식이 될 수는 있을지언정 나를 바꾸는 계기는 되지 못합니다. 독서를 통해 여행지의 역사와 문화를 이해하고, 먼저 그곳을 여행한 이들의 경험담을 경청해야 합니다. 그런 다음 여행을 통해 직접 눈으로 보고 발로 밟아보며 책에서 본 것과 실제로 본 것이 어떻게 같고 다른지 생각하고 느껴야 합니다. 그래야 생각이 자라고 시야가 넓어지는 여행이 될 수 있습니다. 수박 겉핥기식 여행으로는 기대하기 어려운 효과입니다. 여행을 통해 무언가 바뀌기를 기대한다면, 독서는 필수입니다.

참고문헌

강혜규, 〈국내 소장《名山勝槩記》의 서지적 고찰〉,《서지학연구》64집, 2015.

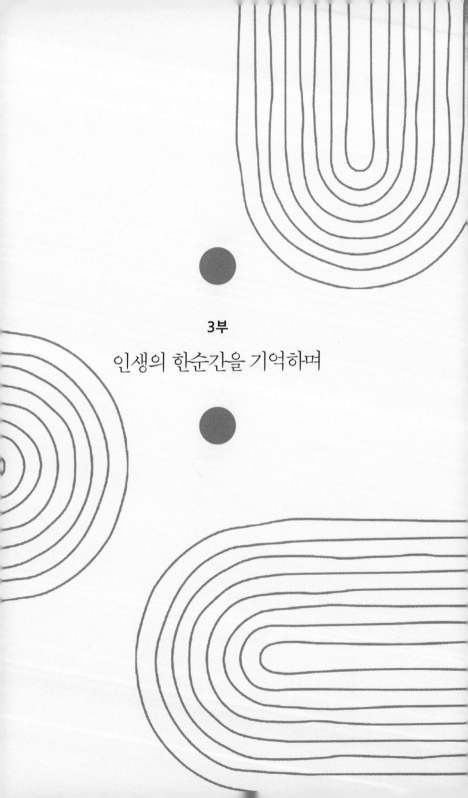

3부

인생의 한순간을 기억하며

① 한 번 동기는 영원한 동기

《사마방목 司馬榜目》

김 생원과 최 진사는 어떤 사람일까

조선시대 과거 시험은 세 종류입니다. 행정직 공무원을 뽑는 문과文科, 군대의 장교를 뽑는 무과武科, 기술직 공무원을 뽑는 잡과雜科입니다. 가장 선호한 분야는 역시 문과인데, 문과에 응시하기 위해서는 먼저 생원生員 또는 진사進士라는 자격을 획득해야 합니다. 생원이 되려면 사서오경을 달달 외워야 하고, 진사가 되려면 시부詩賦를 잘 지어야 합니다. 암송에 자신이 있으면 생원을, 글짓기에 자신이 있으면 진사를 노려볼 만합니다.

생원과 진사를 뽑는 시험이 바로 생원시生員試와 진사시進士試이며, 이 둘을 합쳐 소과小科 또는 사마시司馬試라고 합니다. 소과는 문과의 예비시험이라는 의미에서 생긴 이름이고, 사마시는 중국 주周나라 제도에서 유래한 이름입니다.

사마는 원래 주나라의 관직명입니다. 인재를 적재적소에 배치하는 업무를 맡았기에, 당시의 국립대학 태학太學에서는 우수한 선비를 사마에 추천하였습니다. 이렇게 추천된 선비들을 '진사'라고 하였습니다. 조선시대의 진사와는 명칭만 같을 뿐 성격은 다릅니다. 어쨌든 이로 인해 조선시대 생원과 진사를 뽑는 시험을 사마시라고 부르게 되었습니다.

사마시는 생원시와 진사시로 나누어 시행하며, 두 차례 시험을 치릅니다. 1차 시험 초시初試는 각 지방에서, 2차 시험 복시覆試는 서울에서 시행합니다. 1차 시험에서 각 7백 명을 뽑고, 2차 시험에서 각 1백 명을 뽑습니다. 1차 시험 합격자는 도별로 쿼터가 정해져 있습니다. 일종의 지역할당제이지요. 2차에서는 지역할당제를 적용하지 않습니다. 2차 시험을 통과해야 비로소 합격자 명단에 이름을 올릴 수 있습니다. 이때부터 생원과 진사라는 호칭이 주어집니다.

관직에 오르기 위해서는 다음 단계인 문과를 치러야 하지만, 생원과 진사 자격만으로도 지역 사회에서는 특별대우를 받을 수 있습니다. 옛날이야기에 흔히 등장하는 김 생원, 최 진사는 알고 보면 모두 대단한 사람들입니다.

생원시와 진사시 합격자 명단을 '사마방목司馬榜目'이라고 합니다. 조선왕조 5백 년 동안 총 230회의 사마시가 치러졌으니 사마방목 역시 230번 만들어졌겠지요. 이 가운데 180여 회의 사마방목이 전하고 있습니다.

사마방목, 동기생 명단

사마시 응시자들은 대궐 또는 시험장에 최종합격자를 공고하는 방榜을 보고서 합격 여부를 알게 됩니다. 출방出榜이라고 합니다. 방노榜奴라는 노비가 합격자의 집으로 찾아가 알려주는 경우도 있습니다. 이후 대궐에서 정식으로 합격증을 나누어줍니다. 방방放榜이라고 합니다. 사마시의 경우 합격증을 흰 종이에 써서 발급합니다. 백패白牌라고 하지요. 백패를 받으면 다시 대궐에 가서 국왕의 은혜에 감사를 표하는 사은謝恩과 공자의 위패를 모신 문묘에 참배하러 가는 알성謁聖의 절차가 이어집니다. 광대를 앞세우고 음악을 연주하며 합격을 자랑하는 유가遊街라는 시가행진도 빼놓을 수 없습니다.

이 모든 절차가 끝나면 합격자들은 비로소 총무에 해당하는 색장色掌을 뽑아 사마방목의 간행에 착수합니다. 간행에 들어가는 비용은 합격자들이 분담합니다. 사마시 합격은 가문의 영광이며 함께 합격한 사람들은 평생을 함께할 동기이므로 합격자에게는 사마방목이 꼭 필요했습니다. 사마방목은 일종의 동기수첩이었습니다.

오래된 방목은 희귀합니다. 1513년(중종8) 사마시 합격자 명단 《정덕계유사마방목正德癸酉司馬榜目》은 보물 제524호로 지정되어 있습니다. 국립중앙도서관에는 2백 종이 넘는 사마방목이 소장되어 있는데, 이 가운데 《만력원년계유이월이십사일사마방목萬曆元年癸酉二月二十四日司馬榜目》(이하 《만력계유사마방목》)을 살펴보겠습니다. 1573년(선조6) 시행된 사마시의 합격자 명단입니다. 비교적 이른 시기의 문헌인데다 금속활자 을해자로 간행된 책이므로 귀중본으로 지정되어 있습니다.

표지를 넘기면 '은문恩門'이라는 제목 아래 시험관들의 관직과 성명을 기재했습니다. 합격의 은혜를 베풀어 주신 고마운 분들이라는 뜻입니다. 이해 사마시는 한성부와 성균관 두 곳에서 나누어 치렀는데, 형조 판서(법무장관) 윤세장尹世章과 한성부 판윤(서울시장) 오상吳祥 이하 각 6명의 시험관이 감독과 채점을 맡았습니다.

이어서 합격자 명단이 성적순으로 실려 있습니다. 1등이 5명, 2등이 25명, 3등이 70명입니다. '등'은 등급으로 보면 되겠습니다. 합격자마다 신분과 성명, 자字, 생년, 본관, 거주지, 부친의 관직과 성명을 기록했습니다. 부모의 생존 여부도 명시했습니다. 둘 다 살아계시면 '구경하具慶下', 부친만 계시면 '엄시하嚴侍下', 모친만 계시면 '자시하慈侍下', 둘 다 안 계시면 '영감하永感下'라고 합니다. 형제의 이름도 적습니다. 이렇게 100명의 명단이 이어집니다. 방목에 따라서는 말미에 시험 장소 및 시험 문제 따위가 붙어 있는 것도 있습니다. 수많은 사람들의 인적사항이 자세히 실려 있는 방목은 역사 연구의 중요한 자료로 활용되곤 합니다.

사마시는 관직으로 가는 첫 번째 관문에 불과합니다. 그 다음 단계의 시험인 문과에 합격해야 비로소 관직에 오를 수 있습니다. 그렇지만 사마시 합격만으로도 행세하기에는 충분했습니다. 애초에 이를 목적으로 응시하는 사람도 많았습니다. 이 때문인지 문과 급제보다 사마시 합격을 더 기뻐했고, 문과 동기들보다 사마시 동기들과의 유대가 더욱 긴밀했습니다.

《만력계유사마방목》에는 생원 100명과 진사 100명, 총 200명의 인적사항이 실려 있습니다. 생원시와 진사시에 중복 합격한 사람이 13명이므로 실제 총 합격자는 187명입니다. 합격자의 신분은 대부분

유학幼學입니다. 사대부 집안 출신이라는 뜻입니다.

간혹 유학이 아닌 사람도 섞여 있습니다. 진사시 88등으로 합격한 문언文偃의 신분은 공생貢生, 즉 아전입니다. 신분 때문인지 문과에 낙방한 탓인지, 그는 진사의 직함을 얻고서도 글방 선생을 전전했습니다. 조선 중기의 명문장가 택당澤堂 이식李植이 어린 시절 그에게 글을 배웠습니다.

생원시 38등으로 합격한 한우신韓禹臣의 신분은 관군館軍입니다. 관군은 역참 소속의 아전입니다. 이 때문에 한우신은 문과에 급제하고도 지방직을 전전했습니다. 그가 모처럼 성균관에 임명되자 유생들이 신분을 문제 삼아 절을 올리지 않기로 작당했다고 합니다. 아마 두 사람은 동기 모임에도 참석하지 못했을 것입니다. 사대부 신분이 아니라도 과거에 응시할 수는 있지만, 제대로 인정받지 못했던 것이 현실입니다.

동기들의 운명

조선시대 사마시 동기들은 장원을 중심으로 결속을 다졌습니다. 장원은 대단한 영예였습니다. 윤국형尹國馨의 《문소만록聞韶漫錄》에 따르면 합격자들은 장원을 지극정성으로 공경했다고 합니다. 동년배인데도 만나면 절을 올렸고, 나란히 걷거나 앉지도 못했습니다. 말을 타고 가다가도 장원을 보면 말에서 내렸고, 감히 이름을 부르지도 못해 '장원'이라고만 불렀다고 합니다. 합격자 발표 후 합격자들이 가장 먼저 찾아가는 곳도 장원의 집이었습니다. 합격자들은 장원을 모시고 대궐에 가서 국왕에게 감사의 뜻을 표하고 공자의 위패를 모신 문묘에 참배했습니다.

오른쪽 맨 아래 사진에서는 《만력계유사마방목》에 실려 있는 1573년 생원시 1등급 다섯 명의 명단을 볼 수 있습니다. 수석 합격자 이산악李山岳은 자가 군진君鎭이고 무신년생(1548)입니다. 겨우 26세였군요. 본관은 광주, 거주지는 의성입니다. 아버지는 충의위를 지낸 이호박李好博입니다. 충의위는 공신 후손을 위한 군직軍職인데, 벼슬이라고 하기도 어려운 직책입니다. 그런 아버지 아래서 자란 아들이 장원이라니 대단합니다. 부모님은 모두 돌아가셨군요. 형제도 없습니다.

조사해 보니 이산악의 아버지와 할아버지는 모두 과거에 합격하지 못했습니다. 이산악의 성취도 사마시에서 끝입니다. 그는 다음 단계인 문과에 급제하지 못했습니다. 응시했지만 낙방했는지, 아예 응시하지 않았는지 알 수 없습니다.

차석은 김굉입니다. 자는 여기汝器이고 신축년생(1541)입니다. 본관은 부안扶安, 거주지도 같습니다. 아버지는 김경정金景貞입니다. '학생'이라고 표시한 걸 보니 관직이 없었나 봅니다. 역시 부모님 모두 안 계시고 형제도 없습니다.

놀랍게도 김굉은 이때 함께 치른 진사시에서 장원을 차지했습니다. 생원시 차석과 진사시 수석을 동시에 차지한 것입니다. 수재가 분명하지만 역시 문과 급제 기록은 찾을 수 없습니다. 사마시에 장원한다고 반드시 출세가 보장되는 것은 아닙니다. 사법고시 수석 합격자가 반드시 동기 중에 가장 출세한다는 법은 없지요.

1573년(선조 6) 간행된 《만력계유사마방목》. 생원 100명과 진사 100명 총 200명의 인적사항이 적혀 있다. (출처: 국립중앙도서관)

《사마방목》의 표지를 넘기면 시험관들의 관직과 성명이 기재된 부분이 나온다.

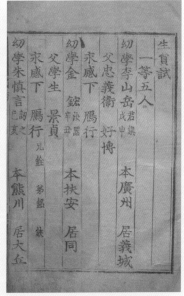

《사마방목》은 관직으로 가는 첫 번째 관문인 사마시의 합격자 명단이자 일종의 동기수첩이다.

3위는 주신언朱愼言입니다. 자는 인지訒之, 기해년생(1539)입니다. 본관은 웅천, 거주지는 대구입니다. 아버지는 참봉을 지낸 주송수朱松壽입니다. 1위부터 3위까지 '개천에서 난 용 같은 남자' 즉 '개룡남'인데, 아쉽게도 모두 부모형제가 없습니다.

4위는 김익복金益福입니다. 자는 계웅季膺, 신해년생(1551)으로 본관은 부안, 거주지도 같습니다. 아버지는 찰방을 지낸 김광金光입니다. 부모가 모두 살아 계신네다 두 형과 두 아우가 있군요. 형제들의 이름도 모두 적혀 있습니다.

5위는 윤의정尹義貞입니다. 자는 이직而直, 을유년생(1525)으로 나이는 49세입니다. 장수생인가 봅니다. 본관은 덕산, 거주지는 예안입니다. 아버지는 종부시 정을 지낸 윤관尹寬입니다. 어머니는 돌아가신 모양입니다. 두 아우가 있습니다.

원칙적으로 과거 시험의 채점은 답안지의 이름을 가린 채로 진행합니다. 그런데 장원을 결정할 때는 시험관이 슬쩍 들춰보고 집안이 좋은 사람을 뽑곤 했습니다. 오늘날의 관점에서는 부정이지만, 이것이 조선 후기의 일반적인 경향이었습니다. 좋은 집안도 인재의 조건이기 때문입니다. 1573년 사마시에서 높은 성적으로 합격한 사람들은 그리 대단한 집안 출신이라고 보기 어려운데, 이것이 오히려 이 시험의 공정성을 입증합니다.

1573년 사마시에 합격한 동기 187명의 운명은 어떻게 되었을까요? 이들의 생애를 추적해보면, 문과에 급제한 사람이 58명입니다. 어렵게 사마시에 합격했는데도 그 다음 단계를 통과한 사람은 삼분의 일도 못 되었던 것입니다. 문과 급제란 이처럼 바늘구멍입니다.

동기들의 생애는 천차만별이었습니다. 가장 높은 관직에 오른 사람은 윤승훈尹承勳입니다. 진사 100명 중 39등으로 합격했으니 그리 높은 성적은 아니었지만 영의정까지 올랐습니다. 생원 64등 이광정李光庭은 판서를 지냈고, 생원 84등 홍이상洪履祥은 참판을 지냈습니다. 제법 높은 관직에 오른 이들이 적지 않습니다. 사마시 합격 등수는 출세에 별다른 영향을 미치지 못하는 듯합니다. 흥미롭게도 고위관료로 출세한 사람들의 사마시 합격 등수는 대체로 낮은 편입니다.

불행한 최후를 맞은 동기들도 있습니다. 진사 53등으로 합격한 김직재金直哉는 역모에 연루되어 처형당했고, 진사 95등으로 합격한 윤삼빙尹三聘은 무고죄의 책임을 물어 처형당했습니다. 동기들의 수치였겠지요.

출세한 동기도 있고 몰락한 동기도 있었지만, 1573년 사마시 동기들은 함께 어려운 시대를 헤쳐 나갔습니다. 이들이 합격한 지 19년 만에 임진왜란이 일어났습니다. 한창 활동할 장년의 나이에 전쟁을 맞닥뜨린 이들은 상당수가 의병장으로 활약했고, 일부는 전쟁터에서 목숨을 잃었습니다. 이들은 국가가 부여한 영광스러운 자격에 걸맞은 역할을 다했습니다.

전란이 끝나고 얼마 지나지 않은 1602년(선조35), 합격자 중 한 사람이었던 홍이상이 안동 부사로 부임하여 동기 이시언李時彦을 만났습니다. 당시 이시언은 안동에서 멀지 않은 경주 부윤으로 재직 중이었습니다. 마침 동기 중에 영남에서 벼슬하는 사람이 8~9명, 영남에 거주하는 사람이 또 8~9명이었습니다. 두 사람은 오랜만에 동기 모임을 열기로 했습니다. 당시 경상 감사 이시발李時發은 동기 이대건李大建의 아들이었습니다. 그가 모임을 주선하자 동기들이 안동으로 모였습니다. 멀리 호남에서 소문을 듣고 온 사람도 있었습니다.

이날 모임에 참석한 동기는 총 14명이었습니다. 이날의 광경을 묘사한 그림이 일본 데라우치 문고寺內文庫에 소장되어 있다가 경남대박물관에 기증된 〈계유사미 동방계회도癸酉司馬同榜契會圖〉입니다. 이들은 1614년에도 한 차례 모임을 가진 사실이 확인됩니다. 1573년 사마시 합격자들의 모임은 40년 가까운 세월 동안 이어졌던 것입니다.

기수문화의 명암

사마시 동기들은 문과에 급제하고 관직에 진출한 뒤에도 여전히 끈끈한 유대관계를 유지했습니다. 재미있는 것은 사마시 장원이 계속해서 동기회장 노릇을 한다는 점입니다. 사마시에 합격하고도 문과에 합격하지 못한 사람이 많다는 점을 고려하면 의외입니다. 사마시 장원보다는 문과 급제자가 동기회장을 맡거나, 가장 높은 관직에 오른 사람이 동기회장을 맡아야 하지 않을까요? 하지만 조선시대 사람들의 생각은 달랐던 모양입니다. 관직으로 가는 첫 번째 관문인 사마시를 가장 중시했습니다.

이상해 보이지만 예나 지금이나 마찬가지입니다. 지위나 능력보다 출신학교를 눈여겨보는 세태가 아직 사라지지 않고 있습니다. 현재보다 과거를 중시합니다. 그러고 보니 검사들은 동기나 아랫기수

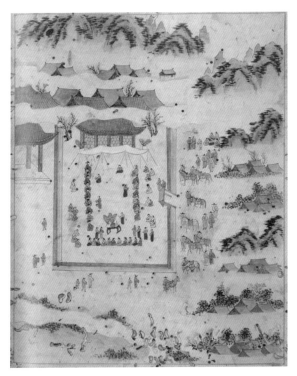

사마시 합격 동기들의 모임을 그린 〈계유사마동방계회도〉. 합격 후 29년 만의 모임이었다.(출처: 경남대박물관)

가 총장이 되면 전부 옷을 벗는 것이 관례라지요. 직급이나 능력보다 기수가 중요합니다. 검찰만 그런 게 아닙니다. 회사에서도 동기가 나보다 빨리 승진하면 배가 아픕니다. 후배가 나보다 윗자리로 올라가면 배가 아픈 정도로 끝나지 않습니다. 사람마다 능력과 처지는 다르기 마련이니 승진은 입사 순서와 무관해야 마땅한데, 왠지 들어온 순

서대로 승진해야 한다는 생각을 버리기 어렵습니다. 관습이란 이처럼 무서운 것입니다.

동기가 있으면 선배도 있고 후배도 있기 마련이지요. 동기의 존재는 곧 '기수'의 존재를 의미합니다. 기수별로 뭉치는 이른바 '기수문화'는 우리 사회에 광범위하게 퍼져 있습니다. 법조계의 기수문화는 널리 알려져 있거니와, 평범한 사람도 기수문화에서 예외가 될 수 없습니다. 학교에서도 군대에서도 직장에서도 기수를 중시합니다.

기수문화가 지배하는 조직은 일사불란합니다. 신속하고 효율적인 의사결정이 가능하기 때문입니다. 조직의 결속력이 높은 것도 사실입니다. 동기간의 유대는 물론, 선후배 간의 유대도 남다르지요. 하지만 오늘날 기수문화는 사회 병폐로 지목되고 있습니다. 기수문화는 서열을 강조하며, 서열을 강조하는 조직은 상명하복을 요구합니다. 이러한 조직에서는 자유로운 의견 개진도 불가능하고 원활한 상호 소통도 기대하기 어렵습니다. 기수문화가 지배하는 조직은 폐쇄적이고 배타적입니다.

조선시대 과거 합격자들은 동기들 간의 유대가 남달랐지만, 기수로 서열을 따지는 개념은 없었습니다. 선배가 후배를 괴롭히는 일이 없지 않았지만, 처음 임관했을 때뿐이었습니다. 능력만 있으면 후배가 선배보다 먼저 승진하는 것이 당연했고, 선배가 잘못을 저지르면 후배가 거리낌이 없이 지적했습니다. 선후배의 서열이 없어도 동기간의 유대는 평생 지속되었습니다. 기수로 위아래를 따지지 않아도 끈끈한 관계를 맺을 수 있습니다. 사마방목은 기수문화가 무너져가는 오늘날

우리 사회에 바람직한 조직 문화가 무엇인지 생각해 보는 계기를 제
공합니다.

참고문헌

김덕수, 〈조선시대 방방(放榜)과 유가(遊街)에 관한 일고〉,《古文書硏究》 49집, 2016.
이종일, 〈朝鮮後期의 司馬榜目 分析〉,《法史學硏究》 11집, 1990.
최진옥,《朝鮮時代 生員進士 硏究》, 집문당, 1998.

2

황하가 마르고 태산이 닳도록
《선무원종공신녹권 宣武原從功臣錄券》

변함없이 우대하겠다는 약속

중국 한^漢나라 고조^{高祖}가 천하를 평정한 뒤, 개국공신들을 한 자리에 모아놓고 맹세했습니다.

> 황하가 허리띠처럼 마르고 태산이 숫돌처럼 닳도록 나라를 길이 보전하여 후손에게 전하리라.

넓은 황하가 말라서 허리띠처럼 가늘어지고, 높은 태산이 닳아서 숫돌만큼 작아지려면 영원에 가까운 시간이 필요합니다. 개국공신들의 공로를 영원히 잊지 않고 자손만대 부귀영화를 누리게 해 주겠다는 약속이었습니다. '산하대려^{山河帶礪}'의 맹세라고도 합니다. 이 표현은 조선시대에도 줄기차게 쓰였고, 〈애국가〉의 '동해물과 백두산이 마르고 닳도록'이라는 가사도 여기서 나왔습니다.

한 고조는 말로만 맹세하는 데 그치지 않았습니다. 그는 공신들

134

의 공로를 첫조각에 붉은 글씨로 기록했습니다. '단서철권丹書鐵券'이라고 합니다. 종이에 기록한 문서와 달리 불에 타거나 지워질 염려가 없습니다. 공신의 지위와 재산을 영원히 보장하겠다는 약속이었습니다. 이때부터 단서철권은 공신의 공훈과 특권을 명시한 '공신녹권'을 상징하게 되었습니다. 공신녹권은 공신과 그 후손들의 특권을 입증하는 일종의 증명서입니다.

우리나라는 고려시대부터 공신을 책봉하고 공신녹권을 지급했습니다. 국립중앙도서관에는 여러 종류의 공신녹권이 소장되어 있습니다. 가장 오래된 것은 《좌익원종공신녹권佐翼原從功臣錄券》입니다. 1455년 단종을 폐위하고 세조를 추대한 공신들에게 지급한 것입니다. 마지막 간행된 공신녹권은 《분무원종공신녹권奮武原從功臣錄券》입니다. 1728년 이인좌李麟佐의 난을 진압한 공신들에게 지급한 것입니다. 이번에 살펴볼 것은 1604년 임진왜란 공신에게 지급한 《선무원종공신녹권宣武原從功臣錄券》입니다.

조선의 공신 제도

조선의 공신은 배향공신配享功臣과 훈봉공신勳封功臣으로 나뉩니다. 국왕이 세상을 떠나면 재위 기간에 가장 공이 컸던 신하들을 선발해서 국왕과 함께 종묘에 모십니다. 이 신하들을 배향공신이라고 합니다. 배향공신은 숫자가 많지 않습니다. 국왕 한 사람당 서너 명 꼴입니다. 조선 역대 국왕 26명의 배향공신은 전부 합해봐야 1백 명이 못 됩니다.

1604년 선조가 임진왜란 공신에게 지급한
《선무원종공신녹권》. (출처: 국립중앙도서관)

훈봉공신은 특정한 사안에 공로를 세운 신하들입니다. 사안마다 공신의 명칭이 따로 붙습니다. 예컨대 태조의 개국을 도운 개국공신開國功臣, 이시애의 난 진압에 기여한 적개공신敵愾功臣, 인조반정에 참여한 정사공신靖社功臣 등입니다. 조선시대 훈봉공신 책봉은 총 28차례였습니다. 훈봉공신을 책봉할 때는 공신도감이라는 심의 기구를 설치하여 대상자와 등급을 정하지요. 심의가 몇 년씩 걸리기도 합니다.

훈봉공신은 다시 정공신正功臣과 원종공신原從功臣으로 나뉩니다. 정공신은 큰 공을 세운 사람, 원종공신은 비교적 공이 적은 사람입니다. 정공신은 대개 십여 명 안팎이지만, 원종공신은 수천 명에 달합니다. 이 때문에 조선시대 훈봉공신을 전부 합치면 수만 명이 넘습니다. 이 중에는 정공신의 가족과 친척으로 별다른 공로 없이 원종공신의 자격을 얻은 사람도 있고, 신분이 미천함에도 공로를 인정받아 특별히 공신의 자격을 얻은 사람도 있습니다.

공신에게는 공신으로 책봉된 사실을 입증하는 문서를 나누어줍니다. 정공신에게는 교서敎書라는 두루마리 문서 형태로, 원종공신에게는 녹권錄券이라는 책자 형태로 발급했습니다. 교서는 일일이 손으로 쓰지만, 녹권은 활자로 인쇄했습니다. 수천 명이 넘는 원종공신에게 일일이 지급하려면 인쇄하는 수밖에 없습니다. 원종공신녹권은 공신도감이 소유한 활자로 간행했습니다. 공신 책봉이 끝나면 공신도감은 해산합니다. 이후 공신에 관한 업무는 충훈부忠勳府에서 맡아보았습니다. 지금의 보훈처에 해당합니다.

임진왜란의 공신들

1604년(선조37), 선조 임금은 임진왜란에 공을 세운 신하들을 공신에 책봉했습니다. 임진왜란 공신은 세 종류였습니다. 첫째는 선조를 모시고 의주까지 피난한 호성공신扈聖功臣, 둘째는 왜군과의 전투에서 공을 세운 선무공신宣武功臣, 셋째는 임란 중에 일어난 이몽학李夢鶴의 난을 진압한 청난공신淸難功臣입니다. 이중 가장 숫자가 많은 것이 선무공신입니다.

선무공신에는 정공신과 원종공신이 있으며, 모두 3등급으로 나뉩니다. 정공신은 1등급 3명, 2등급 5명, 3등급 10명으로 총 18명입니다. 정공신에게 발급된 공신교서 18점 중 6점이 전하고 있으며, 모두 보물로 지정되었습니다. 원종공신은 1등급 564명, 2등급 3,452명, 3등급 5,044명으로 총 9,060명입니다. 조선시대 원종공신 가운데 가장 많은 숫자입니다. 원종공신이 9,060명이니 공신녹권 역시 9,060부가 간행되었겠지만, 지금 전하는 것은 40여 점에 불과합니다. 국립중앙

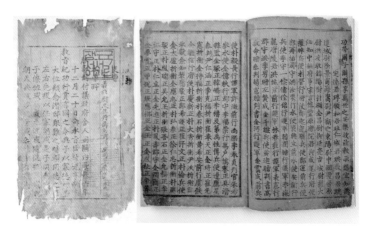

정공신에게는 교서라는 두루마리 문서 형태로, 원종공신에게는 녹권이라는 책자 형태로 공신으로 책봉된 사실을 입증하는 문서를 나누어준다. (출처: 국립중앙도서관)

도서관 소장《선무원종공신녹권》은 이중 하나입니다.

공신녹권의 첫머리에는 수급자의 인적사항이 실려 있습니다. 이 부분만은 수천 부의 공신녹권이 전부 다릅니다. 받는 사람이 전부 다르기 때문이지요. 인적사항을 제외한 부분은 동일합니다. 먼저 공신에 책봉하는 이유를 설명하는 부분이 있습니다. 요즘 쓰는 '공적조서'에 해당합니다. 수천 명의 공로를 일일이 서술할 수는 없으므로 포괄적으로 서술했습니다. 선무원종공신의 공적조서는 선조 임금이 내리는 전교傳敎 형식으로 되어 있습니다.

국가가 어려운 일이 많아 안정을 찾지 못하자 그대가 중흥에 힘썼다. 공로가 아무리 작아도 보답해야 하니, 내가 원종공신에게 은혜를 베풀어

특전을 거행하고 전례를 따른다.

...

다행히 난리를 평정하고 도성으로 환궁하여 마침내 공신을 책봉하고 녹권에 기록한다. 그대들 관원, 사대부, 서민은 무공을 세우기도 하고 군수 물자를 보태기도 했다. 창을 들고 싸움터에 달려가 죽은 사람도 있고, 무기를 들고 싸워 적의 머리를 바친 사람도 있었다. 모두 여기에 기록

《선무호성청난 원종공신록》(위)과 《호성원종공신록》(아래). (출처: 국립중앙도서관)

하여 영원히 후세에 전할 것이다. 경중에 따라 공로를 나누니, 그대의 자손들은 영원히 안락을 누릴 것이다.

이어서 원종공신 9,060명의 명단을 3등급으로 나누어 수록했습니다. 9천 명이 넘는 사람들의 신분과 성명을 일일이 열거하다보니, 내용이 길어질 수밖에 없습니다. 원종공신 1등급은 대부분 관원 및 사대부이며, 2, 3등급은 상당수가 서민 또는 천민입니다.

한 사람 한 사람이 어떤 공을 세웠는지는 일일이 기록하지는 않았지만, 선조 임금의 전교에서 언급한 것처럼 최전선에서 무기를 들고 왜적과 싸운 사람도 있고, 전투에 참가하지는 않았지만 돈과 곡식을 내어 군량을 보탠 사람도 있을 것입니다. 전황을 바꾼 정공신의 공로

에 비하면 보잘 것 없지만, 이런 사람들까지 빠짐없이 공신으로 책봉한 점에서 '공로가 아무리 작아도 보답한다.'는 원칙을 관철하려는 의지를 엿볼 수 있습니다. 선무원종공신녹권의 끝부분에는 공신 대상자와 등급을 결정한 공신도감 관원의 명단이 실려 있습니다.

상벌을 믿을 수 없으면 백성은 나라를 위해 죽지 않는다

임진왜란에 공로를 세운 사람들을 3차에 걸쳐 책훈한 결과, 총 109명이 정공신으로 책훈되었습니다.(호성공신 86명, 선무공신 18명, 청난공신 5명) 이들에게는 여러 가지 특전이 주어졌습니다. 적지 않은 토지와 노비를 지급했고, 자손을 관직에 임명했습니다. 만약 죄를 지으면 형량을 감면해준다는 보장도 받았습니다. 그러나 원종공신에게는 해당이 없는 이야기입니다.

임진왜란으로 책훈된 원종공신은 총 12,530명에 달합니다.(선무원종공신 9,060명, 호성원종공신 2,475명, 청난원종공신 995명) 너무 많은 사람을 공신으로 삼다보니 공신 지위를 남발했다는 비난도 받았습니다. 원종공신에게는 토지나 노비를 상으로 주는 것도 아닙니다. 전현직 관원의 경우 명목상의 자급資級을 한 단계 올려주는 정도입니다. 지금의 호봉과 비슷한 개념인데, 월급 받는 사람에게나 중요하지 직장도 없는데 호봉이 무슨 소용이겠습니까. 실질적인 혜택은 별로 없습니다. 그런데도 이처럼 많은 사람을 원종공신으로 책훈한 이유는 무엇일까요?

사대부 계층은 국가가 유지되어야 특권도 유지되니, 혜택이 없어도 국난 극복에 앞장서는 것이 당연합니다. 그러나 중인中人 이하 신분

<정왜기공도병征倭紀功屛>. 명나라 종군 화가가 왜교성 전투와 노량 해전 등을 그린 <정왜기
공도권征倭紀功圖卷>을 저본으로 19세기에 그렸다. (출처: 국립중앙박물관)

의 사람들은 그렇지 않습니다. 이들은 신분제 사회에서 소외된 사람들입니다. 차별받고 학대받던 사람들이 국가를 위해 목숨을 바치게 만들려면, 그만한 혜택을 주어야 합니다. 중인 이하 신분의 원종공신에게는 신분 상승의 기회가 주어졌습니다. 서자는 제한 없이 관직에 나갈 수 있고, 천민은 자유의 몸이 됩니다. 이것은 결코 작은 혜택이 아닙니다. 신분제 사회에서 소외된 양민과 천민들이 국난을 외면하지 않았던 이유는 이 때문이었습니다.

한비자韓非子는 군주의 권력은 다름 아닌 상과 벌이라고 하였습니다. 좋아하는 것을 줄 수 있는 힘, 싫어하는 것을 강제할 수 있는 힘이 바로 권력입니다. 따라서 군주는 상벌을 적절히 이용해야 합니다. 마오쩌둥은 "권력은 총구에서 나온다."고 했지만, 벌만으로는 효과적인 통치가 어렵습니다. 사람을 총으로 위협해서 전쟁터로 내보낼 수는

〈이순신선무공신교서〉. 이순신, 권율, 원균 세 사람이 1등 공신이다. (출처: 문화재청 국가문화
유산 포털)

있어도 죽을힘을 다해 싸우게 할 수는 없습니다. 사람이 죽을힘을 다
해 싸우게 하려면 상이 있어야 합니다.

"상벌을 믿을 수 없으면 백성은 나라를 위해 죽지 않는다."《한비
자》에 나오는 말입니다. 평범한 사람들이 나라를 위해 목숨을 바치는
것은 애국심 때문만은 아닙니다. 상벌이 반드시 뒤따른다는 믿음 때
문입니다. 공을 세운 사람은 반드시 상을 받고, 죄를 지은 사람은 반드
시 벌을 받는 신상필벌信賞必罰이야말로 국가를 유지하는 힘입니다.

부질없는 약속

한 고조는 "황하가 마르고 태산이 닳도록" 공신들의 노고를 잊지
않겠다고 약속했습니다. 그 약속은 과연 지켜졌을까요? 천만의 말씀
입니다. 한 고조는 즉위한 지 오래지 않아 공신들을 하나 둘 숙청했습
니다. 한 고조의 천하통일에 결정적으로 기여한 한신韓信도 예외가 아

니었습니다. 여기서 '토사구팽兔死狗烹'이라는 고사성어가 생겨났지요. '토끼가 죽으면 사냥개를 삶는다.' 권력에 방해되는 사람을 제거하면 그 다음은 권력에 기여한 사람의 차례라는 것입니다.

조선 공신들의 처지도 다르지 않았습니다. 조선의 공신 책봉은 총 28차례였습니다. 국왕은 이 공신들에게도 동해물과 백두산이 마르고 닳도록 우대하겠다고 약속했습니다. 하지만 그 약속은 오래가지 않았습니다. 전체 공신의 1/4이 자격을 상실했습니다.

중종조에 사림파가 집권하자 그와 적대적이었던 훈구파가 주류를 차지하는 정국공신靖國功臣과 위사공신衛社功臣의 공신 자격이 취소되었습니다. 광해군이 녹훈한 위성공신衛聖功臣, 익사공신翼社功臣, 정운공신定運功臣, 형난공신亨難功臣은 인조반정으로 광해군이 왕위에서 물러나면서 역시 자격을 상실했습니다. 숙종조 서인 집권에 기여한 보사공신保社功臣은 기사환국으로 남인이 집권하자 자격을 상실했고, 이후 갑술환국으로 다시 서인이 집권하면서 공신 자격을 되찾았습니다. 경종조에 노론을 축출하고 정국을 장악한 소론 인사 중심의 부사공신扶社功臣은 영조의 즉위와 함께 노론이 집권하면서 역시 말소되었습니다. 동해물과 백두산이 마르고 닳도록 변치 않겠다는 약속은 립서비스에 불과했습니다.

참고문헌

임기영, 《선무원종공신녹권》에 관한 서지적 연구〉, 《영남학》 21집, 경북대학교 영남문화연구원, 2012.

60년의 세월을 돌아보며

《영조사마도 英祖賜馬圖》

궁중의 주방, 사옹원

사옹원司饔院은 궁중의 음식을 담당하는 관청입니다. 주방을 맡은 관청이라는 뜻에서 주원廚院이라고도 하지요. 원래는 국왕과 왕비, 세자의 음식을 각각의 관청에서 따로 담당했지만, 1467년(세조13) 사옹원으로 통합했다고 합니다.

사옹원의 구성원은 관리직만 30명에 가깝습니다. 그 아래에 음식 종류별 담당 관원이 있고, 또 그 아래에 실무를 담당한 하인들이 있습니다. 요리하는 사람, 밥 짓는 사람, 술과 차를 담당하는 사람, 찜 요리 담당, 두부 담당, 떡 담당이 따로 있고, 식재료 관리자와 물 긷는 사람까지 다양합니다.

이들을 모두 합치면 5백 명에 가깝습니다. 수라상 차림은 물론, 제사 음식과 잔치 음식, 대궐에서 숙직하는 고위 관원들의 식사까지 맡았으니 이 정도는 있어야 합니다. 아쉽게도 대장금 같은 여성 셰프는 없습니다. 《반계수록磻溪隨錄》에 따르면 사옹원에서 음식을 조리하는

145

영조가 왕위에 오르기 전, 연잉군 시절인 21세 때의 초상. (출처: 국립고궁박물관)

사람은 전부 남자입니다. 요리하는 대장금은 어디까지나 상상의 산물입니다. 중국과 일본도 마찬가지였습니다. 궁중 사람들에게 음식을 제공하는 일은 엄청난 중노동이었습니다. 여자의 힘으로는 무리입니다.

사옹원의 또 다른 임무는 음식을 담는 그릇을 만드는 것입니다. 사옹원 소속 사기장沙器匠만 380명입니다. 이들은 경기 광주에 위치한 사옹원의 분원分院에서 그릇을 제작했습니다. 세계에 자랑하는 조선 백자가 바로 사옹원의 작품입니다. 도자기를 만들려면 특별한 기술이 필요합니다. 그래서 대대로 기술을 전수하라는 의도에서 사기장은 법

1710년 숙종의 쾌차를 축하하는 잔치를 묘사한 〈숭정전진연도崇政殿進宴圖〉. 당시 영조는 사옹원 도제조로 재직 중이었다. (출처: 국립중앙박물관)

적으로 세습을 강제했습니다. 세습을 강제한 장인은 사기장이 유일합니다. 하지만 대우가 형편없어 도망자가 속출했다고 합니다.

　사옹원의 총책임자 도제조는 정승이 겸임하고, 제조 4명 중 3명과 부제조 5명 중 4명은 국왕의 친척인 종친宗親이 맡습니다. 사옹원의 업무가 국왕과 긴밀하므로 믿을 수 있는 종친에게 맡겼던 것입니다. 영조 임금도 그중 한 사람입니다. 영조는 왕위에 오르기 전, 1709년 사옹원 도제조에 임명되었습니다. 16세의 나이로 사옹원을 책임지게 된 것입니다. 영조는 1718년까지 생모 숙빈 최씨가 세상을 떠나면서 상을 치르기 위해 관직을 그만두기까지 7년간 사옹원 도제조로 직무를 수행했습니다.

영조, 사옹원에 행차하다

영조가 회갑을 넘기고도 한참이 지난 1770년 7월 3일, 영조는 느닷없이 사옹원 제조를 호출합니다. 사옹원 도제조에 임명된 지 60주년 하고도 1년이 지났으니, 사옹원을 한번 방문하겠다는 것이었습니다. 아마 그날 저녁 사옹원은 국왕의 방문을 앞두고 쓸고 닦고 하느라 북새통이었을 것입니다. 이튿날 사시巳時, 오전 9~11시, 영조는 사옹원에 행차했습니다. 이때의 상황은 《승정원일기》에 자세합니다.

당시 사옹원 도제조는 우의정 김상철金尙喆이 겸임하고 있었고, 제조는 해운군海雲君 이연李槤, 학성군鶴城君 이유李楡, 이익정李益炡, 부제조는 구윤옥具允鈺이었습니다. 구윤옥을 제외한 나머지 4명은 종친, 즉 국왕의 친척이었습니다. 영조는 붓을 들어 오랜만에 사옹원을 찾은 소감을 기록한 다음, 《시경詩經》〈척호陟岵〉를 읊조렸습니다. 부모를 그리워하는 시입니다. 이곳에서 부친 숙종의 시중을 들던 지난날이 떠오른 모양입니다.

저 민둥산에 올라 아버지를 바라보네	陟彼岵兮 瞻望父兮
아버지는 말씀하시리 우리 아들 일하러 가서	父曰嗟予子行役
밤낮으로 못 쉴 텐데	夙夜無已
조심해서 멈추지 말고 돌아오거라	上愼旃哉 猶來無止

〈영조사마도〉(부분). 영조가 사옹원에 행차하며 관원들에게 말을 하사하는 모습을 그렸다.(출처: 국립중앙도서관)

저 무성한 산에 올라 어머니를 바라보네	陟彼屺兮 瞻望母兮
어머니는 말씀하시리 우리 막내 일하러 가서	母曰嗟予季行役
밤낮으로 못 잘 텐데	夙夜無寐
조심해서 죽지 말고 돌아오거라	上愼旃哉 猶來無棄

　〈척호〉는 원래 나랏일에 동원된 백성이 부모를 그리워하며 부른 노래입니다. 부모는 자식을 걱정하지만, 자식은 나를 걱정하는 부모

님이 더 걱정입니다.《시경》에 수록되어 부모를 그리워하는 시로 널리 알려졌습니다.

영조는 이날을 기념하여 사옹원 관원들에게 말을 하사했습니다. 도제조 김상철은 내구마內廐馬 1필, 제조 이연, 이유, 이익정은 외구마外廐馬 각 1필, 부제조 구윤옥은 숙마熟馬 1필을 받았습니다. 내구마는 궁중의 마굿간에 있는 말이고, 외구마는 도성 밖 살곶이 목장에 있는 말이며, 숙마는 길들인 말입니다. 이 자리에는 사옹원 주부 황인렴黃仁廉도 참석했는데, 그에게는 말을 하사하는 대신 좋은 고을의 수령으로 임명하라는 명을 내렸습니다. 국왕이 신하에게 말을 하사한 경우는 드물지 않지만, 이 자리에서 굳이 말을 하사한 이유는 영조가 1710년 사옹원 도제조로서 진연進宴을 준비한 공로로 숙종에게 말을 하사받은 적이 있었기 때문인 듯합니다.

이날의 성사를 기록한 그림이 국립중앙박물관 소장《영조사마도英祖賜馬圖》입니다. 그림의 배경은 경희궁 안에 있던 사옹원입니다. 상단의 건물에 분홍빛 옷을 입은 사옹원 제조들이 앉아 있습니다. 영조가 하사한 음식을 먹는 모습입니다. 영조의 모습은 보이지 않고 가운데 빈자리만 보입니다. 국왕의 모습을 구체적으로 묘사하지 않는 관습에 따른 것입니다.

건물 아래에는 영조가 타고 온 가마輿가 있고, 아래에 사옹원 제조들에게 줄 말이 매여 있습니다. 말 앞에 무릎을 꿇고 앉아 있는 5명 역시 사옹원 제조들입니다. 똑같은 사람들이 건물 안에도 있고 마당에도 있으니 이상해 보이지만, 상이한 시간에 벌어진 별개의 사건이 한

장의 그림에 묘사되는 것은 전통 회화의 관습입니다. 예컨대《춘향전》
을 그림으로 그린다면, 거지꼴을 하고 있는 이도령과 암행어사 출두
를 외치는 이도령이 한 장의 그림 속에 함께 나타나는 것이지요.

국왕이 말을 하사할 때는 마첩馬帖이라는 문서를 지급하는 것이 일
반적입니다. 이 마첩을 가지고 궁중의 말을 관리하는 사복시司僕寺에
가면 진짜 말을 내어줍니다. 하지만 이날 영조는 말을 직접 끌고 오게
해서 그 자리에서 신하들에게 주었습니다. 이 또한 특별한 대우였습
니다.

그림 하단의 글은 영조가 소회를 적은 어제御製, 신하들이 감사의
뜻으로 올린 전문箋文, 행사의 경과를 기록한 서문序文, 그리고 참석 관
원 명단인 좌목座目입니다. 영조의 어제를 보겠습니다.

내 나이 16세 되던 기축년(1709) 4월 12일, 사옹원 도제조가 되었다. 어
느새 지금 벌써 62년이 지났다. 얼마 전에 깨달았는데, 내가 사저로 나간
해(1712)의 회갑이 내후년(1772)이다. 지금은 기축년으로부터 회갑을
채우고 또 1년이 지났다. 이는 참으로 전혀 예상치 못한 일이다.
원래 도제조는 수라를 살피는 일이 없다. 그렇지만 나는 정승과는 처지
가 달랐다. 비록 옛날의 대군과 왕자들이 도제조를 맡았을 때의 전례는
알 수 없지만 어찌 감히 전례를 묻겠는가. 나는 때때로 수라를 살피곤 하
였으니, 이것은 부모에게 맛있는 음식을 올리려는 뜻이었다. 사옹원 도
제조가 수라를 살피면 각 관사의 장관들이 준비해야 하므로 그들은 고되
다고 싫어했다.

당시 영조의 회갑은 이미 지난 지 오래였습니다. 영조는 그때부터 인생의 중요 사건마다 60주년을 기념하기 시작했습니다. 영조가 사옹원에 행차한 1770년은 과거 그가 사옹원 도제조를 맡은 1709년으로부터 60주년이 이미 지났고, 또 그가 대궐에 살다가 사가私家로 나가게 된 1712년의 60주년을 앞두고 있던 시기입니다. 영조는 그때마다 과거를 회상하며 이렇게 글을 지었습니다.

예로부터 왕자들이 사옹원 도제조를 맡곤 했지만 명예직이나 다름없었고 실무는 관여하지 않았던 모양입니다. 그런데 영조는 꼼꼼히 실무를 챙겼습니다. 진상품을 일일이 검사하고 수랏상 올리는 일을 감독했습니다. 윗사람이 꼼꼼하면 아랫사람의 업무가 늘어나는 법, 관원들이 괴로워한 것도 당연합니다.

이 그림은 본래 7장이 제작되었을 것으로 추정됩니다. 그림 하단의 글에서 한 장은 영조에게 올리고, 한 장은 사옹원에 보관했으며, 사옹원 관원 5인에게 한 장씩 주었다고 밝혔기 때문입니다. 언젠가 똑같은 그림이 어디선가 나올지도 모르겠습니다만, 지금까지 알려진 것은 국립중앙도서관 소장본 하나뿐입니다. 그리 오래된 책이라고 할 수는 없지만, 애당초 많이 만든 책이 아닌데다 귀한 그림까지 실려 있으니, 귀중본으로 지정한 것도 당연합니다.

60주년의 의미

육십갑자六十甲子로 시간을 셈하는 옛사람에게 60주년은 특별한 의미를 지녔습니다. 태어난 지 60주년을 회갑回甲이라 하고, 혼인한 지

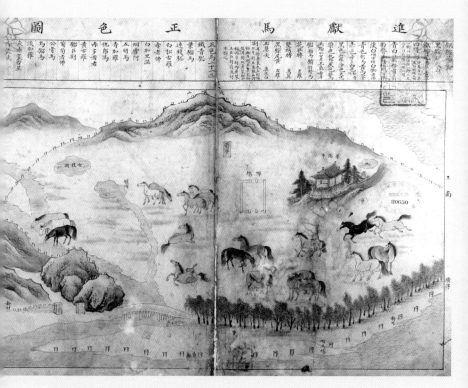

〈목장지도〉. 왕실의 말을 기르는 살곶이〔箭串〕 목장이다. 현재 성동구, 광진구, 동대문구에 걸친 거대한 목장이다. (출처: 국립중앙도서관)

영조의 51세 때의 모습을 그린 영조 어진
(출처: 국립고궁박물관)

60주년을 회혼回婚이라 하며, 과거에 급제한지 60주년을 회방回榜이라
했습니다. 모두 성대한 잔치를 열어 축하했습니다. 출생과 결혼, 과거
급제는 모두 인생의 중요한 사건입니다. 60주년을 맞이하면 감회가
새로운 것도 당연합니다. 그런데 영조는 왜 하필 사옹원 도제조 임명
60주년에 특별한 의미를 두었을까요?

당시 영조의 회갑은 지난 지 오래였고, 왕비 정성왕후貞聖王后는 이
미 세상을 떠났기에 회혼을 축하할 수도 없었습니다. 임금은 과거를
보지 않으니 회방도 기념할 수 없습니다. 그래서 노년에 접어든 영
조는 인생에서 깊은 의미가 있는 사건들의 회갑에 의미를 부여했습

니다. 연잉군 책봉 60주년(1759), 관례 60주년(1763), 혼례 60주년(1764), 성균관 입학 60주년(1766) 등이 그것입니다. 때로는 큰 잔치를 벌였고, 때로는 간소하게 자축했습니다. 사옹원 도제조는 영조가 처음 맡은 관직이었던 만큼 의미가 각별했습니다. 이 때문에 영조는 임명 60주년을 기념하여 사옹원에 행차하고 신하들에게 선물을 주었던 것입니다.

지금은 전통적 시간관념이 퇴색한 데다 평균 수명도 길어진 탓에 회갑에 그다지 의미를 두지 않습니다. 결혼도 늦어지고, 부부가 백년해로해야 한다는 관념도 옅어졌으므로 회혼을 맞이하기도 쉽지 않습니다. 60주년에 한 번씩 챙기던 기념일은 10년 또는 1년 단위로 바뀌었습니다. 단순히 시간관념이 바뀌었기 때문만은 아니라고 봅니다. 개인과 사회의 변화가 극심하여 미래를 예측할 수 없기 때문입니다. 연인이 100일마다 기념일을 챙기는 것도 이 때문입니다. 우리의 인생은 길어졌지만 우리의 마음은 조급해지기만 합니다.

참고문헌

송수환, 〈조선전기의 사옹원〉,《한국사학보》3집, 고려사학회, 1998.
윤진영, 〈영조사마도〉,《문헌과해석》48집, 문헌과해석사, 2009.

---

④

국왕의 그림자, 승정원 승지들의 애환

《은대창수시 銀臺唱酬詩》

조선의 청와대 비서실, 승정원

은대銀臺는 조선시대 승정원承政院의 별칭입니다. 송나라 때 황제에게 올라오는 문서를 담당하는 은대사銀臺司라는 관청에서 유래했습니다. 승정원의 업무는 '왕명王命의 출납出納'입니다. 국왕에게 올라오는 보고와 국왕이 내리는 명령은 모두 승정원을 거친다는 말입니다.

국왕이 아무리 부지런해도 나랏일을 혼자서 다할 수는 없습니다. 조정 관원들에게 보고를 받고 명령을 내리는 것만도 보통 일이 아닙니다. 그래서 승정원이 필요합니다. 승정원이 '후설喉舌', 즉 국왕의 목구멍과 혀로 불리는 이유가 이것입니다. 승정원은 국왕의 자문 역할도 맡고, 인사 행정에도 관여합니다. 대궐의 경비와 출입자 관리도 담당합니다. 이처럼 국정 전반에 걸쳐 국왕을 보좌하고 대행하는 승정원은 지금의 대통령 비서실과 다름없습니다.

승정원의 구성도 대통령 비서실과 비슷합니다. 현재 대통령 비서실에는 비서실장과 정책실장이 있고, 그 아래에 정무, 국민소통, 민정,

시민사회, 인사, 일자리, 경제, 사회 8개 분야를 전담하는 8명의 수석이 있습니다. 대통령이 혼자서 국정을 운영할 수 있는 것은 이 8명의 수석이 대통령을 도와 각 분야의 업무를 처리하기 때문입니다.

조선시대 승정원에는 도승지^{都承旨} 이하 좌승지^{左承旨}, 우승지^{右承旨}, 좌부승지^{左副承旨}, 우부승지^{右副承旨}, 동부승지^{同副承旨} 등 총 6명의 승지가 있었습니다. 도승지가 비서실장, 나머지 승지들이 수석에 해당합니다. 승지들은 육조^{六曹}의 업무를 나누어 맡았습니다. 도승지는 이조^{吏曹}, 좌승지는 호조^{戶曹}, 우승지는 병조^{兵曹}의 업무를 맡는 식이지요. 이 밖에 2명의 주서^{注書}가 있어 국왕에게 올라온 보고와 국왕이 내린 명령을 모두 일기 형식으로 기록합니다. 이 기록이 《승정원일기^{承政院日記}》입니다. 비서실 회의록과 같습니다.

가장 널리 알려진 조선시대 사료는 《조선왕조실록》입니다. 그러나 실록은 어디까지나 간추린 역사입니다. 당시 관점에서 중요하지 않다고 여겨진 역사적 사건들, 그리고 사건의 구체적인 진행 과정 등은 생략되었습니다. 그러나 《승정원일기》에는 이 모든 것이 가감 없이 실려 있습니다. 국왕에게 올라온 모든 보고서와 국왕이 내린 모든 명령서, 국왕과 신하가 주고받은 대화, 이들의 움직임까지 빠짐없이 기록되어 있습니다.

아쉽게도 조선전기 《승정원일기》는 여러 차례 전란을 겪으면서 불타 없어지고, 지금 남아 있는 것은 조선 후기 것뿐입니다. 이것만으로도 조선 전 시기를 담은 조선왕조실록 분량의 4배가 넘지요. 같은 기간의 기록을 비교하면 거의 열 배에 가깝습니다. 《승정원일기》의 사

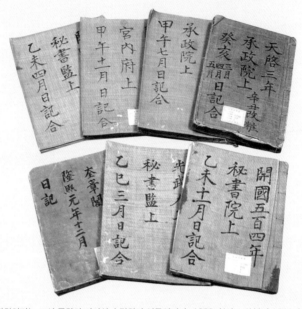

승정원일기는 조선 국왕의 비서실 승정원의 업무일지다. 1623년(인조 1)부터 1910년(순조 4)
까지 총 3,243책이 전한다. (출처: 문화재청)

료적 가치가 높은 이유가 이것입니다.

승지의 영예와 고충

조선시대 관원의 직급은 정1품부터 종9품까지 18등급으로 나누
어져 있습니다. 이 가운데 승지는 정3품, 즉 5등급에 해당합니다. 오늘
날의 고위공무원단에 해당하는 당상관堂上官의 말석입니다. 고위공무
원으로 승진하려면 반드시 승지를 거쳐야 합니다.

승지가 되려면 명성과 능력을 모두 인정받아야 했습니다. 직급은

차치하고, 국왕을 대행한다는 점에서 위상이 남달랐습니다. 안정복安鼎福의 《순암집順菴集》에 따르면 평소 친구 사이였던 사람도 승지에게는 함부로 농담조차 하지 못했다고 합니다. 성현成俔은 《용재총화慵齋叢話》에서 "승지가 되면 사람들이 모두 신선처럼 우러러본다."라고 했습니다. 승정원의 본관에는 '육선루六仙樓'라는 현판이 붙어 있었습니다. 여섯 명의 신선이 자리 잡은 곳이라는 뜻이지요.

이처럼 영예로운 직책이었지만 나름 고충도 있었습니다. 우선 업무가 많습니다. 다른 관원들은 오전 5~7시에 출근해서 오후 3~5시에 퇴근했지만, 승지들은 이보다 일찍 출근하고 늦게 퇴근했습니다. 게다가 승지 6명 중에 2명은 반드시 숙직해야 했습니다. 단순 계산하면 사흘에 한 번 꼴로 숙직이 돌아오는 셈입니다. 심지어 신입 승지는 업무 숙달을 위해 13일간 연속으로 숙직했습니다. 공무가 아니면 함부로 근무지를 이탈할 수도 없었습니다. 국왕이 움직이면 승지도 따라 움직였습니다. 국왕이 참석하는 자리에는 반드시 승지가 배석했습니다. 승지는 국왕의 그림자와 같은 존재였습니다.

업무는 고되지만 자부심은 높았고, 결속력도 남달랐습니다. 조선시대 관원들은 같은 관청에 근무하는 관원들과 모임을 갖고 친목을 다졌습니다. 계회契會라고 하지요. 계회는 세월이 흘러 관청을 떠난 뒤에도 계속되었습니다. 계회는 거의 모든 관청에서 열렸지만, 권력의 중추에 해당하는 승정원, 사헌부, 사간원 등에서 활발했습니다. 특히 승정원의 계회는 조선 초기부터 열렸을 정도로 뿌리가 깊습니다.

승정원 계회의 실상은 현재 남아 있는 계회도契會圖에서 확인할 수

1632년 승정원 관원들의 계모임[契會]을 기록한 〈은대계첩銀臺契帖〉(출처: 국립중앙박물관)

있습니다. 계회도는 계회의 현장을 묘사한 그림입니다. 참석자의 명단을 부기하고, 기념사와 기념시를 덧붙이기도 합니다. 여러 관청의 계회도가 전하고 있는데, 농암聾巖 이현보李賢輔 종가에 소장된 〈은대계회도銀臺契會圖〉가 가장 오래된 것입니다. 이현보가 승정원에 함께 근무했던 관원들과 1534년 다시 모여 연회를 여는 모습을 담은 그림입니다.

국립중앙박물관 소장 〈은대계첩銀臺契帖〉 역시 승정원 계회의 산물입니다. 1632년 승정원의 여섯 승지가 한 자리에 모인 기념으로 만든 책입니다. 시와 그림이 실려 있습니다. 계회도와는 성격이 다소 다르지만, 국립중앙도서관 소장 《은대창수시》 역시 승정원 관원들의 친목과 화합을 위해 만들어진 책입니다.

승정원 관원들의 일상

《은대창수시》는 승정원 관원들이 주고받은 시를 엮은 책입니다. 첫머리에 '숭덕 4년 무인 인조대왕 즉위 16년'이라고 적혀 있습니다. 그러나 이 기록만 믿고 이 책이 1638년(인조16)에 만들어진 것이라고 생각하면 오산입니다. 본문에 등장하는 인명과 관직을 대조하면, 그 이후에 지은 것이 분명한 시도 실려 있기 때문입니다. 이 책에 실려 있는 시는 대체로 1640년(인조18)부터 1641년 무렵에 지은 것입니다. 따라서 이 책이 만들어진 것은 1641년 이후로 보아야 합니다. 인조조에 만들어진 책이니 일단 시기적으로는 귀중본입니다. 무엇보다 당시 여섯 승지의 친필이 고스란히 담겨 있다는 점에서 귀중합니다.

이어서 당시 승정원 소속 관원들의 명단이 있습니다. 심연沈演, 김육金堉, 이성신李省身, 최유연崔有淵, 최혜길崔惠吉, 임담林墰, 윤득열尹得說, 김상金尙, 신민일申敏一, 홍득일洪得一, 목성선睦性善, 이덕수李德洙, 홍처윤洪處尹, 임중任重, 이여택李汝澤, 유거柳椐, 오소吳熽, 이사상李士祥 등 18명입니다. 대동법으로 유명한 김육을 제외하면 나머지는 그다지 널리 알려진 사람은 아닙니다만, 그래도 한 시대를 풍미한 문인들입니다. 수록된 시는 75편입니다. 이 시들을 통해 승정원 관원들의 일상을 엿볼 수 있습니다.

〈좌부승지 어르신이 보내준 앵두에 감사드리며 奉謝左副丈惠寄含桃〉는 동료들에게 앵두를 나눠준 김육에게 감사를 표하는 뜻으로 지은 시입니다. 맛있는 음식이 생기면 직장에 가져와 친한 동료들과 나누고 싶은 마음은 예나 지금이나 마찬가지인 모양입니다. 〈대궐에서 숙직하

승정원 관원들이 주고받은 시를 엮은 책《은대창수시》(출처: 국립중앙도서관)

며 회포를 쓰다 禁直書懷〉는 산뜻한 봄날에 늙고 병든 몸으로 숙직하는
신세를 한탄하는 내용입니다. 심각한 한탄은 아닙니다. 봄이 오면 괜
스레 싱숭생숭해져 일이 손에 잡히지 않는 것도 지금과 다르지 않습
니다.

〈회포를 읊어 동료에게 바치고 화답을 요구하다 詠懷呈僚席求和〉는 관
직을 그만두고 고향으로 돌아가고 싶다는 내용입니다. 글자 그대로
받아들이면 곤란합니다. 걸핏하면 사표 쓰겠다는 직장인의 망상일 뿐
입니다. 〈장난삼아 시패목관을 읊다 戲咏時牌木官〉는 희작戲作입니다. 시패
목관은 시각을 적은 목판을 든 관원 모습의 인형으로, 일종의 수동 시
계입니다. 〈벗들에게 보이고 화답을 요구하다 示諸益求和敎〉에서는 승정
원의 밤풍경을 묘사했습니다. 〈대궐에서 숙직하며 벗들에게 보이고
화답을 요구하다 禁直吟示諸益要和〉는 승지의 열악한 근무환경을 진담 반,
농담 반으로 이야기한 시입니다.

매번 늦게 승정원 업무 마치고 나오니	銜罷銀臺出每遲
석양은 멀리 대궐 나무에 걸려 있네	夕陽遙掛上林枝
새벽녘에 또 종루 길을 달려가니	侵晨又趨鍾樓路
승지 노릇 어려운 줄 거지는 알겠지	此職難供乞者知

우부승지 최혜길이 지은 시입니다. 승지는 업무가 많아 퇴근이 늦습니다. 업무를 마치고 대궐을 나오면 이미 석양이 지고 있습니다. 게다가 출근은 다른 관원보다 빨라야 합니다. 새벽부터 종로 거리를 달려 대궐로 들어갑니다. 늦게 퇴근하고 일찍 출근하는 승지를 지켜보는 사람은 길바닥에서 먹고 자는 거지뿐입니다. 그래서 승지 노릇 어려운 줄 아는 사람은 거지밖에 없다고 한 것입니다.

승정원의 낮은 너무나 길어	銀臺白日太遲遲
학사는 배고픈데 벌써 저녁이라네	學士飢腸已夕時
우습구나 병조의 술 한 병	堪笑一壺騎省酒
벗이 알까 두려워하며 홀로 따르네	獨斟還怕故人知

조선시대 대궐에 구내식당 따위는 없었습니다. 대궐에 근무하는 관원들은 도시락으로 점심을 해결했습니다. 점심 때가 되면 도시락을 들고 온 하인들로 궐문이 복작복작했지요. 궐문을 지키는 군사가 받아서 전해줍니다. 저녁 먹을 때가 되니 슬슬 다시 배가 고파집니다. 집에서 저녁 도시락까지 갖다주지는 않습니다. 나가서 사먹고 들어올

수도 없습니다. 승지는 배가 고픈 나머지 일탈 행위를 저지릅니다. 대궐 경비를 담당하는 병조에서 술 한 병을 가져옵니다. 숙직하는 관원이 술을 마시는 건 권장할 만한 일은 아니었지만 그렇다고 엄격히 금지한 것도 아닙니다. 동료 승지가 나누어달라고 할까 걱정하며 혼자 몰래 따라 마시며 허기를 달랩니다. 야근하는 직장인의 생생한 모습을 보는 듯합니다.

〈한강에서 기우제를 지내다 祈雨漢江〉는 1641년 승지들이 기우제를 지내고 지은 시입니다. 이때 가뭄이 심해 승지들이 남산, 한강, 북한산으로 가서 기우제를 지냈습니다. 효험이 있었는지 며칠 못 가서 비가 내렸습니다. 이어서 수록된 〈어전에 나온 이튿날 새벽 빗소리를 듣고 감회가 있어 짓다 登對翌日曉聞雨聲有感而作〉는 단비가 내려 기뻐하는 내용입니다. 끝으로 당나라 시인 이하李賀의 시를 본떠 지은 〈이장길의 시를 본뜨다 效李長吉體〉가 실려 있습니다.

이 책에 수록된 시에서는 승정원 관원들의 애환을 엿볼 수 있습니다. "나는 임금과 가까운 승정원의 신하로, 농민을 위해 공경히 은혜로운 명령을 받들었네. 我是銀臺近密臣, 祇承恩命爲農民"라는 구절에서는 자부심과 책임감이 드러납니다. 반면 "거리의 아이들은 내가 자리를 자주 비우는 줄도 모르고, 손가락으로 가리키며 임금님 가까이서 모시는 사람이라 하네. 街童不識多曠曠, 指點爭稱近侍人"라는 구절에서는 승지의 역할을 다하지 못하는 자괴감이 엿보입니다.

이들이 근무할 당시는 병자호란이 끝난 지 얼마 되지 않았습니다. 국내 상황은 차차 안정을 되찾고 있었지만, 소현세자와 봉림대군(훗날 효종)은 여전히 심양瀋陽에 억류되어 있었습니다. "봄바람은 끝없는 한을 불어 일으키니, 풀은 푸른데 왕손은 아직 돌아오지 못했네. 春風吹起 無限恨, 草綠王孫猶未歸"라는 구절은 고국으로 돌아오지 못한 왕자들을 안타까워하며 지은 것으로 보입니다.

승정원이 몹시 바쁘기는 하지만 한가할 때는 또 한가합니다. 그래도 함부로 자리를 뜰 수 없으니, 시를 지어 고충을 토로하고 서로를 격려하며 시간을 보냈던 것입니다. 《은대창수시》는 국왕의 최측근이었던 승정원 관원들의 일상과 심리, 그리고 병자호란이 끝난 지 얼마 지나지 않은 암울한 시대 상황을 반영하는 자료입니다.

금강산의 봄

《금강록 金剛錄》

두 청년의 충동 여행

1684년 3월 27일, 18세 동갑내기 청년 두 사람이 금강산 여행을 떠났습니다. 하룻밤 사이 충동적으로 결정한 여행이었습니다. 두 청년은 쌀 한 말을 나누어 짊어지고, 해가 뜨자마자 동소문東小門, 혜화문을 나왔습니다. 이들은 하루 50~90리(20~35km) 넘는 강행군 끝에 7일 만에 금강산 여행의 베이스캠프 장안사長安寺에 도착했습니다. 두 청년은 5일 동안 금강산의 명승을 두루 둘러보고 귀로에 올랐습니다. 한양에 도착한 날은 4월 13일, 출발한 날부터 정확히 16일 만이었습니다.

여행 기간 중 비가 자주 내리는 바람에 고생이 많았습니다. 촌가에서 푸대접을 받기도 하고, 주인 없는 집 부뚜막에서 밤을 지새우기도 했습니다. 짠 내가 물씬 풍기는 여행이었지요. 무사히 여행을 마친 건 친절한 사람들의 도움 덕택이었습니다. 발이 부르터 절뚝거리자 소를 태워준 사람도 있었고, 강물이 불어나 머뭇거리고 있는데 업어서 강을 건네준 사람도 있었습니다. 쌀밥과 생선구이를 대접받기

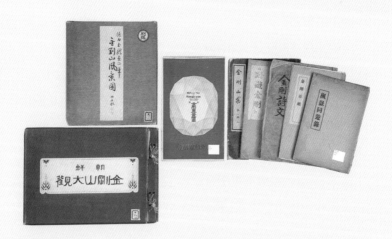

일제강점기 금강산 관련 서적들. 금강산 여행이 대중화된 시기는 일제강점기였다. (출처: 국립
중앙도서관)

금강산 여행의 기록을 담은 조선시대의 서적들. 왼쪽부터 《금강로사金剛路史》, 《금강산기金剛
山記》, 《풍산유록楓山遊錄》, 《금강산유관록金剛山遊觀錄》, 《금강도로기金剛途路記》, 《금강록金
剛錄》. (출처: 국립중앙도서관)

도 했습니다.

금강산 여행은 조선 사람들의 꿈이었습니다. 그 꿈을 이루는 시기는 대개 중장년입니다. 20세 이전에 금강산을 여행한 사람은 손에 꼽을 정도입니다. 당시 여행을 하려면 상당한 인력과 물자가 필요했습니다. 여행 중에 먹을 음식과 필요한 물건은 전부 짊어지고 가야 했습니다. 돈만 있으면 아무 데나 갈 수 있는 지금과는 다릅니다. 화폐경제가 발달하지 않은 탓에 돈이 있어도 물건을 살 수가 없습니다.

그래서 조선시대 금강산 여행객은 대부분 나이 지긋한 벼슬아치였습니다. 그들은 럭셔리한 여행을 즐겼습니다. 관청과 사찰을 숙소로 사용하고, 승려에게 길 안내를 맡기고, 노비를 짐꾼으로 부렸습니다. 여행지에서 음악을 즐기려고 악공을 데려갔고, 노래를 들으려고 기생을 데려갔습니다. 따르는 사람이 수십 명이나 되었습니다. 힘들게 걸어 다닐 필요도 없었습니다. 승려나 노비가 메는 남여藍輿라는 작은 가마를 타고 다녔습니다. 중국 관광지에서 흔히 볼 수 있는 의자 달린 가마입니다. 하지만 두 청년의 여행은 달랐습니다. 이들이 남긴 여행 기록《금강록》을 살펴봅니다.

16일간의 금강산 여행

금강산 여행을 떠난 두 청년은 유명악俞命岳, 1667~1718과 이몽상李夢相, 1667~1749입니다. 유명악은 명문가 출신이었습니다. 할아버지는 오늘날의 도지사에 해당하는 관찰사를 지냈고, 아버지는 검찰총장격인 대사헌을 지냈습니다. 속칭 '금수저'입니다.

《금강록》(출처: 국립중앙도서관)

《금강록》에 적힌 금강산 여행의 일정.

금강산을 여행하면서 지은 시. 유명악과 이몽상은 모두 32편의 시를 지었다.

유명악과 이몽상이 여행에서 돌아와 스승 김창흡에게 시를 보여주자 김창흡이 소감을 써 주었다.

하지만 유명악의 어린 시절은 불우했습니다. 다섯 살에 아버지를 잃고, 일곱 살에는 어머니마저 잃고 고아가 되었습니다. 다행히 대학자 김창흡金昌翕의 제자가 되어 훌륭한 청년으로 성장했습니다. 시에 뛰어났던 스승 덕택에 유명악도 젊은 시절부터 시로 제법 이름이 났습니다.

이몽상 역시 시에 뛰어났습니다. 그의 증조부는 선조 임금 때의 저명한 시인 구원九畹 이춘원李春元입니다. 하지만 할아버지와 아버지는 변변한 벼슬을 하지 못했습니다. 그 역시 일곱 살에 아버지를 잃고 홀어머니와 사는 처지였습니다. 이몽상도 김창흡의 제자가 되었습니다. 한 스승 밑에서 공부하던 두 사람은 자연히 친구가 되었습니다.

금강산에 가고 싶다는 이야기를 먼저 꺼낸 사람은 이몽상이었고, 과감히 떠나기로 결정한 사람은 유명악이었습니다. 두 사람은 또 다른 친구 홍유인洪有人을 찾아가 의논했습니다. 홍유인은 난색을 표했습니다.

"금강산 구경은 쉽지 않네."

유명악은 발끈했습니다.

"우린 지금 당장 갈 수 있네."

두 사람은 날이 밝자마자 금강산을 향해 출발했습니다. 두 사람 모두 아버지가 안 계셨기에 망정이지, 그렇지 않았다면 충동적인 금강산 여행은 꿈도 꾸지 못했을 것입니다. 정신이 제대로 박힌 부모라면 오지나 다름없는 그곳에 귀한 자식을 보낼 리 없습니다.

이들에게는 시간이 많지 않았습니다. 이몽상의 혼인날이 머지않았기 때문이었습니다. 한양을 떠난 두 사람은 겨우 7일 만에 금강산 아래에 도착했습니다. 이로부터 5일 동안 장안사, 영원암, 송라암, 백화암, 정양사, 표훈사, 보덕굴, 마하연 등 금강산의 명소를 두루 구경했습니다.

아쉽게도 시간이 없어 동해를 접한 외금강 지역은 구경하지 못하고 발길을 돌려야 했습니다. 돌아올 때는 말을 빌려 탄 덕택에 빨리 올 수 있었습니다. 도봉산 아래 누원櫻院 다락원 시장에서 술 한 병을 사서 동소문으로 들어왔습니다. 즐거운 여행의 마무리를 자축한 모양입니다.

금강산 여행을 기록하다

유명악과 이몽상은 금강산을 여행하며 32편의 시를 지었습니다. 여행에서 돌아온 두 사람은 이 시들을 스승 김창흡에게 보여주었습니다. 김창흡은 칭찬을 아끼지 않으며 글 한 편을 써 주었습니다. 김창흡의 형이자 도학자로 명성이 높았던 김창협金昌協 역시 독후감을 써 주었습니다.

두 사람의 금강산 여행은 누구보다 빨랐지만 벼슬길은 늦었습니다. 유명악은 39세가 되어서야 생원시에 합격했습니다. 한동안 미관말직을 전전하다가 대구, 청주 등 큰 고을을 맡아 다스리면서 두각을 나타내기 시작했는데, 52세로 일찍 세상을 떠났습니다.

이몽상도 벼슬이 늦었습니다. 누차 과거에 낙방한 그는 진로를 바꾸어 40세의 나이로 무과武科에 급제했습니다. 진출이 여의치 않은 선비들이 흔히 택하는 길이었습니다. 그래도 장단, 풍덕, 여주 등 큰 고을의 원님을 지냈으니, 그런대로 성공한 인생이었습니다.

두 사람이 모두 세상을 떠난 뒤, 1761년 유명악의 아들 유척기가 두 사람의 시를 서첩 형태로 장정했습니다. 서두에 여행 경위를 기록한 글을 싣고, 김창협과 김창흡의 글도 덧붙였습니다. 서첩을 정리한 과정을 설명한 글도 함께 실었습니다. 1807년, 이몽상의 현손 이유승李儒昇이 유명악의 현손 유춘주兪春柱에게서 이 서첩을 얻어 보고 또 한 편의 글을 덧붙였습니다. 이것이 지금 국립중앙도서관에 소장된《금강록》입니다. '현손'은 손자의 손자를 가리키는 가족관계 호칭입니다.

표지에는 '금강시첩金剛詩帖'이라고 적혀 있습니다. 일록日錄과 제발題跋을 덧붙였다는 기록도 있습니다. 시만 엮은 게 아니라 여행 중의 일기, 그리고 시와 일기를 읽어본 사람들의 소감문까지 함께 엮었다는 뜻입니다. 장정이 제법 호화롭고, 말미에 수록된 소감문은 모두 유명 인사들의 친필입니다. 그래서 귀중본으로 지정한 듯합니다.

《금강록》에는 유명악과 이몽상의 시 32편이 실려 있습니다. 동그라미가 쳐진 시가 유명악이 지은 것이고, 나머지는 이몽상이 지은 것입니다. 일부 구절에 점이 찍혀 있는데, 이 책을 읽어본 김창흡이 빼어난 구절에 찍은 것입니다. 이중 한 편을 보겠습니다.

시골 사람이 누런 소 몰고서	野人驅黃牛
고삐 늦추고 산 너머로 가네	綏轡山外歸
내 걸음 어찌 이리 비틀거리나	我行何般珊

저 높은 바위산을 올라가네	登彼石嵬嵬
해 지고 두 발이 부르터	日暮兩足繭
걸어도 따라갈 수 없네	行不能相隨
고맙게도 소 모는 사람이	多謝驅牛者
천천히 나와 함께 가네	徐行與我俱
채찍 멈추고 돌아보며	停鞭回首顧
나를 불러 누런 소에 태웠네	招我騎黃牛
내게 어디서 왔냐고 묻기에	問我何所來
한양 도성에서 왔다 하였지	云從洛陽都
금강산은 어디에 있나	金剛杳何處
고개마다 구름만 자욱하네	萬嶺雲悠悠

조선시대 금강산 여행객은 누구나 시를 지었습니다. 보는 사람을 압도하는 거대하고 아름다운 경치에 시를 짓지 않을 수가 없었던 것입니다. 금강산을 소재로 지은 시는 어림잡아 수천 편이 넘을 것입니다. 하지만 대개는 좋은 평가를 받지 못했습니다. 워낙 경치가 뛰어나 제대로 묘사하기 어려웠기 때문이라고 합니다. 하지만《금강록》에 실려 있는 시는 다릅니다. 청년들의 예민한 감수성 덕택인지 꾸밈없고 산뜻합니다. 당대 문단을 주름잡았던 김창협과 김창흡이 칭찬을 아끼지 않은 이유를 알 만합니다.

금강산 여행에 어떤 물건을 챙겨갔나

유명악과 이몽상 두 청년이 금강산을 떠나며 가지고 간 물건은 쌀 한 말 뿐이었습니다. 이걸로 밥도 지어먹고, 때로는 필요한 물건과 바꾸기도 했을 것입니다. 이처럼 조선시대 여행객의 소지품은 간소하기 짝이 없었습니다. 이 점은 경기도 박물관에 소장된 《소하집蘇下集》에서도 볼 수 있습니다.

《소하집》은 경기 이천의 향촌 시족 이재징李仁貞, 1846~1896의 문집입니다. 향촌 사족이라고는 하지만 평생 과거시험에 합격하지도 못했고 벼슬 한 자리 얻지 못했으니 평민이나 다름없었습니다. 이 책에 흥미로운 기록이 하나 있습니다. 다름 아닌 금강산 여행기입니다.

조선시대 금강산 여행기가 수백 편이 넘으므로 여행기 자체는 특별할 것이 없습니다. 특별한 것은 그가 여행을 떠나면서 가져간 물건을 여행기 앞에 적어두었다는 점입니다. 이것은 희귀한 자료입니다. 어디 가서 무엇을 보고 누구를 만났는지 자세히 적은 여행기는 많아도, 무엇을 가져갔는지 적은 여행기는 드물기 때문입니다. 이재정이 금강산 여행을 떠나며 가지고 간 물건을 살펴보겠습니다.

우선 패도佩刀 한 자루. 패도는 휴대용 칼입니다. 칼은 여행자에게 쓸모가 많습니다. 스위스 아미 나이프(일명 맥가이버칼)는 지금도 캠핑의 필수품입니다. 다음은 빗 주머니입니다. 이 안에는 큰빗, 참빗, 빗털이개, 기름종이, 뿔조각, 머리띠가 하나씩 들어 있습니다. 조선시대 사람들은 머리를 깎지 않았습니다. 남자들도 상투를 풀면 머리카락이 허리까지 내려옵니다. 이 치렁치렁한 머리를 관리하는 게 보통 일이

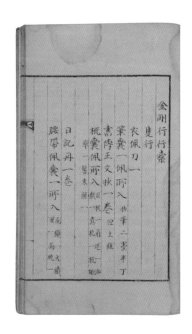

《소하집》에 실린 금강산 여행기에는 여행을 떠나면서 가져간 물건의 목록이 적혀 있다.(출처: 경기도박물관)

아닙니다. 여행하는 동안 세수와 양치는 안 해도 머리는 감아야 합니다. 그렇지 않으면 가려워서 견딜 수가 없습니다. 큰빗으로 대충 한 번 빗고, 참빗으로 다시 한 번 꼼꼼히 빗습니다. 빗질이 끝나면 빗털이개로 먼지를 털고 기름종이에 싸서 보관합니다. 뿔조각과 머리띠는 머리카락을 고정하는 도구입니다.

허리춤에도 작은 주머니를 찹니다. 여기에는 거울과 면빗, 부싯돌이 들어 있습니다. 거울과 면빗 역시 헤어관리 도구입니다. 머리를 감고 나면 상투를 틀고 망건으로 고정해야 하는데, 거울이 없으면 비뚤어지기 십상입니다. 면빗은 귀밑머리와 수염을 정리하는 작은 빗입니

김응환 〈금강전도〉. (개인소장) 歲壬辰春 擔拙堂爲西湖 倣寫金剛全圖(임진년 봄에 담졸당이 서호를 위해 금강전도를 본떠 그리다)라는 제발이 있다. 김응환이 1772년에 정선의 금강전도를 본떠 김홍도에게 그려준 그림임을 밝히고 있다. 서호西湖는 김홍도가 20대에 쓰던 호.

다. 부싯돌은 어디에 썼을까요. 소지품에 담배가 없는 걸로 보아 담뱃불 붙이는 용도는 아닙니다. 날이 저물거나 비를 맞으면 불을 피우려 했는지도 모르겠습니다.

주머니가 하나 더 있습니다. 필통 대신입니다. 붓 두 자루와 먹 반 개가 들어 있습니다. 벼루조차 없으니 남의 것을 빌려 쓰거나 움푹 팬 돌멩이를 적당히 주워 썼을 것입니다. 이 밖에는 책 두 권 뿐입니다. 《서전書傳》과 일기장입니다. 《서전》은 사서삼경의 하나인 《서경》의 해설서입니다. 금강산 가면서 뭐 하러 이런 책을 들고 갔을까요.

여행은 늘 기다림의 연속입니다. 비행기가 출발하기를 기다리고, 자동차가 오기를 기다립니다. 비가 그치기를 기다리거나 동행을 기다릴 때도 있습니다. 이럴 때 책이 있으면 시간을 보내기 좋습니다. 요즘 사람들은 잠시라도 틈이 생기면 스마트폰을 들여다보지요. 일기장은 여행에서 보고 들은 것을 기록하는 용도입니다. 이재정이 매일 일기장에 남긴 기록은 결국 금강산 여행기가 되었습니다.

이재정이 금강산 여행에 가져간 물건은 이것이 전부입니다. 여벌옷 따위는 없습니다. 여행하는 동안은 단벌로 버텼습니다. 걸어 다니는 여행자는 짐을 많이 가져갈 수 없습니다. 그 밖에도 필요한 물건이 많겠지만 어쩔 수 없습니다. 지금은 돈만 가져가면 어찌어찌 해결이 되겠지만, 당시는 여행 중에 먹을 음식까지 필요한 건 전부 짊어지고 가야 합니다. 그런데도 짐이 이것밖에 안 된다니, 단출하다 못해 무모해 보이기까지 합니다.

이재정이 금강산을 여행하고 돌아오는 데 45일이 걸렸습니다. 지금이라면 유럽 일주를 하고도 남을 시간입니다. 그런데 이상합니다. 여행은 갈수록 짧아지고 편리해지는데 짐은 반대로 늘어납니다. 손바닥 크기의 스마트폰 안에 지도, 책, 노트, 필기구, 사진기가 전부 들어가는 세상인데도 여행이 며칠만 넘으면 짐이 캐리어를 가득 채웁니다. 어째서일까요. 불편을 견디지 못하기 때문입니다. 집을 떠나 여행을 가면서도 집처럼 편안하기를, 아니 집보다 편안하기를 바라기 때문입니다.

불편한 여행을 바라는 사람은 없습니다. 모두가 맛있는 음식과 편안한 숙소를 기대하며 여행을 떠납니다. 하지만 여행이란 본디 익숙한 일상과의 결별입니다. 낯선 환경에서 느끼는 불편함이 여행의 본질입니다. 여행이 불편하다 해도 사람들은 여전히 여행을 떠나고 싶어 할까요. 코로나 사태로 주춤해진 여행 열기가 회복되는 지금, 다시 생각해 볼 때입니다. 무엇을 위한 여행일까요?

그리운 금강산

소수 특권 계층의 전유물이었던 금강산 관광이 대중화된 것은 일제강점기였습니다. 일제는 금강산을 근대적 관광지로 개발했습니다. 1923년 금강산 철도가 개통되면서 여행객이 폭발적으로 증가했습니다. 금강산 관광 안내서와 여행기도 쏟아졌습니다. 금강산 여행은 꿈이 아닌 현실로 바뀌고 있었습니다. 그러나 남북분단이 이를 가로막았습니다.

분단 이래 금강산 여행은 반세기 넘도록 불가능한 꿈이었습니다. 1998년 잠시 여행길이 열렸지만, 2008년 관광객 피살이라는 비극적 사건으로 막을 내렸습니다. 이후 대북제재가 강화되면서 금강산 관광은 벌써 십 년 넘게 중단된 상황입니다. 남북관계 및 북미관계가 호전될 때마다 금강산 관광도 재개될 것이라는 기대가 높아지곤 하지만, 북한을 둘러싼 국제 정세는 여전히 엄중하고, 대북제재를 주도하는 미국의 입장도 부정적입니다. 이처럼 험난한 현실을 고려하면 금강산 관광은 한가로운 소리처럼 들리기도 합니다.

하지만 생각해봅시다. 이 땅에 살던 사람들은 수백 년 넘게 금강산을 꿈꾸었습니다. 그 원초적이고 강렬한 열망에 비하면, 오늘날의 정치적 갈등은 어쩌면 사소한 문제일지도 모릅니다. 보고 싶은 사람을 보고자 하는 마음, 가고 싶은 땅에 가고자 하는 마음은 막기 어렵습니다. 그리고 이것이야말로 남북관계 개선의 원동력입니다. 금강산으로 가는 길이 열리기를 바라는 건 결코 한가로운 생각이 아닙니다.

이 땅의 열여덟 살 청년들이 배낭 하나 둘러메고 홀쩍 금강산 여행을 떠나는 날이 오기를 기대합니다. 그때는 일제강점기를 전후한 시기의 우리나라 사람들이 그랬던 것처럼, 열차를 타고 서울을 출발하여 중국과 러시아를 거쳐 유럽까지 가는 여정을 직접 체험할 수 있지 않을까요.

6

인생의 이력서

《남계선생연보 南溪先生年譜》

연보란 무엇인가

연보는 생애의 주요 사건을 연도순으로 나열한 글입니다. 이력서를 떠올리면 이해가 빠릅니다. 다만 학력과 경력을 열거하는 정도에 그치는 이력서와 달리, 연보는 생애의 거의 모든 사건을 망라합니다. 자기소개서와 이력서를 합쳤다고 보면 되겠습니다. 옛사람의 연보는 두꺼운 책으로 엮을 정도로 자세합니다.

연보의 기원은 중국 송나라로 거슬러 올라갑니다. 출판문화의 발달로 문헌이 널리 보급되고, 학통을 중시하는 성리학이 유행하면서 제자가 스승의 생애를 연보로 정리하는 관행이 생겼습니다. 특히 송나라 성리학자 주희의 연보가 모범이 되었습니다.

우리나라 최초의 연보는 고려 문인 이규보의 연보이며, 성리학이 도입된 고려 말부터 연보가 쏟아져 나왔습니다. 민사평, 이곡, 이색, 정몽주 등의 연보가 문집에 실려 전하고 있습니다. 조선시대에 들어와 연보 편찬은 더욱 활발해졌습니다. 주자학이 지배 이념으로 자리 잡

으면서 나타난 현상입니다. 연보
는 문집에 부록으로 실리는 수준
을 넘어서 별도의 책으로 편찬할
정도로 분량이 늘어났습니다.

연보 편찬은 해당 인물의 후
손이나 제자가 맡았습니다. 생애
를 속속들이 알아야 하기 때문입
니다. 저명한 인물의 연보 편찬은
무거운 책임이자 대단한 영광이었
습니다. 특히 학자의 연보를 편찬
한다는 것은 그 사람의 학문적 후
계자라는 의미로 받아들여졌습니

《남계선생연보》. 연보는 생애의 주요 사건
을 연도순으로 나열한 글이다.(출처: 국립
중앙도서관)

다. 예컨대 퇴계 이황의 연보는 그의 4대 제자 가운데 한 사람인 유성
룡柳成龍이 편찬했습니다. 그렇다면 퇴계와 쌍벽을 이루는 율곡 이이
의 연보는 누가 편찬했을까요? 그가 바로 조선 후기 학자 박세채朴世采,
1631~1695입니다.

문묘에 들어간 마지막 선비

박세채는 대중적으로 알려진 인물은 아니지만, 그저 그런 유학자
로 오해하면 곤란합니다. 박세채는 문묘文廟에 배향된 인물입니다. 문
묘는 공자의 신위를 모신 곳이며, 이곳에서 공자와 함께 제사를 받는
것은 유학자에게 최고의 영광입니다. 학문적 업적이 공인을 받고, 처

신에 흠결이 없어야 가능한 일입니다. 문묘에 배향된 조선 유학자는 14명에 불과한데, 박세채가 마지막이었습니다. 이 한 가지 사실만으로도 그의 위상을 짐작할 수 있습니다.

박세채는 서인西人의 명문가 출신입니다. 할아버지는 영의정을 지낸 박동량朴東亮, 외할아버지는 한문사대가의 한 사람인 신흠申欽으로 역시 영의정을 지냈습니다. 큰아버지 박미朴瀰는 선조 임금의 사위, 아내는 좌의정을 지낸 원두표元斗杓의 조카딸입니다. 고관대작이 즐비한 집안입니다. 이뿐만이 아닙니다. 대학자 김상헌金尙憲과 김집金集을 스승으로 삼았고, 훗날 송시열의 손자를 사위로 맞이했습니다. 서인 정권의 핵심인사들과 학맥, 혼맥으로 두루 맺어져 있습니다.

박세채는 18세에 진사시에 합격하여 성균관에 들어갔습니다. 20세에 율곡 이이와 우계 성혼을 문묘에 배향하는 문제를 둘러싸고 논란이 일어나자, 유생들을 주도하여 동맹 휴학을 벌였습니다. 그는 이 일로 효종 임금에게 엄한 하교를 듣고서 관직에 나갈 생각을 접고 학문과 저술에 몰두했습니다. 특히 예학禮學에 밝아 송시열조차 그와 상의할 정도였습니다.

박세채는 53세가 되어서야 송시열의 추천으로 겨우 관직에 나갔습니다. 숙종은 융숭한 대우로 조정에 붙잡아두려 했지만 박세채는 물러나려고만 했습니다. 실랑이가 반복될수록 관직은 높아졌고, 결국은 좌의정에까지 올랐습니다. 정치와는 거리를 두었으나 송시열과 윤증이 대립하여 노론과 소론이 갈라지자 중재에 나섰고, 당파의 대립을 우려하여 이를 해소할 방안으로 '황극탕평론皇極蕩平論'을 마련했습

문묘의 시전 가운데 공자와 관련된 인물의 위패를 안치한 대성전 전경

니다. 이는 영, 정조 시대 탕평책의 이론적 기반이 되었습니다. 황극탕
평이란 임금이 확실한 표준을 세워 붕당을 억제해야 한다는 주장이었
습니다.

　박세채는 방대한 저술을 남겼는데, 그중에는 율곡의 생애와 저술
을 정리하는 작업도 포함되었습니다. 본디 율곡의 문집은 1611년 간
행되었습니다. 여기에 4장짜리 연보가 포함되어 있었으나 지나치게
간략했습니다. 그래서 내로라하는 학자들이 율곡 연보의 편찬을 시도
했습니다. 1664년 송시열이 우계 성혼의 연보와 함께 편찬을 마쳤지
만 이 역시 율곡의 위상에 비하면 여전히 소략했고 오류도 적지 않았
습니다.

　송시열의 뒤를 이어 율곡의 연보를 편찬한 사람이 박세채입니다.

박세채가 편찬한 율곡 연보는 상하 2권으로 구성되어 있습니다. 분량은 많지 않으나 중요한 것은 얼마나 정확한가입니다. 박세채는 율곡 연보를 편찬하는 과정에서 발견한 기존 연보의 오류와 새로운 사실을 '율곡선생 연보 고증栗谷先生年譜攷證' 3권으로 따로 엮었습니다. 박세채가 편찬한 율곡 연보는 송시열의 호평을 받았습니다.

율곡의 연보만이 아니었습니다. 조선 초기 사림파의 영수 정암靜菴 조광조趙光祖의 연보도 박세채의 손에서 나왔습니다. 연보의 편찬은 단순히 생애를 정리하는 수준에 그치는 것이 아니었습니다. 박세채는 연보를 통해 그들을 조선 성리학의 정통으로 자리매김했습니다. 그리고 연보를 편찬한 박세채 역시 그들의 후계자로 자리매김했습니다.

한 권의 책에 평생을 담다

박세채가 세상을 떠난 뒤 그의 제자들도 스승의 연보를 편찬하는 작업에 착수했습니다. 박세채는 생전에 자신의 생애와 저술을 어느 정도 정리해 두었습니다. 제자 김간金榦이 이를 바탕으로 행장行狀과 어록語錄을 편찬하고, 1700년 연보 2권을 완성했습니다. 다음은 문집을 간행할 차례였으나 박세채의 제자들이 노론과 소론으로 나뉘며 의견이 갈리는 바람에 간행이 늦어졌습니다.

박세채의 문집 《남계집南溪集》은 1732년 비로소 간행되었습니다. 이후 《남계선생연보부록南溪先生年譜附錄》이라는 이름으로 생애의 중요 기록들이 간행되었으나 연보는 끝내 간행되지 못했습니다. 간행되지 못한 채 원고 상태로 남아 있는 박세채의 연보가 국립중앙도서관 소

박세채의 문집 《남계집》. 정집正集 87권, 외집外集 16권, 속집續集 22권, 총 125권 56책이다. 조선시대 문집 중에서도 손꼽히는 분량이다. (출처: 국립중앙도서관)

장 《남계선생연보》입니다. 이 책은 김간의 연보를 바탕으로 수정 증보한 것으로 보이는데, 현재 유일하게 전하는 박세채의 연보입니다. '도암陶菴'이라는 장서인藏書印이 찍혀 있는 점으로 보아 도암 이재李縡 소장본으로 추정됩니다. 이재는 송시열의 학통을 계승한 노론계 학자입니다. 박세채의 연보는 간행되지 못한 탓에 지금 남아 있는 것은 이 책 하나뿐이고, 소장자도 유명한 인물이므로 귀중본으로 지정되어 있습니다.

첫머리에는 간략한 족보가 실려 있습니다. 이어서 1631년 6월 24일 한양 양생방養生坊 창동倉洞, 즉 오늘날 중구 남창동에서 출생하였다는 기록을 시작으로, 1705년 8월 평산平山 면곡綿谷으로 묘소를 이장하

박세채 초상 관복본. 평양 출신 화가 조세
걸曺世傑이 초본草本을 그렸다.(출처: 경
기도박물관)

였다는 기록으로 끝맺었습니다. 연도는 명나라의 마지막 연호인 숭정
崇禎으로 표기하고, 그 해의 간지干支와 박세채의 나이를 함께 기록했습
니다. 이어서 각 연도의 중요한 사건을 큰 글씨로 기록하고, 자세한 설
명은 작은 글씨로 덧붙였습니다.

《남계선생연보》는 4권으로 구성되어 있습니다. 권1은 1세부터 50
세까지, 권2는 51세부터 53세까지, 권3은 54세부터 58세까지, 권4는
59세부터 세상을 떠나고 10년 뒤까지입니다. 50대의 행적이 가장 자

세한데, 박세채가 관직에 올라 당쟁에 휘말린 시기입니다. 송시열과 윤증의 대립도 이 시기의 일이었지요. 말년에는 은둔하여 교육과 저술에 집중하였으므로 말년의 기록은 간략한 편입니다.

연보에 기록된 사건은 다양합니다. 국가의 주요 사건, 주변 인물들의 삶과 죽음, 관직의 변동과 같이 비교적 중요한 사건부터, 이사나 여행처럼 사소한 사건도 등장합니다. 수많은 저술을 남긴 학자였으므로 어느 해에 무슨 저술을 완성했는지도 꼼꼼히 기록했습니다. 상소문과 편지의 중요 부분도 인용되어 있습니다. 분량이 비교적 많은 건 이 때문입니다.

참고로 퇴계와 율곡의 연보는 모두 2권에 불과하지만, 이후 편찬된 연보는 점차 분량이 늘어나는 추세를 보입니다. 정경세鄭經世, 송준길宋浚吉, 이유태李惟泰 등의 연보는 4권, 송시열의 연보는 무려 11권입니다.

인생을 돌아보며

조선시대 사람들은 조상과 스승의 연보를 만들면서 그들의 인생을 새롭게 해석하고 의미를 부여했습니다. 연보가 완성되면 그 인물은 평범한 인간에서 위대한 유학자로 다시 태어났습니다. 후손과 제자들의 위상도 달라집니다. 이것이 조선시대 사람들이 연보 편찬에 열중한 이유입니다. 이미 세상을 떠난 사람의 인생도 정리하기에 따라 달라지는데, 살아있는 사람은 말할 것도 없습니다. 따라서 누구나 자기 인생을 돌아볼 필요가 있습니다.

일본의 저널리스트 다치바나 다카시立花隆는 정년퇴직자를 대상으로 자서전 쓰기 강좌를 열었습니다. 백세 인생에 정년퇴직은 인생 2막의 시작입니다. 이때 가장 먼저 해야 할 일은 중간 점검입니다. 과거를 돌아보아야 미래를 전망할 수 있기 때문입니다. 자서전 쓰기는 인생의 한 단계를 정리하고 다음 단계를 준비하는 작업이라는 것이 그의 주장입니다.

다치바나 다카시가 자서전 쓰기에 앞서 먼저 권한 일이 '자기 역사 연표' 만들기입니다. 일종의 연보입니다. 자기 생애를 일목요연하게 파악하기 위해서는 연도순으로 정리된 연보가 필요합니다. 조선시대에도 자기 연보를 자기가 만든 사람이 드물지 않았습니다. 누가 뭐래도 자기 인생은 자기가 가장 잘 아니까요. 제자와 후손들이 그것을 바탕으로 연보를 완성했습니다.

인생을 정리하는 것은 노인의 전유물이 아닙니다. 나의 현재를 정확히 알기 위해서는 과거를 돌아보아야 합니다. 현재를 정확히 알아야 미래를 바라볼 수 있습니다. 결국 지난 인생을 정리한다는 것은 과거에 대한 집착이 아니라 미래를 위한 준비입니다.

참고문헌

이종묵, 〈한국 문인 연보 연구〉, 《장서각》 5집, 한국학중앙연구원, 2001.
유새롬, 〈17세기 서인의 학통의식과 율곡연보의 편찬〉, 《한국사론》 52집, 서울대학교 국사학과, 2006.
다치바나 다카시, 《자기 역사를 쓴다는 것》, 이언숙 옮김, 바다출판사, 2018.

황제의 유물에 얽힌 비밀

《황사매책시문첩 皇賜梅册詩文帖》

하사품을 건 내기

《황사매책시문첩》은 조선 중기 문장가 월사月沙 이정귀李廷龜, 1564~1635가 갖고 있던 책 한 권과 매화 한 그루에 대한 기록입니다. 이정귀는 글 솜씨가 뛰어나고 중국어도 능통하여 명나라와의 외교 업무를 전담했습니다. 명나라에 네 차례나 사신으로 다녀왔고, 명나라 사신이 조선에 오면 영접을 도맡았지요. 서울의 지하철 4호선 혜화역 4번 출구를 나오면 "고조부 이석형李石亨이 성균관 남쪽에 자리 잡은 이후로 이정귀를 비롯한 후손들이 대대로 이곳에서 살았다."라고 적혀 있는 표지석이 있습니다.

선조 임금이 세상을 떠난 이듬해인 1609년, 명나라에서 조문을 위해 파견된 사신이 한양에 도착했습니다. 웅화熊化라는 사람이었습니다. 이정귀는 웅화를 극진히 대접했습니다. 웅화 역시 이정귀의 인품과 문장에 깊은 인상을 받았습니다. 웅화가 귀국한 뒤에도 두 사람은 편지로 소식을 주고받았습니다.

1616년, 이정귀는 광해군의 모친 공성왕후의 부고를 전하기 위해 북경에 갔다가 웅화와 해후했습니다. 7년 만의 만남이었지요. 마침 생일을 맞이한 웅화는 이정귀를 집으로 초대했습니다. 이정귀는 그곳에서 진귀한 물건을 보았습니다. 명나라 신종神宗 황제의 도장이 찍혀 있는《속자치통감강목續資治通鑑綱目》(이하《속강목》)과 서호西湖산 매화 화분이었습니다. 웅화가 대궐에서 숙직하다가 황제에게 하사받은 물건이었지요. 두 사람은 이 물건들을 걸고 내기 바둑을 두었습니다. 결과는 이정귀의 승리였습니다. 이정귀는 책과 꽃을 가지고 조선으로 돌아왔습니다.

1635년 이정귀가 세상을 떠나고, 이듬해 병자호란이 일어났습니다. 난리통에 책은 어디론가 사라져버렸습니다. 매화 화분은 제자 민효건閔孝騫이 고향으로 돌아갈 때 작별 선물로 주었기에 다행히 병화를 피했습니다. 하지만 세월이 흐르자 사람들은 그런 물건이 있었는지조차 잊어버리고 말았습니다.

1681년, 이정귀의 증손 이흥조李興朝가 의원을 찾으러 약방에 갔다가 한 노파를 만났습니다. 노파는 약값 대신인지 책 한 권을 약국에 팔려고 하였습니다. 신종 황제의 도장이 찍혀 있는《속강목》이었습니다. 그 아래의 장서인藏書印은 먹칠에 덮여 있었지만, 자세히 보니 이정귀의 장서인이 분명했습니다. 이흥조는 거금을 주고 그 책을 구입했습니다. 이렇게 해서 황제의 하사품은 반세기 만에 이정귀 집안으로 돌아왔습니다. 매화 화분은 이 사람 저 사람의 손을 거쳤으나 역시 무사했습니다. 그로부터 다시 반세기가 지난 1736년, 이정귀의 현손玄孫, 4대손 이우

月沙先生宅
皇朝安寶書帖說

이병연이 지은 '월사선생댁 황조안보서책기'. 이정귀가 황제의 유물을 입수한 경위를 설명하고, 명나라가 멸망한 지금 이 유물을 보며 과거를 회상한다는 내용이다. (출처: 국립중앙도서관)

신李雨臣이 이 사건의 전말을 기록하고 유명 문인들에게 시문을 지어달라고 부탁했습니다. 이 시문을 엮은 책이 《황사매책시문첩》입니다. 유명 문인들의 친필이 고스란히 남아 있으므로 귀중본으로 지정되어 있습니다.

황제의 유물, 조선에 전해지다

《황사매책시문첩》의 첫머리에는 이우신의 글이 실려 있습니다. 이정귀가 신종 황제의 하사품을 얻은 경위와 후손이 이를 되찾은 경위를 밝힌 글이지요. 앞에 소개한 이야기는 이 글을 바탕으로 재구성한 것입니다.

이어서 안중관安重觀, 이영보李英輔, 남한기南漢紀, 조귀명趙龜命, 이병연李秉淵, 이구완李九晼, 조유수趙裕壽, 김시민金時敏, 이숭진李嵩鎭의 시문이 실려 있습니다. 모두 당대에 시문으로 이름 높았던 쟁쟁한 문인들입니다. 이 가운데 이영보는 이정귀의 5대손, 이병연과 김시민은 외현손外玄孫입니다. 소론계 문인도 일부 섞여 있으나, 대부분은 '노론계 처사형 문인'에 속합니다.

노론계 처사형 문인이란 명나라가 멸망한 이후 은거를 택한 일군의 문인들을 말합니다. 노론 명문가 출신이었던 이들은 관직에 진출하는 대신, 김창협金昌協과 김창흡金昌翕 형제를 정신적 지주로 삼아 학문과 문학에 몰두했습니다. 이들은 오랑캐 청나라가 천하를 지배하는 현실을 애써 외면하고, 이미 멸망한 명나라에 대한 의리를 지키고자 했습니다. 이것이 '대명의리론對明義理論'입니다. 명나라는 임진왜란 때

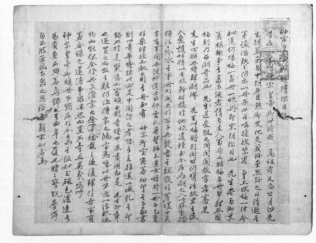

명나라 황제의 하사품과 관련한 사건의 전말을 기록하고 유명 문인의 시문을 엮은 《황사매책시
문첩》. 오른쪽은 이우신의 발문이다. (출처: 국립중앙도서관)

원군을 파병하여 조선을 도왔으므로, 조선은 명나라에 의리를 지켜야
마땅하다는 주장입니다.

임진왜란 때 원군 파병을 결정한 황제가 다름 아닌 신종입니다. 임
진왜란의 승리가 신종 황제 덕택이라고 굳게 믿었던 그들은 '재조지
은再造之恩'이라는 말로 감사를 표했습니다. 망해가는 나라를 다시 일으
켜 세워준 은혜라는 뜻이지요. 이처럼 추앙받는 신종 황제의 유물이
명나라가 멸망한 지 한 세기 가까운 세월이 흐른 뒤에 나타났으니, 노
론계 처사형 문인들이 열광한 것도 당연합니다.

신종 황제가 하사한 책과 꽃이 하필《속강목》과 매화였다는 사실
도 주목할 필요가 있습니다.《속강목》은 주희가 편찬한 《자치통감강
목》의 속편입니다.《자치통감강목》은 이민족 왕조를 배제하고 한족
왕조에게 정통을 부여하는 주희의 정통론에 입각한 역사책입니다. 당
시 노론계 처사형 문인들은 이러한 주희의 정통론에 입각하여 청나라
를 배격하고 명나라를 숭상했습니다. 따라서 신종 황제가 하사한《속
강목》은 대명의리론의 아이콘과도 같은 것이었습니다.

이정귀가 가져온 매화는 신종 황제의 연호^{年號}를 따서 만력매^{萬曆梅}
라고도 하고, 이정귀의 호를 따서 월사매^{月沙梅}라고도 불렸습니다. 매
화도 노론계 처사형 문인들에게는 특별한 의미가 있는 꽃이었습니다.
매화는 예로부터 고결한 은자를 상징하는 꽃이었다. 다른 꽃과 달리
추운 겨울에 피는 매화는 어려운 현실에 굴하지 않는 절의를 상징하
지요. 노론계 처사형 문인들은 매화에 자신들의 모습을 투영하곤 했
습니다. 매화는 그들의 상징이나 다름없었습니다.

유물을 둘러싼 의문

노론계 문인들은 신종 황제의 유물을 둘러싼 드라마틱한 이야기
를 전해 듣고 감동했습니다. 하지만 의심을 품은 사람도 있었습니다.
조선 후기 문인화가 관아재^{觀我齋} 조영석^{趙榮祏, 1686~1761}입니다.

조영석은 〈이 판결사 집에 보관된 속강목의 발문^{李判決家藏續綱目跋}〉이
라는 글에서 유물의 의문점을 낱낱이 지적했습니다. 그의 주장을 정
리하면 이렇습니다. 이정귀가 남긴 기록에 따르면 이정귀와 웅화의

화양구곡 암서재. 화양구곡華陽九曲 곳곳에는 지금도 비례부동非禮不動을 비롯한 명나라 황제 어필의 석각이 남아 있다. 화양서원의 터도 이곳에 있다.(출처: 위키피디아)

만남은 한 차례 뿐이었습니다. 당시 조선 사신은 객관에 갇혀 출입이 자유롭지 않았습니다. 따라서 생일잔치에 초대받아 가는 건 불가능했습니다. 게다가 두 사람은 황제의 하사품을 걸고 내기 바둑 따위를 둘 만큼 친밀한 사이가 아니었습니다.

또 이정귀의 문인 최유해崔有海의 기록을 보면, 당시 두 사람이 주고받은 선물은 따로 있습니다. 이정귀는 패도佩刀를 주고, 웅화는 답례로 회소懷素가 쓴《천자문》한 권과 소식蘇軾의 글씨 한 폭을 증정했습니다.《속강목》과 매화를 주고받았다는 이야기는 없습니다. 황제가 하사한 책과 꽃은 귀중한 물건입니다. 만약 주고받은 사실이 있었다면 기록하지 않았을 리가 없습니다. 조영석은 '알 수 없는 일'이라고 했지만 그가 하고 싶었던 말은 분명합니다. "유물은 가짜다."

조영석의 글은 《황사매책시문첩》에 실려 있지 않고, 그의 문집에 실려 전합니다. 조영석은 이우신의 부탁을 받고 이 글을 썼습니다. 이우신은 어째서 기껏 글을 부탁해 놓고 이 책에 넣지 않았을까요? 유물의 진위를 의심하는 뉘앙스를 풍겼기 때문입니다.

조영식의 의문은 지극히 합리적입니다. 이정귀와 웅화가 주고받은 글은 모두 《월사집》에 실려 있습니다. 생일잔치에 초대를 받았다거나, 선물을 주고받았다는 이야기는 그림자도 보이지 않습니다. 결국 신종 황제의 유물이라는 책과 꽃은 가짜이며, 여기에 얽힌 이야기는 이정귀가 세상을 떠난 뒤 만들어졌다고 보는 것이 합리적입니다. 그렇다면 누가, 왜 이런 이야기를 지어냈을까요?

유물을 둘러싼 거대한 사기극

대명의리론을 주장한 노론계 문인들은 명나라 황제를 십분 활용했습니다. 그 시초는 송시열입니다. 1674년 송시열은 명나라 마지막 황제 의종毅宗의 어필 '비례부동非禮不動' 네 글자를 얻어 자신의 본거지 화양동華陽洞 바위에 새겼습니다. 송시열이 세상을 떠난 뒤, 노론은 이곳에 만동묘萬東廟를 세워 신종 황제와 의종 황제를 제사지내는 장소로 삼았습니다.

그런데 송시열이 얻었다는 의종의 어필은 수상쩍습니다. 이 유물은 1670년 민정중閔鼎重이 사신으로 북경에 갔다가 얻어온 것입니다.

'비례부동.' 명나라 마지막 황제 의종의 어필로 예가 아니면 행동하지 않는다는 의미이다. 비례부동의 오른쪽에 '숭정황제어필'이라는 글자가 새겨져 있다

민정중이 북경에 체류할 때 어떤 이가 이 어필을 보여주더니, 돈도 받지 않고 넘겨주었다는 것입니다. 민정중은 이 어필을 송시열에게 증정하였으며, 송시열은 이를 손에 넣은 이듬해 목판에 새기고 화양동 바위에 새겨 넣었습니다.

이후로도 송시열은 명나라 황제의 어필을 속속 입수했습니다. 김수항이 1676년 다시 북경에 갔다가 얻어온 의종 어필 '사무사思無邪', 1717년 윤양래尹陽來가 입수한 신종 어필 '옥조빙호玉藻氷壺' 역시 화양동 바위에 새겨졌습니다.

조선 사신들이 중국에 가면 각종 고동서화를 판매하는 상인들이 몰려들었습니다. 어느 연행록을 보나 흔히 발견되는 사실입니다. 대부분이 가짜였다는 것도 익히 알려진 사실입니다. 조선 사신들은 늘 의심 가득한 눈으로 상인들을 상대했습니다. 출처가 불분명한 위의 어필들도 가짜라고 보는 것이 자연스러워 보입니다. 돈을 주고 사왔다고 해도 믿기 어려운데, 조선인의 '의리'에 감동하여 공짜로 어필을 넘겨주었다는 드라마틱한 이야기는 더욱 믿기 어렵습니다.

어필의 내용이 성리학에 치우쳐 있다는 점도 이상합니다. '비례부동'은 《논어》에 나오는 구절이고, '연비어약'은 《중용》에 나오는 구절로, 모두 성리학에서 중요한 개념으로 재해석한 것입니다. '옥조빙호'는 성리학적 색채가 더욱 뚜렷합니다. 명나라 황제들이 하나같이 성리학에 각별히 관심을 가졌기 때문일까요? 조선에 전해진 어필의 대부분이 성리학 관련 내용이라는 사실은 이 어필의 진위를 더욱 의심케 합니다.

의종 어필이 큰 반향을 일으키자, 이후 명나라 황제의 유물이 여기저기서 나타났습니다. 황제의 어필을 진상한 이들은 대부분 역관이었습니다. 1723년 역관 이덕기李德起가 신종 어필을 바쳤는데, 어보御寶가 찍혀 있었기에 진본으로 인정하고 받아들였습니다. 1725년 역관 유재창劉再昌이 북경에서 구입한 명 태조와 의종의 어필을 바쳤고, 1731년 역관 박창유朴昌裕가 건문제建文帝의 그림, 의종의 어필이 있다고 상언했습니다. 1753년에도 한 역관이 의종 어필이라며 '사무사思無邪' 족자를 바쳤습니다. 영조는 대궐에 의종 어필 3건이 있는데 모두 '사무사'라며 신하들에게 진위를 감정하게 했습니다. 신하들이 모사한 것인 듯하다는 견해를 밝히자 영조는 "중국 사람들이 가짜를 만드는 버릇이 몹시 심하다. 그러나 원본을 그대로 베긴 모본摹本이라면 이 역시 어필이다."라고 하며 받아들였습니다.

그러나 조선에서 발견된 명나라 황제의 유물은 모두 출처가 불분명하며, 진위도 확실하지 않습니다. 당시 조정에서도 알고 있었던 듯합니다. 역관들이 상을 바라고 어필을 바친다는 언급이 자주 보입니다. 진위논란도 끊이지 않았습니다. 집안에서 대대로 보관하던 어필이라면 받아들이고, 구입한 것이라면 받지 말라는 조치를 내렸습니다. 하지만 이후로도 어필의 진상은 계속 이어졌고, 그때마다 논란이 되곤 하였습니다. 조정에 보고되지 않은 것까지 합치면 당시 조선에는 엄청난 양의 명 황제 어필이 들어와 있었을 것입니다.

이 밖에도 김상헌金尙憲이 심양에서 얻은 의종 소장의 조맹부趙孟頫〈문희별자도文姬別子圖〉, 황인점黃仁點이 북경에서 구입한 명 태조 하사품 옥대玉帶, 박제가朴齊家가 북경에서 구입한 의종의 거문고崇禎琴, 박경호朴敬昊가 심양에서 우연히 발견했다는 의종 황제 어람용《춘추春秋》등도 출처가 불분명하여 의심스럽습니다.

《황사매책시문첩》이 편찬된 1736년은 노론이 신임사화로 입은 타격을 어느 정도 수습하고 소론과 정국 주도권을 다투던 시기입니다. 노론은 정국 주도권을 장악하기 위해 명분이 절실히 필요했습니다. 정치는 명분 싸움입니다. 명분을 얻으면 이기고, 잃으면 집니다. 노론이 선택한 명분은 대명의리론이었습니다. 대명의리론은 송시열 이래 노론의 정치적 정당성을 뒷받침하는 이념이었습니다.

유물을 입수한 사람이 대부분 노론계 문인이라는 점도 의심스럽습니다. 분명한 것은 이 유물들이 하나같이 대명의리론을 재점화하여 노론의 정치적 입지를 강화하는 데 이용되었다는 사실입니다.

《황사매책시문첩》역시 이러한 정치적 의도에서 만들어졌다고 보는 것이 타당합니다. 이 책에 시문을 남긴 이들이 유물의 진위를 정말로 몰랐는지, 아니면 더 중요한 목적을 위해 모르는 척 했는지는 알 수 없습니다. 신종 황제의 유물에 얽힌 드라마틱한 이야기를 담고 있는 《황사매책시문첩》은 조선 후기 사회의 지배적 이념이었던 대명의리론이 재생산되는 과정을 보여줍니다.

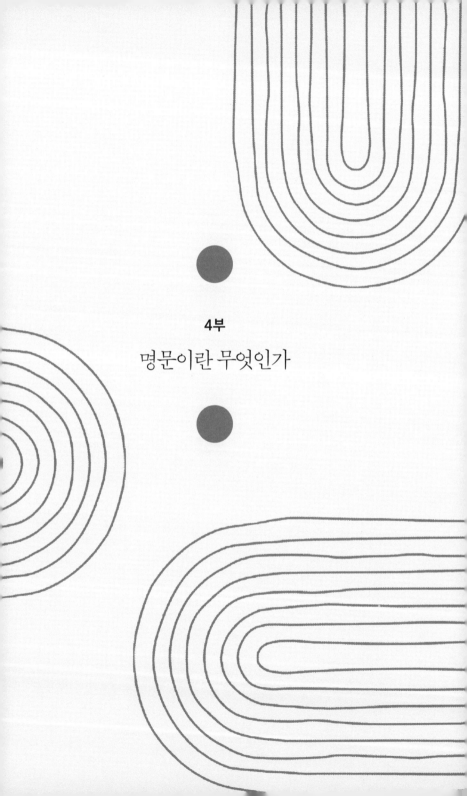

4부

명문이란 무엇인가

신라인, 세계로 진출하다

《협주명현십초시 夾注名賢十抄詩》

현전하는 가장 오래된 '선집'

한 사람 또는 여러 사람의 작품 전체를 모아 만든 책을 전집全集이라고 합니다. 송나라 유학자 주희의 모든 저술을 한데 모은《주자대전朱子大全》이 여기에 속합니다. 이와 달리 일부만 모아 만든 책을 선집選集이라 합니다. 당나라와 송나라 문장가 여덟 사람의 명문장을 뽑아 만든《당송팔대가문초唐宋八大家文鈔》를 예로 들 수 있습니다.

선집을 만드는 이유는 두 가지입니다. 첫째, 전집의 분량이 많기 때문입니다.《주자대전》의 분량은 121권입니다. 다 읽기 어려우므로 핵심을 뽑을 필요가 있습니다. 퇴계 이황은《주자대전》의 핵심이 편지글이라고 보았습니다. 그것도 분량이 만만치 않습니다. 그래서 퇴계는 주희의 편지글을 고르고 골라《주자서절요朱子書節要》를 편찬했습니다. 덕택에 조선시대 문인들은 비교적 쉽게 주희의 학문을 이해할 수 있었지요.

선집을 만드는 또 다른 이유는 책을 구하기가 어렵기 때문입니다.

《당송팔대가문초》가 없었더라면 조선시대 사람들은 이 책에 실린 문장가 여덟 사람의 전집을 일일이 구해야 했을 것입니다. 책이 귀한 시대였으니 필시 손에 넣지 못하는 것도 있었을 것입니다. 책이 많지 않아도 선집만 있으면 여러 문인의 다양한 작품을 두루 맛볼 수 있습니다. 여러 작품 중에 몇 개만 고른다면 가장 좋은 작품을 고르기 때문이지요. 그래서 선집을 에센스essence라고도 합니다. 정수를 모았다는 뜻입니다.

책이 범람하는 오늘날, 책을 구하기 어려워 선집을 읽었다는 것은 이해하기 어려울지도 모르겠습니다. 하지만 오늘날에도 여전히 선집은 구할 수 없는 책을 대신합니다. 이를테면 2020년 노벨문학상 수상자 루이즈 글릭Louise Gluck은 우리나라에 거의 알려지지 않은 미국 시인입니다. 그의 시집은 한 권도 번역되지 않았으므로 영어를 모르는 사람은 읽을 길이 없습니다. 다행히 류시화 시인이 세계 여러 나라의 시를 모아 엮은 《마음챙김의 시》라는 책에 루이즈 글릭의 〈눈풀꽃Snowdrops〉이라는 시 한 편이 실려 있어, 우리는 이 선집을 통해 루이즈 글릭의 시를 맛볼 수 있습니다. 올해 초에 방영되었던 드라마의 타이틀 〈설강화雪降花〉가 바로 '눈풀꽃'입니다.

책이 너무 많아 다 읽을 수가 없어도 선집이 필요하고, 책이 너무 적어 구할 수가 없어도 선집이 필요합니다. 고려는 세계최초의 금속활자를 발명했고, 전란의 와중에도 팔만대장경을 만들었습니다. 고려의 출판기술은 세계 최고 수준이었습니다. 하지만 많은 책을 보급하기 위한 것은 아니었습니다. 책은 턱없이 부족했습니다. 이미 중국에

《십초시》(상,중,하 권). 보물 제923호. 1452년 밀양에서 목판으로 간행되었다. (출처: 한국학중앙연구원)

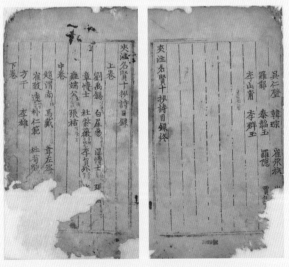

《십초시》의 본문 일부 목록. 중권에 신라 사람 최치원, 박인범의 이름이 보인다. (출처: 국립중앙도서관)

서 가치를 인정받은 책들도 출판하기 어려운 여건이었으니, 우리나라 책을 출판하기 어려웠던 건 당연합니다.

특히 개인의 시문을 담은 문집은 더욱 출판하기 어려웠습니다. 그래서 고려시대부터 시문 선집을 편찬했습니다. 김태현金台鉉의《동국문감東國文鑑》, 최해崔瀣의《동인지문東人之文》 등입니다. 이 글에서 소개하는 《협주명현십초시》 역시 고려시대에 편찬된 한시 선집입니다. 현전하는 우리나라의 선집 가운데 가장 오래된 것입니다.

스님이 엮은 시집

《협주명현십초시》는 당나라 시인 30명의 시 각 10편, 총 300편을 싣고 주석을 달아 해설한 책입니다. '협주'는 본문 사이에 작은 글씨로 적어 넣은 주석을 말하며, '명현'은 이름난 인물, '십초'는 '10편씩 뽑았다'는 뜻입니다. 상중하 3권이며 각 권에 10명씩 수록했습니다.

국립중앙도서관에는《협주명현십초시》 2종이 있습니다. 하나는 상중하 3권 가운데 중권과 하권만 남은 것이고, 다른 하나는 하권뿐입니다. 상중하 3권을 온전히 갖춘《협주명현십초시》는 한국학중앙연구원에 소장되어 있으며, 보물 제1926호로 지정되어 있습니다. 국립중앙도서관 소장본 2종은 이와 동일한 판본입니다. 귀중본 자격이 충분합니다.

이 책에 수록된 시인은 백거이白居易, 유우석劉禹錫, 온정균溫庭筠, 두목杜牧 등 당나라 말기에 활동한 사람들입니다. 신라 시인도 있습니다. 최치원崔致遠, 박인범朴仁範, 최승우崔承祐, 최광유崔匡裕 4명입니다. 모두 당나라에서 유학하고 현지에서 과거에 급제한 사람들입니다. 빈공과賓貢科라는 외국인 전형에 합격했으므로 빈공제자賓貢諸子라고 부릅니다.《협주명현십초시》를 편찬한 사람은 이 빈공제자들을 따로 분류하지 않고 당나라 시인 사이에 섞어 넣었습니다. 신라 시인들이 세계 제국 당나라에서 그곳의 시인들과 어깨를 나란히 했다는 점을 강조하려는 의도로 보입니다.

《협주명현십초시》의 편찬 과정은 조금 복잡합니다. 먼저 고려 전기인 10세기 무렵에 어떤 사람이《십초시》라는 책을 만들었습니다. 《십초시》의 편자는 누구인지 알 수 없습니다. '우리나라의 선배 큰 선비本朝前輩鉅儒'라고만 알려져 있습니다. 그러다가 고려 후기인 14세기 초에 와서 승려 자산子山이《십초시》에 주석을 달았습니다. 이것이《협주명현십초시》입니다. 자산은 경주 영묘사靈妙寺에서 이 책을 완성했다고 밝혔습니다.

승려가 왜 시집에 손을 댔을까 싶겠지만 고려는 불교국가입니다. 승려는 최고 수준의 지식인이었습니다. 승려가 천대받은 조선시대와 달리, 왕자들도 승려를 선망했습니다. 의천대사는 고려 임금의 넷째 아들이었지요.

인기가 좋았는지《협주명현십초시》는 이후 간행을 거듭했습니다. 1337년 경북 안동에서도 한 차례 간행되었습니다. 이것을 권사복權思復이라는 사람이 베껴 써서 가지고 있었는데, 1452년 권람權擥이 권사복의 필사본을 교정하여 밀양에서 다시 간행했습니다. 이것이 현재 국립중앙도서관에 소장된《협주명현십초시》입니다. 조선 초기에 간행된 책이므로 상중하 3권이 온전히 남아 있지 않아도 귀중본입니다.

과거제도와 시선집

《협주명현십초시》가 과연 어떤 책인지 알아보기 위해 시 한 편을 자세히 살펴보겠습니다. 신라 사람 박인범朴仁範의 시입니다. 본문은 명조체, 주석은 고딕체로 표시하겠습니다.

〈구성궁 회고九成宮懷古〉

《십도지十道志》에 따르면 수隋나라 인수궁仁壽宮이다. 《당서唐書》〈태종본기太宗本紀〉 6년 2월 무진일에 "구성궁에 갔다." 했고, 8년 경진일에 "구성궁에 갔다." 했다.

옛적 문황이 도읍을 정했을 때 　　　　　　憶昔文皇定鼎年

《당서》〈본기〉에 '태종 문황제太宗文皇帝'라고 했다. 《제왕세기帝王世紀》에 "무왕武王이 주왕紂王 대신 왕위에 올라 낙읍洛邑을 건설하고 도읍을 정했다." 했고, "성왕成王이 겹욕郟鄏에 도읍을 정하고 점을 치니 30대의 왕이 7백 년을 다스릴 운명이었다." 했다.

사방이 무사하여 산수에 노닐었네 　　　　　四方無事幸林泉

편종 소리는 안개 낀 하늘 너머 울리고 　　　歌鍾響徹煙霄外

《좌전左傳》에 "진 도공晉悼公이 위강魏絳에게 여악女樂 28인과 편종 1벌을 주었다." 했다.

호위병의 광채는 수목 앞에 또렷하네 　　　羽衛光分草樹前

강엄江淹의 시에 "호위병의 광채가 무성하네羽衛光葳蕤" 했다. 우위羽衛는 우보羽葆이니 천자를 호위한다.

옥 누각 금 섬돌에 푸른 안개 어울리고 　　玉樹金階靑靄合

푸른 누각 붉은 난간에 흰 구름 이어졌지 　　翠樓丹檻白雲連

교산의 달밤에 관과 검을 버린 일 생각하니 追思冠劍橋山月

《사기史記》〈한무제본기漢武帝本紀〉에 "무제가 교산에 있는 황제黃帝의 무덤에 제사를 지내고 물었다. '내가 듣기로 황제는 죽지 않았다는데 지금 무덤이 있으니 어째서인가?' 누군가 대답하기를 '황제가 하늘로 승천하자 신하들이 그 의관을 묻은 것입니다.'라고 하였다." 두보杜甫 시 "선제가 활과 검을 남겼네先帝弓劍遺"의 주석에 "황제를 교산 남쪽에 장사지냈다. 관은 비어 시신이 없고, 오직 검과 신만 남아 있었다." 했다.

영원토록 나그네들 전부 가슴 아프게 하네   千古行人盡慘然

주석은 시를 읽는 사람의 이해를 돕기 위한 것입니다. 우선 제목의 주석을 보겠습니다. '구성궁'이 수나라 인수궁의 다른 이름이라는 사실을 밝혔습니다. 당나라 태종이 두 차례 행차했다는 사실도 거론했습니다. 왜냐하면 이 시의 주인공이 당 태종이기 때문입니다.

첫 구의 주석은 '문황'이 당 태종을 가리키며, 원문의 '정정定鼎'이 도읍을 정한다는 뜻이라고 풀이했습니다. 셋째 구의 주석은 원문의 '가종'이 편종이라는 악기임을, 넷째 구의 주석은 '우림'이 천자의 호위병이라는 사실과 광채가 난다는 표현의 유래를 밝혔습니다. 마지막 주석은 교산에 검을 버렸다는 말을 풀이한 것입니다. 태곳적 황제가 승천하자 신하들이 빈 관과 그가 남긴 검을 묻고 무덤을 만들었다는 전설에서 유래한 표현입니다. 여기서는 당 태종의 죽음을 고상하게 말한 것입니다.

구성궁은 당나라 수도 장안 서쪽에 있는 별궁입니다. 박인범은 이곳에 와서 당나라 초기의 역사를 회상했습니다. 태종 황제가 태평성대를 이룩하고 이곳에서 쉬던 시절에는 늠름한 호위병에 둘러싸여 풍악을 즐겼을 것입니다. 화려한 건물과 아름다운 풍경이 어우러졌을 것입니다. 하지만 태종은 세상을 떠난 지 오래고 구성궁도 황폐해졌으니, 이곳을 지나는 나그네를 상심케 하리라는 내용입니다. 주석 덕택에 시에 함축된 의미를 파악할 수 있습니다.

《협주명현십초시》의 모체 《십초시》가 편찬된 10세기 무렵은 과거 제도가 시행된 시기입니다. 과거에 합격하려면 시를 잘 지어야 합니다. 과거 제도가 시행되고 오래지 않아 월과月課 제도가 시행되었습니다. 월과는 매달 시를 시어 바치게 하여 관원을 평가하는 제도입니다. 높은 평가를 받으려면 수준 높고 다양한 시를 수록한 시선집을 구해 공부해야겠지요. 《십초시》는 이러한 필요에 의해 편찬된 책입니다.

승려 자산이 《십초시》에 주석을 달아 《협주명현십초시》를 편찬한 14세기 초는 몽골과의 오랜 전쟁 끝에 평화가 찾아온 시기였습니다. 전쟁의 상흔은 아물어가고, 과거 제도 역시 정상적으로 시행되었습니다. 원나라와의 우호 관계에 힘입어 고려 사람들이 원나라 과거시험에 응시하기 시작한 것도 이 무렵부터입니다. 《협주명현십초시》의 편찬 역시 과거 시행과 무관하지 않았을 것입니다.

《협주명현십초시》가 조선 초기에 다시 간행된 것도 과거시험 때문이었습니다. 간행자 권람의 발문에 "지금 다시 진사과進士科를 설치하여 시부詩賦를 시험하니 배우는 자는 몰라서는 안 된다."고 했습니다. 본디 조선은 경전만으로 과거 시험을 보았으나, 1435년 시를 평가하는 진사시를 시행했습니다. 그러나 부정행위가 빈발한 탓에 한동안 폐지했다가 1452년 재개했습니다. 이 책이 간행된 바로 그 해입니다. 《협주명현십초시》는 과거 제도와 떼려야 뗄 수 없는 관계입니다.

사라진 책과 남은 책

《협주명현십초시》는 우리나라는 물론, 중국과 일본 학계도 주목하는 문헌입니다. 이 책 내용의 일부는 중국과 일본의 문헌에서 발견되지 않는 것이기 때문입니다. 원래 한중일 삼국 가운데 중국이 책을 가장 많이 만들었고, 이것이 한국과 일본으로 흘러들어갔습니다. 이 과정에서 뜻하지 않은 일들이 일어나곤 합니다. 중국에서는 인기를 끌지 못한 책이 한국과 일본에서는 인기를 끌고, 심지어 필독서로 자리잡기까지 합니다.《천자문》,《명심보감》,《고문진보》따위가 좋은 예입니다. 분명히 중국에서 만든 책인데 중국에서는 자취를 감추고, 한국과 일본에만 남아 있는 책도 있습니다. 한국에서 사라진 한국 책이 일본에서 발견되는 경우 역시 드물지 않습니다.

당나라 때 편찬된 문헌은 남아 있는 것이 드뭅니다. 당나라가 망한 뒤 오대십국五代十國의 혼란기를 거치며 적지 않은 문헌이 사라졌기 때문입니다. 하지만 그중 일부는 한국과 일본에 전해져 살아남았습니다. 우리나라는 이미 고려시대부터 희귀한 중국책이 많기로 유명했습니다.『고려사』에 따르면 1091년 송나라 사신이 중국에서 이미 없어진 책 129종의 목록을 주면서 고려에서 찾아달라고 요청했습니다. 고려에 희귀한 책이 많았다는 사실은 고려를 방문한 송나라 사람들이 입을 모아 전하던 이야기입니다.

《협주명현십초시》에는 당나라 시를 전부 모은《전당시全唐詩》에서도 찾아볼 수 없는 시가 100여 수에 가깝습니다. 중국에서는 이미 먼 옛날에 잊힌 시들입니다. 선집을 편찬할 때는 기존의 선집을 참고하기 마련이지만, 이 책은 그렇지 않았던 모양입니다. 이 100여 수는 기존의 어떠한 선집에도 보이지 않습니다. 따라서《십초시》의 편자는 당나라와 신라 시인의 문집을 일일이 찾아보고 마음에 드는 시를 뽑았던 것으로 보입니다. 이 시들은《협주명현십초시》의 존재에 힘입어 다시 세상에 드러났습니다. 시라고 가볍게 보아서는 곤란합니다. 당나라 시는 단순한 문학작품이 아니라 한 편, 한 편이 역사적 사실을 증언하는 사료이며, 당시의 문화를 전하는 귀중한 자료입니다. 중국과 일본의 학계에서《협주명현십초시》를 주목하는 이유가 이것입니다.

이뿐만이 아닙니다.《협주명현십초시》주석에 인용된 문헌은 150종이 넘습니다. 이중에는 지금 전하지 않는 문헌도 많습니다. 하나만 예를 들자면 중국판 로미오와 줄리엣이라는 양산백과 축영대의 러브 스토리를 담은《양산백축영대전梁山伯祝英臺傳》입니다. 이 책의 2부 3장에 소개한 '사랑의 역사《정사유략초》'에서 그 줄거리를 설명했습니다.《협주명현십초시》가 발견되기 전까지 양산백 이야기는 12세기 남송南末 무렵에 만들어진 것으로 알려져 있었습니다. 그러나《협주명현십초시》에 실려 있는 당나라 시에 이 이야기를 인용하였으므로, 양산백 이야기는 이미 당나라 때부터 유행했다는 사실을 알 수 있습니다.

당나라 문헌은 희귀하므로 한두 줄만 인용되어 있어도 가치가 높습니다. 게다가 지금 남아 있는 중국책은 대부분 송나라 이후의 판본인데,《협주명현십초시》에는 당나라 판본이 많이 인용된 것으로 추정됩니다. 오래된 문헌은 한 글자의 차이가 해석의 차이를 빚어내는 법,

사라진 문헌들의 흔적을 엿볼 수 있는《협주명현십초시》는 우리나라의 귀중본일 뿐만 아니라 동아시아의 귀중본입니다.

참고문헌

호승희, 《《십초시》의 자료적 이해와 편찬체제》, 《韓國漢文學硏究》 19, 한국한문학회, 1996.

芳村弘道, 〈朝鮮本《夾注名賢十抄詩》의 基礎的 考察〉, 《동아한학연구》 1, 고려대학교 한자한문연구소, 2005.

한국학중앙연구원, 《夾注名賢十抄詩》, 한국학중앙연구원, 2009.

1478년판 한국문학전집

《동문선 東文選》

문학소년·소녀의 탄생

 벽 하나를 가득 채우는 수백 권짜리 문학전집이 집안을 장식하던 시절이 있었습니다. 큰맘 먹고 할부로 들여놓은 집도 있고, 어디선가 물려받은 집도 있었습니다. 하지만 전집을 다 읽는 사람은 드물지요. 그래서 어떤 이는 문학전집의 유행을 지적 허영심과 과시욕의 산물이라고 비난하고, 어떤 이는 입시에 도움이 될 것이라는 막연한 기대에서 비롯된 현상이라 합니다. 하지만 교육전문가들은 문학전집이 입시에 별 도움이 되지 않는다고 하는군요.

 이유야 어쨌든 큰돈을 들여 문학전집을 구입했으니 부모는 자녀가 열심히 읽기를 바랄 것입니다. 하지만 뜻대로 되지 않습니다. 부모가 책을 멀리하는데 자녀가 책을 가까이할 리 없습니다. 결국 문학전집은 장식품으로 전락합니다.

 부모가 책을 멀리해도 자녀 중에는 감수성이 예민한 아이가 하나쯤 있기 마련입니다. 그 아이는 먼지를 뒤집어 쓴 채 꽂혀 있는 문학

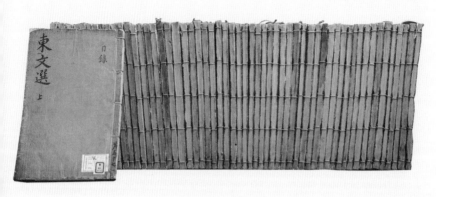

우리나라 문학전집의 전통은 《동문선》의 편찬에 이르러 규모와 수준에서 정점을 찍었다. (출처: 국립중앙도서관)

전집에 호기심을 갖고 꺼내 읽습니다. 어쩌다 운이 좋아 재미있는 책을 고르면 한 권이 두 권이 되고, 두 권이 세 권이 됩니다. 독서가 습관으로 자리 잡고, 또래 친구들보다 제법 많은 책을 읽게 됩니다. 이렇게 탄생한 문학소년과 소녀가 한둘이 아닙니다.

꼭 시인이나 소설가가 되지는 않더라도 문학전집을 읽어본 아이는 책을 가까이하는 어른으로 성장합니다. 어린 시절에 읽은 책에서 받은 감동은 평생 기억에 남습니다. 문학서는 교과서나 실용서가 주지 못하는 특별한 감동을 줍니다. 무엇보다 내가 아직 발을 들이지 않은 드넓은 문학의 바다가 존재한다는 사실을 알려준다는 것만으로도 문학전집은 할 일을 다한 셈입니다.

한국문학전집의 역사

한국문학전집은 1930년대에 처음 등장한 것으로 알려져 있습니다. 이때부터 전집 출판이 붐을 이루기 시작합니다. 서구의 문학 관념이 수입되면서 전통적인 우리의 문학을 새로운 관점에서 보게 되었기 때문입니다. 일제강점기라는 특수한 시대 상황에서 우리 문학의 존재와 가치를 알리려는 의도도 있었던 듯합니다.

해방 이후 문학전집의 인기는 더욱 높아졌습니다. 그 인기는 1970년대에 절정에 달했습니다. 어지간한 출판사는 전부 전집을 기획, 출판했습니다. 외판원은 전집을 팔기 위해 집집마다 찾아다니며 문을 두드렸습니다. 기성세대의 머릿속에 남아 있는 문학전집의 기억은 이때의 것입니다.

당시 유행한 전집은 크게 두 가지입니다. 세계 여러 나라의 문학작품을 모은 세계문학전집과 우리나라 것만 모은 한국문학전집입니다. 세계문학전집은 요즘도 여전히 인기입니다. 문학동네, 민음사, 열린책들을 비롯한 여러 출판사가 꾸준히 펴내고 있습니다. 홈쇼핑에서도 판매할 정도입니다. 반면 한국문학전집의 인기는 예전만 못한 듯합니다. 세계화 추세에 따라 언어와 문화의 장벽이 낮아지면서 문학의 국적이 불분명해지고 있기 때문이기도 합니다. 독자로서는 굳이 세계문학과 한국문학을 구분할 이유가 없습니다. 재미있으면 그만이지요.

우리나라 문학도 세계적인 관심을 받을 기회가 생긴다는 면에서는 바람직한 추세이기는 합니다. 실제로 세계적으로 권위 있는 문학상을 수상하거나 해외에서 인기를 끄는 우리 작가도 늘고 있지요. 다만 우리나라처럼 규모 있고 수준 높은 문학 전통을 가진 나라는 그리 흔치 않습니다. 이 점에서 우리 고전문학이 소외되는 것은 안타까운 일입니다. 이 점에서 '한국고전문학전집'이라는 이름으로 우리의 문학 전통을 살필 수 있는 책이 드물게나마 나오고 있다는 점은 다행입니다.

한국문학전집의 역사가 일제강점기에 시작되었다지만, 좀 더 거슬러 올라가면 우리에게는 고려시대부터 이어지는 유구한 문학전집의 전통이 있습니다.《동인지문東人之文》,《동국문감東國文鑑》따위가 그것입니다. 이 책들은 당시 우리나라 작가들의 작품만을 모은 것입니다. 엄밀히 따지면 전집이 아니라 선집에 속하지만, 어차피 문학전집이란 수많은 문학작품의 극히 일부를 뽑은 일종의 선집입니다. 우리나라 문학전집의 전통은 1478년《동문선》의 편찬에 이르러 규모와 수준에서 정점을 찍었습니다.

우리나라의 문학을 한데 모으다

《동문선》이라는 책이름은 중국의《문선文選》에서 따왔습니다.《문선》은 남북조 시대 양梁나라 소명태자昭明太子가 편찬한 시문선집입니다. 130여 명의 시문 8백여 편을 37개 문체로 나누어 엮었습니다.《문선》은 삼국시대부터 우리나라로 수입되어 널리 읽혔습니다.

《동문선》의 구성은《문선》과 비슷하지만, 분량은《문선》의 다섯 배입니다.《동문선》이후로도 우리나라 시문을 하나로 엮는 작업은 계속되었지만, 이만큼 방대한 책은 조선왕조가 막을 내릴 때까지 나오지 않았습니다.

《동문선》의 편찬은 1460년 세조의 명으로 시작되었습니다. 애초의 기획은 우리나라의 모든 시문을 한데 모으겠다는 것이었습니다. 하지만 현실적으로 모든 시문을 담을 수는 없는 법, 선별 작업은 불가피했습니다. 최종적으로 작가 550여 명의 작품 4천 3백여 편을 수록했습니다. 총 130권으로 목록만 3권에 달하는 방대한 분량입니다. 1518년, 속편 23권을 추가 편찬했습니다. 모두 조선 전기 간본이므로 귀중본 지격이 충분합니다.

《동문선》은 삼국시대부터 조선 초기까지 주요 문인과 작품을 총망라했습니다. 고구려의 을지문덕, 신라의 최치원, 고려의 김부식, 이규보, 이제현, 정몽주, 이색, 조선의 정도전, 권근, 변계량, 신숙주 등 기라성 같은 문인들이 가득합니다. 왕자의 난에 휘말려 죽은 정도전을 비롯하여 계유정난으로 희생된 성삼문, 박팽년 등은 당시까지 함부로 언급할 수 없는 인물이었으나 차별하지 않고 수록했습니다.

《동문선》은 문체별로 구성되어 있습니다. 모든 시문을 55종의 문체로 분류했습니다. 운문에 속하는 사辭, 부賦, 시詩, 국왕을 대신하여 짓는 정치 문서 조칙詔勅, 교서敎書, 제고制誥, 책문冊文, 외교 문서 표전表箋, 신하가 국왕에게 올리는 주의奏議, 차자箚子, 개인 간에 주고받는 서독書牘, 행사 및 공간에 관한 기록인 기記, 책머리에 두는 서序, 논설문에 해당하는 논論, 설說, 인물 전기에 속하는 전傳, 죽은 이를 애도하는 제문祭文, 애사哀詞, 불교 및 도교 행사를 위한 도량문道場文, 재사齋詞, 청사靑詞, 죽은 이의 인생을 서술한 행장行狀, 비명碑銘, 묘지墓誌 따위입니다.

《동문선》에 수록된 글은 지금의 관점에서 보면 문학에 속하지 않

서거정의 《동문선》 서문. 이 글은 한국문학의 독립선언문이다. "우리나라의 글은 송나라, 원나라 글도 아니고, 한나라, 당나라의 글도 아니다. 바로 우리나라의 글이다."(출처: 국립중앙도서관)

는 것도 많습니다. 그러나 과거에는 이런 글도 모두 문학에 포함되었습니다. 오히려 이런 글이 더욱 문학적 가치를 인정받았습니다. 오늘날 문학을 대표하는 소설 따위는 잡문 취급을 받았습니다. 다양한 형식과 내용의 글을 모두 문학에 포함한 덕택에 오늘날 우리는 《동문선》을 통해 우리의 역사와 문화를 총체적으로 파악할 수 있습니다.

《동문선》을 편찬한 시기는 조선이 개국한 지 100년도 못 되었을 때입니다. 아무래도 고려시대 작품이 가장 많습니다. 지금은 사라진 고려시대의 문헌이 대량 인용되어 있으므로 사료적 가치도 높습니다. 승려의 시문과 불교 및 도교의 색채가 강한 시문도 배제하지 않고 수록했습니다.《동문선》이후에 편찬된 선집들은 성리학적 관점에서 승려의 시문을 아예 배제했습니다.《동문선》은 유儒·불佛·도道 세 종교가 공존했던 우리의 과거를 그대로 보여줍니다.

명문의 조건

《동문선》은 신라와 고려, 조선 초기의 명문을 모은 책입니다.《표준국어대사전》에 따르면 명문이란 "뛰어나게 잘 지은 글"입니다. 여기에는 아무래도 미적 가치 판단이 개입되어 있습니다. 요컨대 많은 사람이 아름답다고 느끼는 글이 명문이라는 것입니다. 교과서에 실린 글은 대체로 명문입니다. 한국문학사에 족적을 남긴 위대한 문인들의 글이기 때문입니다. 이광수, 김동인의 글에는 시대를 초월한 아름다움이 있습니다. 소설가 김훈의 글도 미문美文으로 유명합니다. 명문의 핵심은 글 자체의 아름다움입니다.

그러나 명문의 사전적 정의에는 중요한 요소가 누락되어 있습니다. 그것은 글을 둘러싼 현실입니다. 현실을 외면한 글은 아무리 현란한 수사를 자랑해도 명문이 될 수 없습니다. 시대의 현실을 반영하고, 시대의 고민을 담고, 시대가 나아갈 방향을 모색한 글이 명문입니다.

《동문선》에 실려 있는 최치원의 〈황소를 토벌하는 격문檄黃巢書〉은 무려 8백만 명이 희생된 세계사적 사건을 배경으로 토벌군의 참모로 종군한 최치원이 지은 선전포고문입니다. 이방인 최치원은 이 한 편의 글로 중국 전역에 명성을 떨쳤습니다. 김부식은 〈삼국사기를 올리는 표문進三國史記表〉에서 한국 고대사의 이정표를 제시했고, 최해는 〈동인지문 서문東人文序〉에서 우리 문학의 수준을 세계에 당당히 과시했습니다.

이제현의 〈백주 승상에게 올리는 글上伯住丞相書〉은 세계 제국 원나라의 최고 권력자를 설득하는 내용의 글입니다. 이 글이 아니었더라면 고려는 원나라의 일개 행정 구역으로 전락했을지도 모릅니다. 이곡의 〈언관을 대신하여 공녀 선발의 중지를 청하는 글代言官請罷取童女書〉는 공녀로 선발된 여인과 그 가족의 처참한 모습을 구체적으로 묘사하여 공녀 제도의 혁파에 기여했습니다. 이존오는 〈신돈을 논죄하는 상소論辛旽疏〉라는 한 편의 상소를 통해 공민왕의 비선실세 신돈의 전횡을 폭로했습니다.

정도전의 〈불교의 윤회를 따지다佛氏輪回之辨〉는 신왕조의 이념적 지향을 보여주는 글이며, 정인지의 〈훈민정음 서문訓民正音序〉은 훈민정음 창제의 역사적 순간을 기록한 글입니다. 퇴계 이황의 〈성학십도를 올리는 차자進聖學十圖箚〉와 남명 조식의 〈을묘년 사직 상소乙卯辭職疏〉 두 편의 글에서는 사림士林이 득세하는 조선 중기 정치사에서 군주와 신하가 협력하고 갈등하는 모습을 엿볼 수 있습니다. 모두 그 시대의 첨예한 사안을 다룬 글입니다.

오늘날의 명문 역시 시대 현실과 밀접한 관련이 있는 글입니다. 유시민 전 장관이 옥중에서 쓴 항소 이유서(1984), 노무현 전 대통령의 대선 후보 수락 연설문(2002)이 현대의 명문으로 일컬어지는 이유는 무엇일까요. 역사와 현실에 대한 글쓴이의 인식과 신념이 설득력 있고 감동적으로 전해지기 때문입니다.

반드시 기성 질서에 비판적이어야 명문이 되는 것은 아닙니다. 1961년 5월 16일 새벽 라디오를 통해 전국으로 방송된 군사혁명위원회의 혁명공약, 20년 넘게 모든 학생이 뜻도 모르고 달달 외워야 했던 국민교육헌장(1968) 역시 우리 현대사의 단면을 여실히 보여주는 글입니다. 글이 전하는 메시지에 동의할 수 없더라도 시대를 대표하는 글이라는 사실은 부정할 수 없습니다. 명문이란 옳고 그름, 아름다움과 추함을 떠나 시대와 함께 호흡하는 글입니다.

전근대의 문학은 지극히 실용적이었으며, 그 자체로 고도의 정치 행위였습니다. 쉽고 재미있는 글이라고 할 수는 없겠지만, 한 편 한 편의 글에 내포된 역사적 의미는 결코 가볍지 않습니다. 이것이 《동문선》에 실린 글을 명문이라고 하는 이유입니다.

세계에 내놔도 부끄럽지 않은 문학

《동문선》은 1478년 을해자乙亥字로 처음 간행했습니다. 을해자는 1455년 주조된 금속활자인데, 그 뒤 100여 년 동안 《동문선》뿐만 아니라 《주자대전》, 《고려사》 등 거질의 책을 인쇄하는 데 자주 쓰였습니다. 금속활자의 평균 수명이 20~30년에 불과하다는 점을 고려하면, 을해자는 이례적으로 오랫동안 사용되었습니다. 그래서 을해자로 찍은 책도 많고, 을해자로 찍은 책을 복각한 책도 많으며, 을해자를 본떠 만든 목활자로 찍은 책도 많습니다. 이 때문에 판독이 헷갈리기 쉬운 활자이기도 하지요.

《동문선》은 을해자로 처음 간행된 이후, 1713년 새로운《동문선》(별본동문선)이 편찬될 때까지 약 9차례에 걸쳐 간행을 거듭했습니다. 그만큼 찾는 사람이 많고 요긴한 책이었다는 증거입니다. 적지 않은 분량인데도 이렇게 인기를 끌었다는 점은 이례적입니다. 게다가 후세에 길이 전할 국가기록물로 조선왕조실록과 함께 사고史庫에 보관되었습니다. 현재 국립중앙도서관에도 여러 종류의《동문선》이 소장되어 있으며, 이중 을해자본과 이를 복각한 목판본이 귀중본으로 지정되어 있습니다.

《동문선》의 전범이었던《문선》은 지금으로 치면 세계문학전집입니다. 당시 사람들은 중국과 그 이웃 나라들이 세계의 전부라고 생각했기 때문입니다. 그리고 한문으로 쓰인 글이 아니면 문학이 아니라고 여겼습니다. 따져보면 오늘날 세계문학전집도 여전히 유럽과 미국 작가 중심입니다. 동아시아 및 이른바 제3세계로 불리는 중남미와 아프리카의 문학이 세계문학의 범주에 들어온 지는 그리 오래지 않습니다.

이 점에서《문선》을 본떠《동문선》을 편찬했다는 사실은 의미심장합니다. 이 책의 편찬을 주도한 서거정은 서문에서 말했습니다. "우리나라의 글은 송나라, 원나라의 글도 아니고, 한나라, 당나라의 글도 아니다. 바로 우리나라의 글이다." 우리 문학의 수준이 세계 문학에 견주어도 손색없다는 자신감에서 나온 말입니다.

지금도 한국 문학은 세계 문학에 견주어도 손색없는 수준입니다.

노벨문학상을 타지 못했다고 아쉬워할 필요 없습니다. 시집과 소설책만 문학이 아닙니다. 가수 밥 딜런이 노벨문학상을 수상했듯이 노랫말도 문학입니다. 최근 한국의 가수들이 세계적 인기를 누리고 있습니다. 이뿐만이 아닙니다. 영화와 드라마도 문학입니다. 이야기를 담았기 때문입니다. 한국 영화는 오래 전에 세계적 수준임을 입증했고, 한국 드라마도 글로벌 온라인 동영상 서비스에 힘입어 세계 각지에서 인기입니다. 한국 문화콘텐츠의 인기는 하루아침에 만들어진 것이 아닙니다. 뿌리 깊은 문학 전통이 만들어낸 성과입니다.

참고문헌

김종철, 《동문선》 편찬의도와 그 실현양상〉, 《동방한문학》 23집, 동방한문학회, 2002.
안대회 외, 《한국산문선》, 민음사, 2017.
천정환, 〈한국문학전집과 정전화〉, 《현대소설연구》 37집, 한국현대소설학회, 2008.

3

퇴계는 과연 위대한 인물인가

《퇴계잡영 退溪雜詠》

지폐에 그려진 위인들

지폐에 위인의 초상화를 넣는 것은 세계 공통입니다. 우리나라는 천 원권에 퇴계 이황, 오천 원권에 율곡 이이, 만 원권에 세종대왕, 오만 원권에 신사임당의 초상화를 넣었지요. 예전 오백 원 지폐에는 이순신 장군의 초상이 있었습니다.

어느 위인이나 공과가 있다 보니, 과연 이 사람이 지폐에 들어갈 만한 인물인지 논란이 벌어지는 것도 세계 공통입니다. 세종대왕과 이순신 장군에 대해서는 별로 이견이 없어 보입니다. 하지만 나머지는 전부 논란거리입니다.

신사임당은 다른 인물들에 비해 무게감이 부족한 것이 사실입니다. 오만 원권에 신사임당의 초상을 넣기로 결정하자 여성단체들조차 현모양처를 상징하는 구시대적 인물이라며 반발했다지요. 퇴계와 율곡도 마뜩찮게 보는 사람들이 있습니다. 과연 이들의 업적이 무엇이냐는 것이지요. 이理가 어떻고 기氣가 어떻니 하는 그들의 학설이 다소 공허해 보이기는 합니다. 각기 남인과 서인의 대표자라는 점에서 당쟁을 연상시키기도 합니다. 이 같은 부정적 시각은 성리학이 결국 나라를 망쳤다는 선입견 때문인 듯합니다.

퇴계와 율곡 중 그나마 율곡은 내세울 점이 많습니다. 아홉 차례 과거시험에 모두 장원할 정도로 재능이 뛰어났고, 점차 격화하는 당쟁을 조정하기 위해 애썼습니다. 여진족인 니탕개尼湯介의 난이 일어나자 병조 판서로서 신속히 진압했다는 점도 무시할 수 없는 공로입니다. 특히 율곡이 주장한 '십만양병설'은 지폐 인물 선정 당시 군사정권의 구미에 맞았을 것입니다. 율곡은 학자로서도 큰 성과를 남겼지만, 유능한 관료이기도 했습니다.

퇴계는 다릅니다. 그는 30대 중반에 벼슬을 시작했고, 40대 초반에 이미 은퇴를 결심했습니다. 벼슬한 기간이 오래지 않으니 가시적 업적은 부족합니다. 그는 가급적 정치에 관여하지 않으려 했고, 사회 현안에 목소리를 낸 적도 없습니다. 그렇다면 퇴계는 어째서 위대한 인물일까요?

퇴계, 은퇴 후 시집을 내다

퇴계의 고향은 경북 예안현, 지금의 안동시 예안면입니다. 그는 46세 되던 1546년, 은퇴를 결심하고 고향에 양진암養眞菴이라는 작은 집을 지었습니다. 갑자기 벼슬을 그만두기 어려워 부득이 지방관으로 부임했지만 이마저 오래지 않아 그만두었습니다. 은퇴 준비는 그동안에도 착착 진행되었습니다. 한서암寒棲菴, 계산서당溪山書堂이 차례로 완

겸재 정선의 그림 〈계상정거도溪上靜居圖〉. 그림의 제목은 냇가의 조용한 거처라는 의미이다. 산 아래 작은 암자 안을 들여다보면 퇴계 선생이 조용히 책을 읽고 있는 모습이 보인다. (출처: 삼성박물관 leeum)

성되었습니다. 52세부터 3년 동안은 이례적으로 한양에 머물며 관직 생활을 했지만 그것이 마지막이었습니다. 이후로는 조정의 부름에 일절 응하지 않았습니다. 그가 완전히 은퇴한 뒤 마련한 새로운 터전이 도산서당, 지금의 도산서원입니다. 퇴계는 결국 이곳에서 여생을 마쳤습니다.

국립중앙도서관 소장 《퇴계잡영》은 퇴계가 은퇴를 결심한 1546년부터 세상을 떠나기 5년 전인 1565년까지 약 20년간 지은 시를 엮은 책입니다. 1576년 간행되었으며, 퇴계의 친필을 그대로 모각模刻하였으므로 귀중본입니다.

이 책은 '퇴계잡영退溪雜詠'과 '도산잡영陶山雜詠' 두 부분으로 이루어져 있습니다. '퇴계잡영'은 은퇴 후 처음 자리 잡은 토계천(현 안동 도산면 토계리)에서 지낼 때 지은 시를 모은 것입니다. 퇴계는 은거하면서 '토계'를 '퇴계'로 고치고 자신의 호로 삼았습니다. '도산잡영'은 도산서원 일대에 살면서 지은 시를 모은 것입니다. 퇴계와 도산은 직선거리로 겨우 1km 남짓이니, 한 공간에서 지은 것이라고 보아도 무방합니다. '퇴계'의 '계'와 '도산'의 '산'을 합쳐 '계산잡영'이라고도 합니다.

'퇴계잡영'에 48제 138수, '도산잡영'에 37제 116수, 합 85제 254수의 시가 실려 있습니다. 참고로 '제'는 제목, '수'는 작품 수입니다. 하나의 제목으로 여러 편의 시를 짓기도 하므로 제목 수와 작품 수에 차이가 있습니다. 현재 남아 있는 퇴계의 시가 2천 수가 넘는다고 하니,《퇴계잡영》은 퇴계 시 전체의 약 1/10에 해당합니다.

퇴계가 은퇴한 이유는 편안히 쉬기 위해서가 아니었습니다. 은퇴의 명분은 병 때문에 더 이상 벼슬할 수 없다는 것이었지만,《퇴계잡영》에 실려 있는 시들을 보면 꼭 그렇지만은 않습니다.

벼슬에서 물러나니 내 분수에 편안하지만	身退安愚分
학문이 퇴보하여 늘그막에 걱정스럽네	學退憂暮境
시냇가에 비로소 살 곳을 정하고	溪上始定居
흐르는 물을 보며 날마다 반성하네	臨流日有省

_ 이황,〈퇴계退溪〉,《퇴계잡영》

1550년 한서암에서 지었다고 알려진 시입니다. 분에 넘치는 벼슬에서 물러났으니 다행이지만 학문이 퇴보하는 것이 걱정스럽다고 하였습니다. 그래서 은거를 결심하고 흐르는 시냇물을 보며 날마다 반성합니다. 무엇을 반성하는 것일까요?

공자가 시냇물을 보며 이렇게 말한 적이 있습니다. "흘러가는 것이 이러하구나. 밤낮으로 쉬지 않는다." 《논어》에 나오는 이야기입니다. 퇴계는 시냇물이 밤낮으로 쉬지 않고 흐르는 것처럼 사람도 젊어서나 늙어서나 끊임없이 정진해야 한다고 보았던 것입니다. 이 시는 나이 들어 해이해지려는 자신에 대한 반성입니다. 퇴계가 학문과 수양에 집중하고자 은거를 선택했다는 사실을 확인할 수 있습니다. 환갑 무렵 지은 시에서는 이렇게 말했습니다.

늙은 내가 허송세월한 줄 잘 알겠구나　　　　老我極知蹉歲月
옛 책에서 깊은 이치 찾았으니 얼마나 다행인가　遺編何幸發潛幽
　　　　　　　　　　　_ 이황, 〈천연대天淵臺〉,《퇴계잡영》

퇴계는 은거하여 학문에 전념하면서 비로소 60년 인생을 허송세월했다는 사실을 깨닫습니다. 허송세월은 과장이겠지만, 퇴계는 만년에 들어서야 비로소 공부의 즐거움을 깨달은 듯합니다. 과거 급제를 위한 공부도, 벼슬을 얻기 위한 공부도 아닙니다. 더 나은 내가 되기 위해 공부하는 즐거움이었습니다.

《퇴계잡영》의 인기

《퇴계잡영》은 시집입니다. 퇴계 학문의 정수를 담은 책은 아닙니다. 어떤 이들은 퇴계의 시 한 편 한 편에 모두 깊은 의미가 담겨 있다고 하지만, 지나친 천착입니다. 퇴계의 사유가 자연스럽게 시에 녹아 들어갔다고 할 수는 있어도, 그가 어떤 의도를 가지고 시를 지었다고 보기는 어렵습니다. 이 점은 퇴계가 벗 이담李湛에게 보낸 편지에서 확인할 수 있습니다.

내가 지은 글과 시가 자네에게까지 알려졌다니 몹시 부끄럽네. 이건 원래 짓지 말았어야 하네. 산에 살면서 할 일이 없어 장난삼아 지어 웃고 즐긴 것뿐이네.…장난삼아 한 말이라 전부 이치에 맞지는 않을 것이니, 주먹과 발길질을 부를지도 모르겠네.

《퇴계잡영》은 퇴계가 멀리서 찾아온 친구들에게 보여주었다가 세상에 알려지게 되었습니다. 퇴계의 말대로라면 《퇴계잡영》에 수록된 시는 한가로이 지내면서 떠오르는 생각을 장난삼아 적어둔 것에 불과합니다. 다만 어느 정도 겸손이 섞인 발언이라는 점은 감안해야 합니다. 《퇴계잡영》은 퇴계가 성리학에 몰두하던 시기의 산물로서 성리학적 사유가 은연중에 드러납니다. 이 점은 비슷한 시기에 지은 《도산기陶山記》, 《도산육곡陶山六曲》도 마찬가지입니다.

《퇴계잡영》의 또 다른 특징은 퇴계의 친필을 모각模刻했다는 점입니다. 퇴계의 친필을 그대로 본떠 목판에 새기고 찍어낸 책이라는 말

퇴계가 은퇴 후 처음 자리 잡은 토계천에서 지낼 때 지은 시를 모은 시집 《퇴계잡영》. 퇴계의 친필을 모각했다. (출처: 국립중앙도서관)

입니다. 퇴계의 친필 원본이 지금 계명대 동산도서관에 소장되어 있는데, 국립중앙도서관 소장 목판본과 비교해 보면 제법 비슷해 보이기는 합니다.《도산기》와《도산육곡》역시 퇴계의 친필을 모각한 것으로 알려져 있습니다.

《퇴계잡영》은 퇴계가 세상을 떠나고 6년이 지난 1576년 여강서원廬江書院에서 처음 간행되었습니다. 여강서원은 1575년 퇴계를 기념하기 위해 안동에 세운 서원입니다. 1676년 사액賜額을 받아 호계서원虎溪書院으로 이름을 바꾸었습니다. 여강서원에서 처음 간행한 책이 다름아닌《퇴계잡영》이니, 그만큼 중요한 책이라는 것이지요. 1585년, 퇴계 제자 김성일이 전남 나주에서 이 책을 다시 간행했습니다. 최초 간행으로부터 십 년이 지나지 않아 다시 간행했다는 것은 책을 원하는 사람이 그만큼 많았다는 뜻입니다. 퇴계의 필적을 감상할 수 있다는 점은 그를 존경하는 사람들에게 은총과도 같았습니다. 이것이 《퇴계잡영》이 조선시대의 일반적인 시집과 다른 점이며, 퇴계 사후 간행을 거듭하며 조선 후기까지 인기를 끌었던 이유입니다.

퇴계가 위대한 이유는?

율곡은 29세 때 처음 관직에 나아가 49세로 죽을 때까지 20년 동안 대부분 관직에 있었습니다. 반면 퇴계는 34세에 처음 관직에 나아가 40대 초반에 이미 은거를 결심했습니다. 몇 차례 관직에 나아가긴 했지만 그의 뜻은 변하지 않았습니다. 퇴계는 일생의 대부분을 시골 구석에서 보냈습니다.

퇴계는 어째서 위대할까요? 퇴계를 존경하는 사람들에게는 불경한 질문일지도 모릅니다. 영남의 할아버지들에게 이런 질문을 던졌다간 호통을 들을 것입니다. 하지만 역사적 인물은 시대의 흐름에 따라 계속해서 재평가되어야 합니다. 따라서 우리는 계속해서 의심하고 질문해야 합니다. 퇴계는 어째서 위대한가? 퇴계의 생애와 저술은 오늘날 우리에게 무슨 의미가 있는가?

1570년 퇴계가 세상을 떠나자 그를 위대한 인물로 자리매김하는 사업이 추진되었습니다. 1575년, 도산서당은 사액을 받고 도산서원으로 승격되고, 1600년 우여곡절 끝에 《퇴계집》이 간행되었습니다.

1610년, 퇴계는 선조 임금의 묘정에 배향되었습니다. 특별한 신하로 인정받은 것입니다. 같은 해, 퇴계는 문묘에 배향되었습니다. 문묘 배향은 유학자로서 최고의 영광입니다. 하지만 이것이 그의 위대함을 증명하는 것은 아닙니다. 당시 그의 제자들이 정권을 잡고 있었다는 사실을 기억해야 합니다. 원래 문묘 배향은 정치적 색채가 강합니다. 조선 중기 이후 문묘에 배향된 인물이 서인 노론계 일색이라는 점에서도 알 수 있습니다.

퇴계의 문집은 그가 세상을 떠난 지 30년 만인 1600년 간행되었습니다. 그러니까 그때까지 퇴계의 학문이 무엇인지 아는 사람은 그에게 직접 가르침을 받은 제자와 그 제자에게 배운 재전제자再傳弟子 정도에 불과했을 것입니다. 퇴계의 문집이 간행된 뒤에도 그걸 읽어본 사람은 그리 많지 않았을 것입니다. 조선시대의 일반적인 문집 간행 부수를 생각하면, 퇴계의 친척과 제자가 아니면 문집을 구해보기는 어려웠을 것입니다. 그들도 퇴계에 대해서 제대로 알지 못했을 것입니다. 천 원권 지폐에서 늘 얼굴을 보면서도 그를 제대로 알지 못하는 지금의 우리와 같습니다.

퇴계가 고매한 인격자이자 우수한 학자였다는 점은 분명합니다. 퇴계가 인격자였다는 사실을 알려주는 일화는 많습니다. 정신질환을 앓는 아내를 죽을 때까지 돌봤다는 이야기, 과부가 된 며느리를 재가시켰다는 이야기, 형편없는 식사도 맛있게 먹었다는 이야기, 노비의 자식을 살리려다 결국 증손자를 잃은 이야기, 뭐 다 감동적인 이야기입니다. 하지만 그것이 지폐에 들어갈 이유가 되지는 못합니다. 인격에 점수를 매길 수는 없는 법, 퇴계가 다른 유학자보다 월등한 인격자라고 말하기는 어렵습니다. 누가 함부로 인격의 우열을 논하겠습니까.

퇴계가 다른 유학자들보다 학문적으로 우수했다고 말하기도 어렵습니다. 퇴계가 활동하던 시기는 주희의 성리학이 조선 사회에 완전히 정착하기 전입니다. 학문적 수준을 따지자면 퇴계보다 퇴계 이후의 유학자들이 우월합니다. 퇴계의 오류를 지적한 이들도 드물지 않습니다. 퇴계는 수십 종의 저술을 남겼지만 그의 저술은 주자학의 이해를 돕기 위한 책이지, 독창적인 사상을 담은 책은 아닙니다. 퇴계는 애당초 독창적인 사상을 만들 의도가 없었습니다.

퇴계가 위대한 점은 조선을 성리학의 나라로 만든 선구자였기 때문입니다. 성리학은 고려 말기에 수입되었지만 퇴계 이전까지는 이해가 부족했습니다. 그때까지 학자들이 접근 가능한 성리학 책은 《사서집주》, 《근사록》이 고작이었으니 당연합니다. 성리학을 집대성한 주희의 저술이 본격적으로 수입, 간행된 시기가 바로 퇴계가 활동할 무렵입니다.

퇴계가 은퇴를 결심한 1543년, 주희의 저술을 종합한 《주자대전》이 조선에서 처음 간행되었습니다. 퇴계는 이 책에 심취했습니다. 그가 은퇴를 결심한 이유가 이 책을 본격적으로 연구하기 위해서라는 견해도 있습니다. 그 결과, 퇴계의 주자학 이해는 당시 조선에서 독보적인 수준에 올랐습니다. 퇴계는 주자학의 '얼리어답터'였습니다.

'유교망국론'을 신봉하는 사람이라면 조선을 성리학의 나라로 만든 퇴계야말로 망국의 원흉이겠지요. 하지만 생각해봅시다. 조선은 과연 유교 때문에 망했을까요? 기독교를 국교로 삼은 로마가 멸망했다

1575년 퇴계를 기념하기 위해 안동에 세운 여강서원은 1676년 사액을 받아 호계서원으로 개칭되었다.(출처: 문화재청)

고 해서 기독교를 망국의 종교라고 하지는 않습니다. '유교망국론'은 역설적이게도 '불교망국론'을 주장한 조선시대 유학자들과 같은 논리입니다. 그들은 늘 말했습니다. "고려는 불교 때문에 망했다." 고려 말기에 불교가 타락한 것은 사실입니다. 승려의 정치 관여, 사찰의 토지 겸병, 그 밖에도 많은 문제가 있었습니다. 망국의 요인이었던 것도 사실입니다. 하지만 이 때문에 '불교는 망국의 종교'라고 하지는 않습니다. 다른 종교도 마찬가지입니다.

종교와 이념의 타락은 망국의 요인입니다. 그렇다고 그 종교와 이념을 추종한 모든 역사를 부정할 수는 없습니다. 무엇보다 망국의 죄는 종교와 이념의 '타락'에 있습니다. 종교와 이념 자체는 죄가 없습니다. 현실을 도외시하고 경직된 이념만 추구하는 풍조가 조선 망국의 한 가지 요인이라고 할 수는 있겠지요. 그렇다고 유학을 국시로 삼은 조선 역사 전체를 부정적인 시선으로 볼 필요는 없다고 생각합니다.

퇴계 이후 조선 유학자들의 성리학 이해는 비약적으로 향상되었습니다. 전국 각지에 서원이 세워지고 향약이 보급되기 시작한 것도 그 덕택입니다. 성리학적 이념에 입각한 사회 질서가 뿌리를 내리면서 양반부터 천민까지 모든 사람이 윤리와 도덕이 무엇인지 알게 되었습니다. 모든 종교와 이념이 그렇듯 성리학도 나중에는 여러 가지 폐단을 낳았지만, 당시에는 사회가 필요로 하는 이념으로서 그 역할을 다했습니다. 퇴계가 심어놓은 씨앗이 맺은 결실이었습니다.

참고문헌

송재소, 〈퇴계의 은거와 「도산잡영」〉, 《퇴계학보》 110집, 퇴계학연구원, 2001.

이장우, 장세후, 《퇴계잡영 - 이황, 토계마을에서 시를 쓰다》, 연암서가, 2009.

이장우, 장세후, 《도산잡영 - 퇴계, 도산서당에서 시를 읊다》, 연암서가, 2013.

장세후, 〈退溪와 《退溪雜詠》〉, 《퇴계학보》 84집, 퇴계학연구원, 1994.

4

수석합격자의 모범 답안 모음집

《동국장원책 東國壯元策》

조선시대의 논술, 책문

세상에 여러 가지 시험이 있지만, 그중에서 가장 어려운 것은 뭐니 뭐니 해도 논술이 아닌가 합니다. 객관식이나 단답형은 달달 외우거나 운이 좋으면 맞힐 수도 있지만, 논술은 그렇지 않기 때문입니다. 주어진 문제를 읽고 이해한 뒤, 자기 의견을 논리정연하게 설명하여 남을 설득할 수 있어야 합니다. 벼락치기로는 어렵습니다. 독서와 토론, 사색과 글쓰기가 생활화된 사람만이 논술을 잘할 수 있습니다. 대입 시험과 각종 국가고시에서 논술을 중시하는 이유가 이것입니다.

논술은 조선시대 과거시험에서도 중요했습니다. 문신 관료를 선발하는 문과는 초시初試, 회시會試, 전시殿試 3차에 걸쳐 치러집니다. 이 가운데 마지막 관문인 전시에서 출제된 것이 책문策文인데, 오늘날의 논술에 해당합니다. 조선시대 책문은 주로 정치 현안에 대한 의견을 묻는 내용입니다. 응시자는 경전과 역사를 근거로 제시하고, 현안을 분석하여 해결책을 제시해야 합니다. 책문을 얼마나 잘 쓰느냐에 따

《동국장원책》과 비슷한 유형의 책문 기출 문제집. 책문은 당락을 가르지는 않으나 합격 순위를 결정한다. (출처: 국립중앙도서관)

라 최종 합격자 순위가 결정됩니다.

논술은 서론, 본론, 결론, 또는 기승전결의 구성을 따라야 한다지만, 반드시 그런 것은 아닙니다. 일반적인 구성 방식을 따르지 않아도 얼마든지 좋은 글이 될 수 있습니다. 논술은 정답이 없습니다. 정답이 없다는 점은 논술을 준비하는 사람 입장에서 오히려 난감합니다. 그래서 필요한 것이 기출 문제의 모범 답안입니다. 기출 문제의 모범 답안은 정답 없는 문제의 답안을 작성하는 데 많은 도움이 됩니다. 책문의 모범 답안을 모은 책이 많은 것도 이 때문입니다.

국립중앙도서관에는 조선 초기 장원급제자의 책문을 모은《동국장원책》, 중종 때부터 선조 때까지의 모범 책문을 모은《동책정수東策精粹》, 책문 작성 요령을 설명한《책문준적策文準的》, 정조 임금이 출제한 책문 문제를 모은《어제책문御製策問》을 비롯하여 중국 책문 모음집까지 수십 종의 책문 관련 문헌이 소장되어 있습니다.

장원급제자의 답안지

《동국장원책》은 1396년부터 1447년까지 시행된 과거 시험의 장원급제자 답안지를 모은 책입니다. 권두에 갑집甲集이라는 기록이 보이므로 후속편에 해당하는 을집乙集, 병집丙集 등이 계속 간행되었을 것이라 추측할 수 있는데, 실제로 서울대학교 규장각과 고려대학교 중앙도서관 등지에《동국장원책》을집과 병집이 소장되어 있습니다. 조선 개국 이래 1500년대 초기의 답안까지 망라되어 있으므로 16세기 전반에 간행된 것으로 추정됩니다.

이 책을 간행한 활자는 1455년 주조한 을해자乙亥字를 모방해서 만든 목활자木活字입니다. 조선 전기에 간행한 책인데다 활자본이므로 귀중본의 자격은 충분합니다. 앞서 이야기했듯이 활자본은 애당초 많은 수량을 간행하지 않습니다. 따라서 시기가 비슷하면 활자본이 목판본보다 희귀합니다. 조선 전기 활자본은 어디를 가도 귀중본 대접을 받습니다.

국립중앙도서관 소장《동국장원책》갑집에는 1396년 장원급제자 김익정金益精부터 1447년 장원급제자 이승소李承召까지 25명의 답안지

《동국장원책》은 1396년부터 1447년까지 시행된 과거 시험의 장원급제자 답안지를 모은 책이다. (출처: 국립중앙도서관)

총 26편이 실려 있습니다. 이중 4편은 차석의 답안입니다. 장원 못지않게 좋은 답안이기에 실린 모양입니다.

3년마다 정기적으로 치르는 식년시式年試의 답안이 가장 많고, 경사를 기념하는 증광시增廣試, 성균관 유생을 대상으로 하는 알성시謁聖試, 국왕이 직접 시험하는 친시親試, 이미 과거에 급제한 관원을 대상으로 다시 보는 중시重試의 답안도 있습니다. 답안을 작성한 장원급제자 중에는 최초의 집현전 대제학 변계량卞季良, 사육신의 한 사람인 하위지河緯地, 훈민정음 해례본 서문을 지은 정인지鄭麟趾도 있습니다. 정인지는 문과에도 장원급제하고 중시에서도 장원급제하였으므로 그의 답안지는 2편이 실려 있습니다.

연도별로 문제와 답안이 함께 실려 있습니다. 문제는 '왕은 다음과 같이 말한다.^{王若曰}'라는 구절로 시작되고, 답안은 '신은 이렇게 들었습니다.^{臣聞}' 또는 '신이 대답하겠습니다.^{臣對}'라는 구절로 시작됩니다. 문제의 분량은 250자, 답안의 분량은 1천여 자가 보통이지만, 긴 것은 두 배가 넘습니다. 한문을 우리말로 바꾸면 4배 정도 늘어납니다. 그러니 조선시대 논술은 지금 글자 수로 1천 자가량의 문제를 읽고, 4천 자가량의 답안을 작성해야 하는 것입니다. 참고로 오늘날 대입 논술 답안은 많아야 2천 자입니다.

다음 질문에 답하시오

책문에 출제된 문제는 어떤 것일까요? 지문이 장황하지만 요약하면 이렇습니다. '정치와 학문의 관계에 대해 논하시오.' '현재 국가의 제도 중 개혁이 시급한 것을 논하시오.' '역대 군주들이 우선한 정책과 현재 우선해야 할 정책을 논하시오.' '인재를 발굴하고 활용할 방법을 논하시오.' '역대 교육 정책을 서술하고 오늘날 교육의 주안점을 논하시오.' '역대 군사 제도를 서술하고 우리나라 군사 제도의 개선 방안을 제시하시오.' '성군이 다스린 지 얼마 안 되어 반란이 일어나고 나라가 혼란해지는 이유는 무엇인가.' '경전에 서로 모순되는 내용이 있는 이유는 무엇인가.' 모두 답하기 쉽지 않은 문제입니다. 제대로 답하려면 엄청난 공부가 필요합니다.

책문은 당시 정책의 쟁점을 반영하기 마련인데, 이 책은 조선 초기에 만들어진 것이라 그런지 제도에 관한 내용이 많습니다. 제도 마련과 정비의 필요성 때문으로 보입니다. 당시 국정 현안이 출제되는 경우도 있습니다. 1426년(세종8)에 출제된 문제는 함경도 경원부慶源府의 국방 대책을 묻는 문제였습니다.

요순堯舜 같은 성군도 반드시 급선무를 먼저 하였으니, 이는 맹자孟子의 격언이다. 정치를 하면서 급선무를 먼저 하지 않으면 모두 구차할 뿐이다. 지금 우리나라는 태조 대왕께서 하늘의 명을 받아 나라를 세웠고, 우리 태종 대왕의 신성한 공덕은 천고에 탁월하다. 예의로 큰 나라를 섬기자 황제가 지극한 정성을 가상히 여겼고, 의리로 이웃나라와 교류하자 다른 나라들이 복종하여 조야가 평화롭고 백성이 안도한 지 이제 40년이 되었다. 내가 왕위에 올라 밤낮으로 두려워하며 감히 편안히 쉬지 못하고 오랫동안 편안히 다스릴 방법을 생각하였다. 그런데 함길도 경원의 일에 대해서는 할 말이 많다.

어떤 이는 공험진公嶮鎭 남쪽은 나라의 옛 땅이니 군사와 백성을 두어 강역을 지켜야 한다고 말한다. 어떤 이는 경원 고을이 삼면으로 적에 둘러싸이고 백성이 드물어 지키기 어려우며, 그 땅은 좁아 많은 백성이 살 수 없으니 경원의 수비를 중지하고 경성鏡城으로 옮겨야 한다고 말한다. 어떤 이는 경원에 군사를 두는 것이 태종의 법이니 고칠 수 없다고 말한다. 이 세 가지 중에 어느 것이 옳고 어느 것이 그른가?

여연閭延과 강계江界는 여진의 땅과 이웃하여 그들이 왕래하며 양식을 요구하지 않는 때가 없다. 요구하는 대로 주자니 그들의 끝없는 욕심을 채울 길 없고, 저들이 바라는 것을 얻지 못하면 반드시 원한이 생겨 변경에서 문제를 일으킬 것이다. 어떻게 해야 그들이 위엄을 두려워하고 은혜

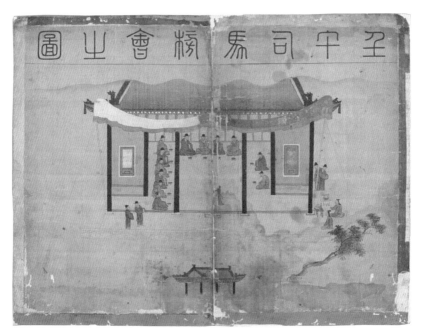

과거합격자 동기모임인 방회를 개최한 장면을 그린 〈임오사마방회지도〉. 1582년(선조 15) 사마시 합격자들이 1634년 개최한 방회다.(출처: 한국학중앙연구원)

를 감사히 여겨 백성이 모두 안도하겠는가?

이는 모두 오늘날의 급선무이고 과인이 듣고 싶은 것이다. 그대들은 경전과 역사에 통달하고 정치의 요체를 알 것이니, 지금의 급선무를 자세히 연구하였을 것이다. 마음을 다하여 대답하라. 그 밖의 현재 정치의 잘못과 민생의 근심도 숨김없이 말하여 조언을 구하는 내 뜻에 부응하라.

경원부는 본디 여진의 땅이었으나 태종 때 이곳을 정복하여 관청을 설치하고 백성을 이주시켰습니다. 그러나 여진의 침입이 끊이지 않아 이곳을 지켜야 한다는 주장과 버려야 한다는 주장이 대립했습니다. 세종은 이 문제를 책문으로 출제하여 응시자들의 의견을 물은 것입니다.

이 문제는 책만 많이 읽는다고 답할 수 있는 문제가 아닙니다. 역대 여러 나라의 국방 정책을 예로 들면서 장단점을 논할 수 있어야 하고, 당시 조선 변방의 사정에도 밝아야 합니다. 게다가 참신하면서도 실현 가능성 있는 대안을 제시해야 하니, 조선시대 책문은 오늘날 어느 시험의 논술 못지않게 이려웠을 것입니다.

책문에 답하기 위해서는 경전과 역사에 해박해야 합니다. 경전은 국가 운영의 원칙으로 오늘날의 법률에 해당하며, 역사는 국가 정책의 성공과 실패를 보여주는 일종의 사례집입니다. 경전과 역사에 대한 이해를 바탕으로 당면한 국가적 사안을 논하는 책문은 국가 운영을 위한 인재를 선발하는 방법으로 손색이 없습니다. 실무 교육이라고는 한 번도 받지 않은 선비들이 과거에 급제하고 하루아침에 관직에 올라서도 별 탈 없이 업무를 수행할 수 있었던 것도 이 때문입니다.

과거 급제에 매달린 조선 선비들의 공부가 실천보다 이론 위주이며, 경전과 역사에 얽매여 창조와 혁신을 기대하기 어려웠던 것도 사실입니다. 하지만 그것은 교육의 본질적인 한계이기도 합니다. 오늘날에도 여전히 교육은 과거의 지식을 습득하는 데 주안점을 두고 있습니다. 교육으로 습득한 과거의 지식을 오늘날 활용하는 것은 결국 각자의 몫입니다.

과거는 창의적인 인재를 뽑는 시험이 아니다

앞서 본 1426년 함경도 경원부의 국방 대책을 묻는 시험에서 수석을 차지한 사람은 황보량皇甫良입니다. 그의 답안지를 보겠습니다.

신이 듣기로 나라를 다스리는 도리는 인仁이 제일이고, 변방을 방비하는 방법은 의義가 제일입니다. 나라를 다스리면서 인에 근본을 두지 않으면 지극한 다스림을 이룰 수 없고, 변방을 방비하면서 의를 따르지 않으면 적절한 대책을 다할 수 없습니다. 인을 지키면서 의를 따라야 나라를 다스리는 도리가 바로서고 변방을 방비하는 방법을 얻습니다.

…아, 학문이 얕은 신이 짧은 시간에 올리는 말로는 참으로 성상께 아뢰기 부족합니다. 비록 그렇지만 어리석은 신이 인과 의를 가지고 오랑캐를 복종시키고 백성을 편안히 하는 방도로 삼았으며, 또 성상의 질문에 따라 백성을 은혜로이 기르는 것이 어진 정치의 근본이라 말씀드립니다. 삼가 바라건대 성상께서는 신이 형편없는 사람이라는 점을 잊고 살펴주소서. 신은 지극히 황송한 마음을 견디지 못하겠습니다.

주어진 문제는 구체적이지만 답안은 추상적입니다. 답안지의 내용을 요약하자면 '인의仁義가 중요하다'는 것입니다. 국방 대책이라고는 별로 언급이 없습니다. 경원은 선왕 때부터 지키던 곳이니 군민이 합심하여 지켜야 한다는 말뿐입니다. 실질적인 대책이라야 한漢나라 문제文帝와 후한後漢 광무제光武帝의 사례를 언급했을 뿐입니다. 그런데

김홍도가 모당慕堂 홍이상洪履祥(1549~1615)의 일생을 그린 여덟 폭 병풍 〈모당홍이상공평생도慕堂洪履相公平生圖〉 가운데 과거급제 장면. 급제자의 거리 행진 유가遊街를 묘사한 그림이다. (출처: 국립중앙박물관)

이 답안지가 수석입니다. 뭔가 이상합니다.

혹자는 책문으로 출제된 문제가 구체적이고 실질적이었으므로 조선시대 교육도 통념과 달리 실용적이었을 거라고 주장합니다. 오해입니다. 문제가 구체적이고 실질적이었던 것은 사실이지만 답은 그렇지 않았습니다. 하기야 경전과 역사책만 공부하던 선비가 실무를 어떻게 알겠습니까. 노련한 관원들도 어쩌지 못한 실무적 문제를 해결할 창의적인 대책은 출제자 입장에서도 기대하지 않았을 것입니다. 출제 의도는 따로 있었습니다.

조선시대 과거시험은 창의적인 인재를 뽑기에 적합한 시험은 아니었습니다. 수많은 폐단에도 불구하고 과거 제도를 유지한 이유는 무엇일까요. 과거 제도의 궁극적 목표는 인재 선발이 아닙니다. 체제의 유지와 안정입니다. 책문에서 사회 문제 해결방안을 질문한 의도 역시 반드시 개혁 방안을 찾겠다는 의도는 아니었던 듯합니다.

쉽게 설명하지요. 회사 면접에서 이런 질문이 나옵니다. "회사 내부조리를 발견하면 어떻게 할 것인가?" 정답은 무엇일까요? 아마도 "회사 내 경로를 통해 해결하겠다."일 것입니다. 요컨대 상관에게 보고하거나 관련 부서에 알리는 것이지요. 만약 지원자가 "소송으로 해결하겠다.""언론에 제보하겠다."라고 대답하면 어떻게 될까요? 아마 탈락일 겁니다. 회사는 회사를 뒤집어놓을 사람을 찾는 것이 아닙니다. 회사를 안정시키고 유지할 사람을 찾는 것입니다.

과거 제도의 시행은 혁명을 위한 것이 아닙니다. 체제 유지와 안정을 위한 것입니다. 만약 누군가 체제의 안정을 흔들 수 있는 급진적 개혁안을 주장한다면, 그 사람은 반드시 배제됩니다. 조선시대 과거시험 답안지를 보면 아무리 질문이 현실적이라도 대답은 대체로 천편일률적입니다. 체재의 안정을 흔들지 않는 범위 내에서 사회 문제를 해결하려면 결국 답변은 일반론이 될 수밖에 없기 때문입니다.

국가와 기업 모두 창의적인 인재를 뽑고 싶다고 말합니다. 하지만 저는 묻고 싶습니다. 그들은 정말 창의적인 인재를 원할까요? 그들의 기득권을 위협하는 인재를 곁에 둘 자신이 있을까요? 그들이 구축한 질서를 뿌리 채 흔들 인재를 감당할 수 있을까요? 만약 그럴 자신이 없다면 그들이 원하는 것은 창의적인 인재가 아니라 그저 말

잘 듣는 사람에 불과합니다. 창의적인 인재가 없다고들 말하지만, 인재가 없는 것이 아닙니다. 인재를 알아보는 능력과 포용하는 문화가 없는 것입니다.

참고문헌

이상욱, 〈조선 후기 대책(對策) 형식의 역사적 추이〉,《열상고전연구》44집, 열상고전연구회, 2015.
김동석, 〈朝鮮時代 試券 研究〉, 한국학대학원 박사학위논문, 2013.

5

문화 외교의 기록

《황화집 皇華集》

활짝 핀 꽃이여

'황화집'이라는 책 제목은《시경詩經》에 실려 있는〈황황자화皇皇者華〉
라는 시에서 따온 것입니다. 이 시의 첫머리는 이렇습니다.

활짝 핀 꽃이여,	皇皇者華
저 언덕과 습지에 있도다	于彼原隰
달려가는 나그네여,	駪駪征夫
늘상 늦을 것처럼 생각하네	每懷靡及

온갖 꽃이 만개한 들판을 지나가는 나그네가 있습니다. 잠시 멈춰
꽃구경이라도 할 법한데, 나그네는 눈 돌릴 겨를도 없이 달려가기 바
쁩니다. 어째서일까요. 나그네는 임금의 명령을 받고 먼 길을 가는 사
신使臣이기 때문입니다. 이로 인해 활짝 핀 꽃 '황화'는 사신을 의미하
게 되었습니다. 그리고 '황화집'은 명나라 사신과 그를 맞이하는 조선

249

《황화집》은 조선과 명나라 두 나라의 우호를 입증하는 문헌으로서 조선 관원과 명나라 사신이 주고받은 시를 모아 편찬한 책이다. (출처: 국립중앙도서관)

관원이 주고받은 시를 모은 책을 가리킵니다.

명나라와 조선은 사신 왕래가 잦았습니다. 조선 측에서는 매년 새해를 축하하는 하정사賀正使, 황제와 황후의 생일을 축하하는 성절사聖節使, 천추사千秋使를 정기적으로 파견했습니다. 이 밖에 경사가 생기면 진하사進賀使, 고마운 일이 있으면 사은사謝恩使, 부탁할 일이 있으면 주청사奏請使를 별도로 파견했습니다.

반면 명나라 측에서는 특별한 일이 있을 때만 사신을 보냈습니다. 게다가 그중 상당수는 조선 측의 필요에 의해 보내는 사신이었습니다. 새로 즉위한 조선 국왕을 책봉한다거나, 세상을 떠난 조선 국왕을 조문하는 사신 따위입니다. 요컨대 중국과의 사신 왕래에서 늘 아쉬운 건 조선 쪽이었다는 말입니다. 명나라를 대국으로 섬기는 사대

외교의 현실에서는 그럴 수밖에 없었습니다. 조선 측에서 명나라 사신을 각별히 대접하며 그들과 주고받은 시를 모아 《황화집》을 편찬한 이유입니다.

본디 사신의 임무는 외교입니다. 그런데 외교문서도 아니고 시를 엮어 책으로 만든 이유는 무엇일까요. 시를 주고받는 행위 자체가 외교의 일환이었기 때문입니다. 시는 먼 옛날 춘추시대부터 외교에 활용되었습니다. 공자는 말했습니다. "《시경》 3백 편을 외우고도 외국에 사신으로 가서 혼자서 대응하지 못한다면 많이 외운들 무슨 소용이 있겠는가." 춘추시대 각국의 외교관들이 《시경》에 실려 있는 시를 인용하여 완곡히 의사를 전달했기 때문에 이렇게 말한 것입니다. 같은 문화를 공유하고 있었기에 가능한 일이었습니다.

명나라 사신과 조선 관원이 시를 주고받을 수 있었던 것도 같은 문화 덕택입니다. 두 나라가 동일한 한자문화권으로 한문 고전의 유산을 공유했기 때문입니다. 명나라와 조선은 언어가 달랐지만 문자는 같았습니다. 말은 통하지 않아도 문자로 소통이 가능했습니다. 조선 관원은 명나라 사신과 시를 주고받음으로써 '우리도 명나라와 같은 문화를 공유하는 나라다.' '우리는 명나라의 세계 질서에 복종하는 나라다.'라는 의사를 전하는 한편, '우리도 수준 높은 시를 짓는 문화강국이다'라는 사실을 자랑했습니다. 시를 주고받는 행위는 조선이 명나라가 주도하는 세계질서에 동조하는 동맹국이자 명나라와 같은 문화를 공유한 문명국이라는 사실을 확인하는 것이었습니다. 《황화집》은 두 나라의 우호를 입증하는 문헌입니다.

시 짓기에 목숨을 걸었던 이유

시를 주고받는 행위를 수창酬唱이라고 합니다. 중국 사신과의 수창은 특별히 황화수창皇華酬唱이라고 합니다. 조선이 황화수창을 얼마나 중요하게 여겼는지는 각종 문예정책에서 확인할 수 있습니다.

조선의 문예정책은 전적으로 황화수창을 위해 마련된 것이라 해도 과언이 아닙니다. 젊고 능력 있는 문신을 선발하여 휴가를 주고 글짓기에 전념하게 하는 시가독서세賜暇讀書制, 관원들에게 달마다 작문 숙제를 부여하는 월과제月課制는 모두 황화수창에 대비하기 위한 것이었습니다. 과거시험에서 경전 이해를 시험하는 생원시보다 작문 능력을 시험하는 진사시가 더 높은 평가를 받았던 것도 이 때문이며, 국가의 문예정책을 총괄하는 대제학이 가장 영예로운 관직으로 손꼽혔던 것도 대제학이 중국 사신과의 수창을 주관했기 때문입니다. 시를 잘짓지 못하면 출세는 글러먹은 것입니다. 이러니 시 짓기에 목숨을 걸지 않을 도리가 없었겠지요.

황화수창의 중요성은 출판정책에서도 확인할 수 있습니다. 조선초기에는 우수한 시를 모은 시선집詩選集과 시 짓는 방법을 설명한 시학서詩學書를 국가 주도로 간행했습니다. 당나라 시인 두보杜甫의 시를 우리말로 번역한 《두시언해杜詩諺解》 같은 책을 국가에서 편찬한 것도, 수많은 중국 시인들의 시집을 국가에서 간행한 것도 황화수창을 위해서입니다.

가끔 우리나라 문인의 문집도 국가에서 간행해 주었습니다. 개인문집은 대개 후손이 간행하기 마련인데, 국가에서 간행한 것은 그 문집에 실린 시문을 모범으로 삼아 배우라는 뜻이었겠지요. 황화수창이 막을 내린 조선 후기에는 찾아보기 어려운 일입니다. 조선은 황화수창에 모든 문화역량을 쏟아 부었습니다.

명나라 사신이 오면 조선 관원이 의주義州에서부터 맞이하고 함께 한양으로 오게 됩니다. 이 과정에서 중도에 있는 명승지에 들러 잔치를 열고 시를 수창합니다. 대동강과 한강에서는 성대한 뱃놀이를 벌이기도 했습니다. 여기서도 수창은 빠지지 않습니다. 한양에 도착하면 명나라 사신은 국왕을 만나 황제의 조서를 전달합니다. 국왕은 며칠씩 잔치를 벌여 사신들의 노고를 위로합니다. 잔치자리에서도 수창이 이루어집니다.

사신이 귀로에 오르면 조선 관원은 그들을 전송하기 위해 왔던 길을 되짚어 의주까지 동행합니다. 돌아가는 길에도 수창은 계속되지요. 명나라 사신이 국경을 넘어가면 조선 관원의 임무는 비로소 끝이 납니다. 조선 측에서는 사신이 입국할 때부터 출국할 때까지 주고받은 시를 모두 모아 《황화집》을 엮었습니다.

고작 시 짓는 게 뭐 그렇게 대단한 일일까 싶지만, 당시로서는 국가의 위신이 걸린 문제였습니다. 명나라 사신과 조선 관원은 수창을 통해 은근히 국가적 자존심을 겨루었습니다. 명나라 사신은 조선 관원을 곤란하게 만들려고 미리 많은 시를 지어오거나 어려운 시를 지어보라고 했고, 조선 관원은 첩보전을 방불케 하는 작전으로 명나라 사신이 어떤 시를 지을지 몰래 알아보기도 했습니다.

1582년 외교 현장의 기록

명나라 사신이 한 번 오면 한 권의《황화집》이 만들어집니다.《황화집》은 1450년(세종32)을 시작으로 1633년 마지막 사신이 다녀갈 때까지 20여 차례 만들어졌습니다. 국립중앙도서관에는 여러 종의《황화집》이 소장되어 있는데, 가장 오래된 것은 1488년(성종19)에 간행된 것입니다. 15세기에 간행된 책으로 전하는 것이 드물기 때문에 귀중본으로 지정되어 있습니다.

이 글에서 소개하는《황화집》은 이보다는 한 세기 늦게 간행되었지만 역시 보기 드문 귀중본입니다. 1582년(선조15) 황태자 탄생 소식을 전하기 위해 파견된 명나라 사신 황홍헌黃洪憲, 왕경민王敬民과 조선 관원들이 주고받은 시를 엮은 책입니다. 사신을 국경에서부터 맞이하는 원접사遠接使는 다름 아닌 율곡이었습니다.

도학자로서의 명성에 가려졌지만, 율곡은 9차례 과거 시험에서 모조리 장원을 차지한 탁월한 문장가이자 유능한 실무관료였습니다. 그가 영접의 총책임을 맡았습니다. 중국 사신 맞이하는 게 뭐 그리 대단한 일이냐고 생각할지도 모르겠습니다만, 지금도 의전은 공무원의 중요 업무입니다.

원접사가 국경에서 사신을 모시고 한양으로 오면, 한양에서는 관반사館伴使가 접대를 전담합니다. 당시 관반사는 정유길鄭惟吉이었습니다. 이미 여러 차례 명나라 사신을 맞이한 경험이 있는 베테랑이었습니다. 이 밖에 시문에 뛰어난 관원을 각별히 선발하여 종사관從事官으로 삼았습니다. 박순朴淳, 허봉許篈, 고경명高敬命, 유성룡柳成龍, 심수경沈守

慶 등 내로라하는 문인들이 총출동했습니다. 당대 최고의 문인들이 오직 황화수창을 위해 한 자리에 모였던 것입니다.

첫머리에 정유길의 서문이 있습니다. 황화수창의 중요성을 강조하며 "《황화집》은 비단 우리나라의 보물일 뿐만 아니라 장차 천하 후세에 영원히 전할 것이다."라며 그 가치를 한껏 강조했습니다. 이어서 중국 사신과 조선 사신이 주고받은 시가 실려 있습니다. 중국 사신이 먼저 지으면 조선 사신이 따라 짓는 형식입니다.

평양의 기자묘箕子廟를 시작으로 연광정練光亭, 부벽루浮碧樓, 백상루百祥樓 등 연로의 경치 좋기로 이름난 누정에서 지은 시, 대동강과 한강에서 뱃놀이를 하며 지은 시, 경복궁 경회루에서 잔치를 벌이며 지은 시가 있습니다. 중국 사신들이 조선에 입국하기 전, 요동 지역에서 지은 시도 함께 실려 있습니다. 공자의 신위를 모신 성균관 문묘는 중국 사신의 필수 방문지였는데, 여기서 지은 시를 소개합니다.

문묘를 알현하다謁文廟

_ 왕경민

도덕의 교화가 동국으로 흘러	道化流東國
예나 지금이나 숭배한다네	追崇自古今
학교에 공자와 맹자 의젓하니	學宮儼洙泗
구이에 살려던 마음 위로하리라	應慰九夷心

차운次韻

_이이

사당의 모습은 항상 예전과 같고	廟貌恒如昨
오늘날까지 정결히 제사를 지내네	精禋式至今
이 나라가 누추하다 말하지 말라	休言此邦陋
살고자 했던 마음 기억해야 하네	須識欲居心

왕경민은 문묘에 모신 공자와 맹자를 비롯한 여러 유학자들의 신위를 보고서 조선이 유학을 숭상하는 나라라는 사실을 새삼 확인했습니다.《논어》에 실려 있는 다음 이야기가 저절로 생각났을 것입니다.

공자는 혼란한 중국에 진저리가 나서 구이九夷로 가서 살고 싶다고 말했습니다. 누군가 공자에게 물었습니다. "누추한 곳인데 어떻게 살려고 하십니까?" 공자가 대답했습니다. "군자가 산다면 무엇이 누추하겠는가." 자기가 가서 살면서 그곳 사람들을 교화하겠다는 뜻이었습니다.

사실 구이가 어디인지는 정확하지 않습니다. 중국 동쪽 이민족이 거주하는 지역으로만 알려져 있습니다. 하지만 조선 사람들은 구이가 한반도를 가리킨다고 굳게 믿었습니다. 왕경민도 같은 생각이었나 봅니다. 조선 사람들이 이렇게 공자를 존경하고 있으니, 이곳에 살고자 했던 마음에 위안이 될 것이라고 했습니다. 율곡은 여기서 한 걸음 나아갑니다. '그러니 조선을 과소평가하지 마라. 공자도 살고자 했던 곳이다.' 문명국이라는 자부심을 은근히 드러냅니다.

조선왕조 역대 국왕의 신위를 모신 종묘 정전.

말미에는 황홍헌이 율곡에게 보낸 편지들을 첨부했습니다. 그는
율곡의 시가 "마음이 참되고 글재주가 뛰어나다情眞詞麗"며 높이 평가했
습니다. 실록에 따르면 황홍헌은 율곡의 학문과 인품에 감동하여 항
상 '율곡선생'이라고 불렀다는데, 이 책에 실린 편지에서도 확인할 수
있습니다.

문화 외교의 종말

1633년 명나라 사신 정룡이 조선을 방문했습니다. 그를 마지막으
로 조선과 명나라의 사신 왕래는 완전히 끊기고 말았습니다. 1644년
명나라가 멸망하고, 청나라가 천하의 주인이 되었기 때문입니다.

조선은 청나라를 상국으로 섬기는 사대관계를 유지했습니다. 명나라 때와 마찬가지로 수많은 사신이 양국을 오갔습니다. 하지만 서로 시를 주고받는 일은 없었습니다. 치욕적으로 청나라와 사대 관계를 맺은 조선 입장에서는 사이좋게 시를 주고받을 상황이 아니었기 때문입니다.

수창이란 같은 문자를 사용하는 같은 문화권의 사람들끼리 가능한 행위입니다. 청나라도 한자문화권에 속하지만, 어쩔 수 없이 청나라에 굴복한 조선은 청나라와 같은 문화권이라는 사실을 인정하지 않았습니다. 그들은 어디까지나 '오랑캐'였으니까요. 때문에 중국 사신과의 수창은 명나라의 멸망과 함께 막을 내렸습니다. 아울러 시에 대한 국가의 정책적인 관심과 지원도 예전만 못해졌습니다.

사실 두 나라 사람들의 만남이 아름답지만은 않았습니다. 대부분의 중국 사신은 노골적으로 뇌물을 요구했습니다. 사신이 한 번 왔다가면 국고가 텅 빌 지경이었습니다. 금강산을 구경하고 가겠다며 생떼를 부리는 사신을 달래느라 애를 먹기도 했지요. 그들이 만행을 저질러도 조선 측으로서는 비위를 맞추지 않을 수 없었습니다.

보기에 따라서는 굴욕적인 외교 관계라고 할 수도 있습니다. 그렇지만 이러한 노력 덕택에 조선은 명나라와 외교 관계를 맺은 사반세기 동안 원만한 관계를 유지했습니다. 조선이 중국으로부터 별다른 간섭을 받지 않고 독립국의 위상을 유지했던 것은 순전히 외교의 힘이었습니다. 명나라 사신과의 수창은 원활한 국교 유지에 기여했으며, 조선의 높은 문화 수준을 과시하여 그들에게 깊은 인상을 남겼습니다. 《황화집》은 조선의 능수능란한 '문화 외교'를 증명하는 문헌입니다.

참고문헌

김기화, 〈皇華集의 編纂과 版本〉, 경북대학교 박사학위논문, 2008.

김덕수, 〈조선문사와 명사신의 수창(酬唱)과 그 양상〉, 《한국한문학연구》 27집, 한국한문학회, 2001.

안장리, 《《皇華集》쇠퇴의 이유와 의미〉, 《열상고전연구》 15집, 열상고전연구회, 2002.

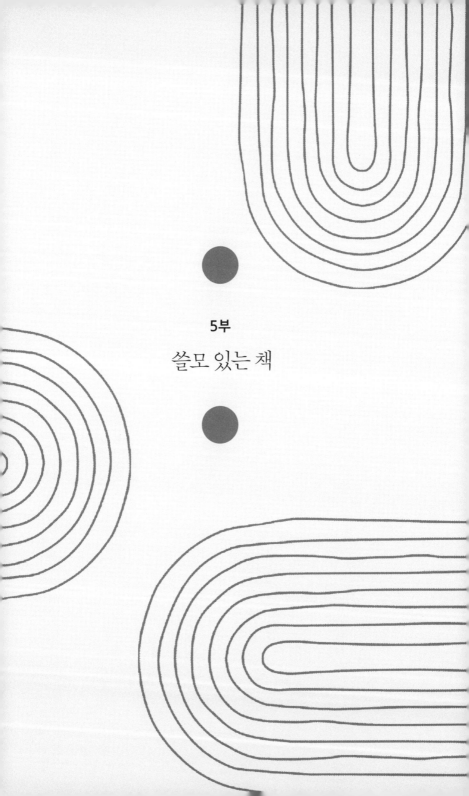

5부

쓸모 있는 책

1

매사냥의 바이블
《응골방 鷹鶻方》

고기를 찾아라

고기는 맛있습니다. 지나친 육식은 건강과 환경에 좋지 않다지만 맛있는 건 사실입니다. 그래서 예나 지금이나 사람들은 고기를 찾습니다. 찾는 사람이 많으면 가격이 오르고, 가격이 오르면 먹기 어렵습니다. 옛날에는 더했지요. '고기 먹는 사람^{肉食者}'은 귀족을 의미했습니다.

옛날 우리나라 사람들은 무슨 고기를 먹었을까요? 소는 농사를 지어야 하니 먹을 수 없습니다. 농업국가 조선은 소의 식용을 원칙적으로 금지했습니다. 돼지고기는 어떨까요? 놀랍게도 옛날에는 돼지가 소보다 비쌌습니다. 소는 풀만 먹여도 기를 수 있지만 돼지는 사람이 먹는 곡식을 먹기 때문입니다. 쇠고기도 귀했지만 돼지고기는 더 귀했습니다. 지금 우리가 삼겹살을 실컷 먹을 수 있는 건 덩치가 크고 성장속도가 빠른 외래종을 대량 사육한 덕택입니다.

그나마 자주 먹을 수 있는 것이 닭고기였습니다. 그렇지만 오늘날 치킨 시켜 먹듯 쉽게 먹을 수 있는 건 아닙니다. 한 집에서 키울 수 있는 닭은 잘해야 몇 마리뿐입니다. 특별한 날에만 먹는 음식이지요. 소, 돼지, 닭이 이렇게 귀했으니 다른 고기는 알 만합니다. 말은 군수물자였고, 양은 별로 없었고, 개는 1년에 한 번 먹을까 말까였습니다.

그런데도 양반들의 밥상에는 고기가 끊이지 않았습니다. 어떻게 그게 가능했을까요? 산짐승이 많았기 때문입니다. 조선시대의 산에는 호랑이도 있고 멧돼지도 있고 사슴도 있었습니다. 다만 호랑이나 멧돼지를 잡으려면 목숨을 걸어야 하고, 사슴은 조심성이 많고 잽싸서 잡기 어렵습니다. 그나마 흔하고 잡기 쉬운 것이 꿩이었습니다. 양반들의 밥상에 오르는 고기는 대부분 꿩고기였습니다.

꿩을 어떻게 잡았을까요? 순식간에 푸드득 날아가는 꿩을 활로 쏘아 맞추기는 쉽지 않습니다. 장전부터 격발까지 몇 분씩 걸리는 당시의 조총으로 잡는 것도 무리입니다. 그래서 동물을 이용했지요. 꿩의 천적, 매를 이용한 '매사냥'입니다.

매사냥의 역사

매사냥은 중앙아시아에서 시작되었다고 합니다. 지금도 아랍의 부호들은 취미삼아 매사냥을 합니다. 우리나라는 삼국시대부터 매사냥을 했습니다. 고구려 고분벽화에서도 매사냥하는 모습을 찾아볼 수 있습니다. 백제의 아신왕과 신라의 진평왕은 매사냥 마니아였습니다. 고려시대에는 응방^{鷹坊}을 설치하여 매를 관리했고, 이것이 조선

18세기 문인 화가 심사정의 그림으로서 토끼를 잡는 매의 모습이 사실적으로 묘사되어 있다. (출처: 국립중앙박물관)

초기까지 이어졌습니다. 조선 태조와 태종, 심지어 성군으로 이름난 세종도 매사냥을 즐겼습니다. 매사냥은 왕과 귀족들의 스포츠였습니다. 그러나 매사냥을 즐겼던 연산군이 왕위에서 쫓겨나면서 스포츠로서의 매사냥은 점차 사라지고, 고기를 얻기 위한 방법으로 자리잡았습니다.

왕실은 매사냥꾼 응사鷹師에게 꿩고기의 납품을 맡겼습니다. 응사는 꿩고기를 바치고 쌀을 대가로 받았습니다. 국왕에게는 날마다 세 마리를 바치고, 왕비, 세자, 세자빈, 왕세손에게는 두 마리, 그 밖의 왕자와 공주들에게는 한 마리를 바쳤습니다. 이 밖에 명절용과 제사용으로 따로 바치는 것도 상당한 수량입니다. 숙종 때 국가에 등록된 매사냥꾼만 1,800명이었습니다.

우리나라 매는 품종이 우수하기로 유명했습니다. 이미 고려시대부터 중국에 공물로 바쳤고, 조선 후기에 와서는 일본의 요구로 증정하거나 매매했습니다. 조선통신사는 늘 수십 마리의 매를 배에 싣고 일본으로 건너갔습니다. 민간에서도 매사냥이 활발했습니다. 사냥 잘하는 매는 높은 값에 거래되었습니다. 매사냥꾼은 일제강점기까지도 전국적으로 활동했다고 합니다.

이처럼 매사냥 문화가 발달했으니, 관련 서적의 편찬이 이어진 것도 당연한 결과입니다. 가장 이른 시기에 나온 것이 고려시대 사람 이조년李兆年의 《응골방》입니다. 국립중앙도서관과 서울대 규장각에 소장되어 있는데, 규장각본은 1930년 조선총독부 서고에 소장된 안정복 소장본을 베낀 것입니다. 조선총독부는 1927년부터 이듬해까지

《응골방》의 본문과 겉표지. 본문의 왼쪽은 매의 외모에 관한 자세한 설명이 실려 있는 〈응색편〉, 오른쪽은 매를 사냥할 때 주의사항을 담은 〈조방후잡리식〉이다. 《응골방》은 우리나라 매사냥 문화의 수준을 증명하는 귀중본이다. (출처: 국립중앙도서관)

안정복의 장서 99종 235책을 수집했는데, 여기에 《응골방》이 포함되어 있었습니다. 이 책들은 해방 후 국립중앙도서관으로 이관되었습니다. 현재 국립중앙도서관에 소장된 《응골방》이 바로 조선총독부에서 수집한 안정복 소장본입니다. 역시 필사본입니다. 누구 글씨인지도 알 수 없고, 필사한 시기도 알 수 없습니다. 하지만 내용이 고려시대의 저술로서 전하는 것이 드물기 때문에 귀중본으로 지정한 것으로 보입니다.

이조년의 《응골방》에 이어, 안평대군安平大君, 1418-1453의 《고본응골방古本鷹鶻方》, 이염李爓, 1518-1553의 《신증응골방新增鷹鶻方》 등이 차례로 편찬되었습니다. 이 책들은 우리나라 매사냥 문화의 수준을 증명하는 귀중한 자료입니다. 이 책들은 모두 필사본인데 일본에도 전해졌습니다. 일본은 우리나라 매사냥에 관심이 많았습니다. 1932년 일본의 궁내성宮內省 식부직式部職에서 《방응放鷹》이라는 책을 편찬했습니다. 이 책에 실려 있는 '조선방응사朝鮮放鷹史'에는 우리나라 매사냥의 역사가 자세합니다.

매를 길들이는 방법

《응골방》의 첫머리는 〈응색편鷹色篇〉입니다. 매의 외모에 관한 설명입니다. '몸통에 대해서論形體', '부리에 대해서論觜喙', '다리에 대해서論足', '깃털에 대해서論羽色', '성질에 대해서論天質'의 다섯 항목으로 구성되어 있습니다.

외모를 보는 이유는 좋은 매를 고르기 위해서입니다. 목은 곧고 눈은 커야 하며, 가슴은 넓고 하체는 좁아야 합니다. 부리가 길고 푸르며 혀가 까만 놈이 좋습니다. 발가락 사이가 넓고 가운뎃발가락이 길며 가슴털이 붉은 놈이 좋습니다. 날개는 특히 자세히 보아야 합니다. 매는 목욕을 좋아하고 연기를 싫어하니 주의해야 합니다.

'사식飼食'은 먹이 주는 방법입니다. 매는 아무 고기나 먹지 않습니다. 깨끗이 씻고 잘게 찢어 주어야 합니다. 못생긴 수탉, 고양이가 잡은 쥐, 두더지 따위는 먹이지 말아야 합니다.

'양순養馴'은 길들이는 방법입니다. 매를 잡으면 다리를 끈으로 묶고 물부터 떠먹여야 합니다. 놀라서 속이 타기 때문이지요. 이어서 사람 없는 어두운 방에 놓고 먹이를 줍니다. 잘 먹으면 손으로 직접 먹이를 주며 차츰 길들입니다. 살아 있는 꿩의 다리에 줄을 묶어 매 앞에 풀어놓아 사냥 연습도 시킵니다.

'교습敎習'은 훈련하는 방법입니다. 매의 종류에 따라 다른 짐승으로 훈련시켜야 합니다. 본격적으로 사냥을 할 수 있게 되면 풀어주는데, 처음에는 너무 자주 풀어주지 말아야 합니다. 매가 지치기 때문이지요. 지치고 갈증이 나는 것 같으면 얕은 개울가에 앉힙니다. 그러면 알아서 꼬리를 담가 열을 식힙니다.

'조방후잡리식調放後雜理式'은 매사냥할 때의 주의사항입니다. 배가 부르면 사냥을 하지 않으니 먹이를 조금만 주어야 합니다. 반대로 공복이면 감기에 걸리기 쉬우니 주의해야 합니다. 매사냥은 봄가을이 좋지만, 바람 없고 볕이 따뜻하면 눈 쌓인 겨울에도 사냥을 할 수 있다고 합니다.

이 밖에 매의 건강상태를 관찰하는 법, 상처를 입거나 먹이를 먹지 않을 때의 응급처치법, 치료약 제조법 등이 실려 있습니다. 치료약은 용뇌원龍腦元, 주사산朱砂散, 황연산黃連散, 수은산水銀散, 조각탕皁角湯 등으로, 인삼이나 사향처럼 귀한 재료도 들어갑니다. 매가 사나워서 말을 듣지 않으면 구운 소금 한 덩이를 고기에 섞어 먹이면 된다고 합니다. 이 책의 내용이 얼마나 과학적인지는 따져봐야 하겠지만, 오랜 관찰과 경험에서 나온 것은 분명합니다. 《응골방》은 매사냥에 관한 모든 것이 실려 있는 매사냥의 바이블입니다.

육식과 채식의 갈림길에서

매는 잡기도 어렵거니와 길들이기는 더욱 어렵습니다. 이 책에서 시킨 대로 매 한 마리를 길들이려면 몇 달이 걸릴 겁니다. 어렵사리 길들이더라도 오래 써먹지 못합니다. 강재항姜再恒, 1689~1756의 〈매 기르는 사람 이야기養鷹者說〉에 따르면, 사냥용 매는 짧으면 1~2년, 길어야 3~4년 안에 죽거나 달아난다고 합니다. 매사냥이 이렇게 어려우니 고기 맛 한 번 보기가 쉬울 리 없습니다. 운 좋게 고기반찬이 나오면 한 점 한 점 소중히 곱씹었겠지요.

지금도 고기는 싸지 않지만 옛날만큼은 아닙니다. 공장식 대량사육에 힘입어 많은 사람들이 비교적 쉽게 고기를 먹을 수 있게 된 것은 분명 다행입니다. 공장식 대량사육이 비인도적이라지만, 그 덕택에 얼마나 많은 사람이 혜택을 보았는지도 생각해 봐야 합니다.

최근에는 육식을 죄악시하는 움직임마저 나타나고 있습니다. 축산업이 엄청난 양의 탄소를 배출하여 지구온난화를 부채질한다는 것입니다. '비건'을 자처하는 사람도 늘고 있습니다. 그들의 선택을 존중합니다. 다만 축산업이 지구온난화에 미치는 영향이 어느 정도인지는 전문가들도 의견이 갈립니다. 채식만으로 충분한 영양을 얻을 수 있을지도 의문입니다. 가능하다는 주장도 있지만, 아직은 소수의견입니다. 절대 다수의 의사가 '골고루 먹기'를 권장합니다.

채식이 생명을 위하는 길이라는 주장에도 문제가 있습니다. 채식의 기원은 고대 인도-중앙아시아 지역입니다. 그들은 모든 생명이 윤회한다고 생각했습니다. 동물을 먹는 건 사람을 먹는 거나 마찬가지

김준근 《기산풍속도첩》. 매 사냥을 가는 장면이 정밀하게 묘사되어 있다. (출처: 함부르크민족학박물관)

라고 믿었지요. 하지만 식물은 윤회에서 제외됩니다. 불교의 육도윤회에도 식물은 포함되지 않습니다. 그들은 식물을 생명으로 간주하지 않았습니다. 그래서 마음 놓고 먹었던 것입니다.

지금은 과학의 발달로 식물도 생명이라는 사실을 누구나 알고 있습니다. 비명을 지르지 않고 피가 튀지 않는다고 생명이 아닌 것은 아닙니다. 아삭거리는 소리가 식물의 비명이고 상큼한 채즙과 과즙이 식물의 피입니다. 육식은 악이고 채식은 선이라는 관념은 생명을 차별한다는 비판을 피하기 어렵습니다. 지구상의 모든 생명은 다른 생명의 희생을 필요로 합니다. 육식이 악이라면 채식도 악이고, 채식이 선이라면 육식도 선입니다.

채식이 생명과 환경을 덜 해치는 길이라는 점은 인정할 수 있습니다. 전 세계인이 모두 비건이 될 수는 없겠지만, 육식을 줄이는 방향으로 가는 것은 맞겠지요. 그렇다면 우리가 가야 할 미래는 어떤 모습일까요? 해답을 찾기 위해서는 과거를 돌아보아야 합니다.

우리나라에서 가축 대량사육이 본격화한 시기는 1970년대입니다. 그 전까지 우리의 식생활은 조선시대와 큰 차이가 없었습니다. 당시 밥상은 곡물과 채소 위주였습니다. 고기는 구경하기 어려웠지요. 닭은 귀한 손님이 왔을 때나 잡는 것이었고, 계란조차 귀했습니다. 어쩌다 돼지라도 잡으면 동네잔치가 벌어집니다. 일 년에 몇 번 없는 일이었습니다.

부족한 단백질을 보충하기 위해 아이들은 벌레도 잡아먹고 개구리도 잡아먹었습니다. 조금 큰 아이들은 무리지어 토끼를 사냥했습니다. 복날에는 개를 잡아먹었지요. 개고기를 먹는다고 욕할 것 없습니다. 당시 사람들의 육류 섭취량은 지금 사람과 비교할 수 없을 정도로 낮았습니다. 생활도 친환경적이었지요. 우리는 그들을 비난할 자격이 없습니다.

육식을 줄이면 우리가 먹는 동물의 종류는 늘어날 수밖에 없습니다. 어떤 사람은 '육식을 줄이면서 동시에 식용으로 삼는 동물의 종류도 줄여야 한다.'고 주장하는데, 이건 동전을 던지고서 앞면과 뒷면이 함께 나오기를 바라는 것입니다. 고기가 귀해지면 사람들은 종류를 가리지 않을 것입니다. 야생동물이라도 잡아먹겠지요. 인수공통전염병의 감염 확률도 높아집니다. 전 세계가 하나로 연결된 지금, 펜데믹으로 확대될 가능성도 큽니다.

공장식 대량사육을 죄악시하곤 하지만, 관리 가능한 공장식 대량사육을 중지하면 도축장에서 벌어지는 일보다 훨씬 끔찍한 일이 우리 주위에서 벌어질 수도 있습니다. 동물의 피와 비명이 난무하는 도축장은 인간이 만든 지옥임에 분명합니다. 하지만 도축장이라는 지옥을 없애겠다고 온 세상을 지옥으로 만드는 것이 과연 옳은 일일까요.

저는 묻고 싶습니다. 우리는 매사냥으로 꿩을 잡던 조선시대로 돌아갈 준비가 되어 있을까요? 벌레도 주워 먹고 개구리도 구워 먹고 토끼도 사냥하고 개도 잡아먹던 60년대로 돌아갈 수 있을까요? 그럴 수는 없겠지요. 그렇다면 우리가 가야할 길은 축산업을 없애는 길이 아니라 축산업의 탄소배출량을 줄이고, 동물의 고통을 가급적 줄이는 길입니다.

참고문헌

김방울, 〈매사육과 매사냥을 위한 지침서,《응골방(鷹鶻方)》의 여정〉,《무형유산》 8집, 국립무형유산원, 2020.

박성종, 〈李兆年의《鷹鶻方》에 나타난 吏讀文 作品에 대하여〉,《국어국문학》 148, 국어국문학회, 2008.

이승민, 〈조선 후기 일본과의 매 교역과 그 의미〉,《한일관계사연구》 45, 한일관계사학회, 2013.

2

굶주림과의 전쟁

《중간구황활민보유서 重刊救荒活民補遺書》

굶주리는 사람이 없도록

단군 이래 이 땅에 사는 사람들의 가장 큰 고민거리는 굶주림이었습니다. 자연재해로 농사를 망치면 굶는 수밖에 없었습니다. 대표적인 구황작물인 감자와 고구마는 조선 후기에 들어왔습니다. 그전까지는 기근이 들면 먹을 것이라곤 나무껍질과 풀뿌리뿐이었지요. 이마저 없으면 흙을 먹었습니다. 심하면 사람을 잡아먹는 사태도 벌어졌습니다. 전 인구의 10% 가까운 사람이 죽었다는 1670년의 경신대기근 같은 참사가 빈번히 일어났습니다. 우리만 그랬던 것이 아닙니다. 세계적인 현상이었습니다. 심지어 2차 세계대전 당시 가장 치명적인 무기는 기아였으며 이 때문에 적어도 2천만 명의 사망자가 발생했다는 기록도 있습니다.

기근이 들면 굶어 죽는 사람이 늘어나는 것으로 끝나지 않습니다. 면역력이 약해지니 전염병이 돌고, 날씨가 추우면 얼어 죽을 위험도 커집니다. 먹을 것을 찾아 농토를 버리고 정처 없이 떠도는 사람이 늘어납니다. 그러면 이듬해 농사도 기약할 수가 없습니다. 기근이 기근을 초래하는 것입니다. 늘어난 유랑민은 사회불안을 야기합니다. 범죄가 만연하고, 경우에 따라서는 체제를 위협하는 반란으로 비화합니다. 이 때문에 동서고금을 막론하고 모든 나라는 기근을 심각한 문제로 인식하고 대책 마련에 분주했습니다.

중국 상해에서 양자강을 따라 120km 정도 거슬러 올라가면 강음江陰이라는 도시가 나옵니다. 명나라 때 이곳에 주웅朱熊이라는 사람이 살고 있었습니다. 어떤 사람이었는지는 자세하지 않습니다. 제법 공부를 한 것 같지만 과거에 합격한 기록도, 벼슬한 기록도 없습니다. 분명한 건 엄청난 부자였다는 사실입니다.

1441년, 대기근이 닥치자 주웅은 곡식 4천 섬을 기부하여 수많은 백성을 구했습니다. 그 공로로 황제의 표창도 받았지요. 하지만 주웅은 만족하지 않았습니다. 기근은 앞으로도 반복될 것이며, 그때마다 부유한 사람에게 기댈 수는 없는 노릇입니다. 마침《구황활민救荒活民》이라는 책이 그의 눈에 들어왔습니다. 경전과 역사책에서 기근에 관한 내용을 뽑고, 저자의 의견을 덧붙인 책이었습니다. 주웅은 이 책을 간행하기로 결심했습니다. 이 책이 널리 알려지고 그 내용을 실천에 옮긴다면, 더 많은 사람을 살릴 수 있을 것이라는 믿음 때문이었습니다. 여러 조정 관원들이 그의 뜻에 공감하며 서문을 써 주었습니다. 1442년의 일이었습니다.

기근을 막을 대책

《구황활민서》는 원래 송나라 동위董煒, ?~1217가 편찬한 책입니다. 동위는 절강성 서안瑞安이라는 작은 고을의 원님으로 부임했습니다. 오래지 않아 기근이 닥치자 그는 모든 방법을 동원해 백성을 구제했습니다. 동위는 이 경험을 통해 체계적인 대책의 필요성을 절감하고, 여러 문헌을 조사해 기근에 관련된 278조목을 뽑아 이 책을 편찬하여 조정에 바쳤습니다. 황제가 이 책을 읽고서 비단을 상으로 주었다고 합니다. 이 책은 증보를 거듭하며 계속 간행되었는데, 주웅이 338조목으로 보충한 것이《구황활민보유서》입니다. 보충했다는 뜻에서 '보유'라는 말이 덧붙은 것입니다. 국립중앙도서관 소장본은 1445년에 간행된 것입니다. 거듭 간행했다는 의미로 '중간'이라는 말이 또 붙었습니다.

도서관 목록에 간행연도가 '세종 27년(1445)'으로 표기되어 있어 우리나라 책으로 오해하기 쉽지만, 실은 중국책입니다. 책의 형태 및 판심版心(책장의 가운데를 접어서 양면으로 나눌 때에 그 접힌 가운데 부분)의 흑구黑口(판심의 위쪽과 아래쪽에 있는 검은 선)가 전형적인 명나라 초기 판본의 특징을 보여주고 있습니다. 명나라 시기에 간행된 중국책은 귀중본으로 분류한다는 기준에 따라 이 책도 귀중본으로 지정되어 있습니다.

《중간구황활민보유서》는 크게 세 부분으로 구성되어 있습니다. 첫째는 기근 대책의 역사입니다. 상고시대 순 임금 시절부터 송나라 순희淳熙 9년(1182)까지 기근에 대처한 모범적인 사례를 뽑고, 저자의 의

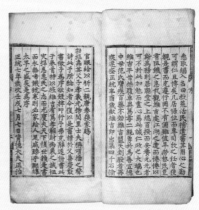

기근 대책의 역사와 구체적인 기근 대책을 망라한 《중간구황활민보유서》. (출처: 국립중앙도서관)

견을 덧붙였습니다. 《서경》, 《맹자》, 《춘추》, 《사기》, 《자치통감》 등 경전과 역사책에서 뽑은 내용입니다. 기근은 피할 수 없으나 대처하기에 따라 그 피해를 줄일 수 있다는 내용이 주를 이루지요.

둘째는 송나라 지식인들이 마련한 구체적인 기근 대책입니다. 문언박文彦博, 한기韓琦, 증공曾鞏, 소식蘇軾 등 저명한 정치가들이 입안하고 실천한 정책입니다. 굶주린 백성에게 곡식을 빌려주는 진대법賑貸法, 곡식 수매를 통해 물가를 조절하는 상평법常平法, 부유한 사람들에게 기부를 권장하는 권분勸分. 기근에 대비해 곡식을 저장하는 의창義倉 및 사창社倉의 운영 방법이 자세합니다. 특히 성리학자 주희朱熹가 마련한 사창 제도는 우리나라에서도 널리 시행되었습니다. 이 밖에 기근에 수반되는 황충蝗蟲, 메뚜기의 피해를 예방하는 법, 혼란한 사회를 안정시키기 위한 치안 유지 방안 등이 실려 있습니다.

셋째는 역대 명나라 황제들이 기근 구제를 위해 반포한 조칙詔勅입니다. 이 역시 구체적인 대책을 담고 있어 참고가 됩니다. 저자의 의견 중에 인상 깊은 것 몇 가지를 소개합니다.

천재지변은 없는 시대가 없으니 요순시대조차 피하지 못했다. 그런데 큰 피해를 입지 않은 이유는 무엇인가. 군주가 현명하고 신하가 명철하여 미리 방비할 줄 알았기 때문이다.

있는 것과 없는 것을 서로 교환하는 것이 기근을 구제하는 가장 좋은 방법이다. 그런데 지금 고을들은 각자 자기 백성만 돌보고 각 관청들은 각자 제 일만 하느라 융통성이 없다. 제 고을에 곡식을 쌓아두고 이웃 고을을 돕지 않으니 슬프구나.

사물이 서로 똑같지 않은 것이 사물의 실정이다. 백성의 빈부 격차가 큰 것도 마찬가지다. 만약 있는 것과 없는 것을 교환하게 만들 수 있다면 무슨 일이든 못하겠는가. 게으름은 인지상정이고 힘든 노동은 아무도 즐거워하지 않는다. 현명한 군주가 차근차근 잘 인도하여 각자 잘 먹고 잘 살게 하지 않는다면 누가 부지런히 일하려고 하겠는가.

예로부터 도적은 기근 때문에 생기곤 했다. 군주가 재물을 아끼지 않고 진휼하면 조금이나마 안정시킬 수 있다. 그렇지 않으면 종묘사직에 재앙

이 미친다. 더구나 전쟁을 치른 뒤에는 반드시 흉년이 든다. 수양제는 근본을 공고히 할 줄 모르고 경거망동하다가 멸망하였으니, 천하를 소유한 자는 거울삼아야 한다.

가격을 억제하지 않으면 상인들이 찾아오니, 이것은 불변의 법칙이다. 이와 반대로 하는 것은 명성을 얻으려는 의도이다. 상인의 발길이 끊겨 곡식을 구입할 수도 없으니, 변란을 초래하고 비방을 일으킬 뿐이다.

부유한 백성이 쌀을 저장해두는 것은 본디 돈으로 바꾸기 위해서다. 관청에서 내놓으라고 독촉하면 더욱 깊이 숨길 뿐이다. 그러니 효과적인 방법으로 곡식을 내놓도록 인도해야 한다.

기근은 미리 준비하는 것이 중요합니다. 기근이 일단 발생하면 할 수 있는 일이 별로 없습니다. 고작해야 세금 감면, 저리 대출, 무상 급식 정도에 지나지 않습니다. 그래도 제대로 시행한다면 큰 도움이 되지요. 따지고 보면 지금의 재해 대책도 이 세 가지를 크게 벗어나지 않습니다. 세금 감면은 액수를 줄여주거나 납부 기한을 연장하는 방식으로 진행됩니다. 경우에 따라서는 완전히 면제해 주기도 합니다. 그렇지만 한 차례의 기근 때문에 국고를 탕진할 수는 없는 노릇입니다. 내년을 준비할 밑천도 있어야 합니다. 따라서 가급적이면 곡식을 그냥 주기보다는 빌려주고 상환을 유도합니다. 물론 사정이 급한 사람들에게는 공짜로 곡식을 나누어주기도 합니다.

《구황촬요》는 굶어 죽어가는 사람을 살리는 방법, 굶어서 생긴 부종을 치료하는 방법, 각종 구황식물을 이용하는 방법을 설명한 책이다.(출처: 국립중앙도서관)

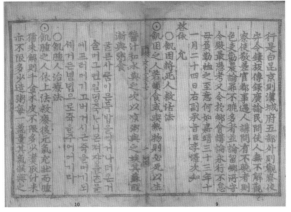

주목할 점은 기근 대책이 대체로 시장 원리에 가깝다는 점입니다. 이를테면 곡식 가격이 올라간다고 억지로 낮추면 역효과를 불러일으키니, 국가의 개입을 억제해야 한다는 주장 따위입니다. 무상 지원보다는 대출 위주의 정책을 펼쳐 장기적으로 자립을 유도하는 것이 바람직하다는 주장도 마찬가지입니다. 부자들에게 도움을 청하되, 억지

로 곡식을 내놓게 하지 말고 적절한 대가를 주어야 한다는 주장도 시장친화적입니다. 오랜 경험에서 나온 현실적이고 지속가능한 대책입니다. 특히 주의해야 할 것은 혜택이 골고루 돌아가게 해야 한다는 점입니다. 국가의 지원은 늘 한쪽으로 쏠려 부익부빈익빈의 결과를 초래하므로, 이런 부분에 한해서는 국가가 적극 개입해야 한다는 단서를 달았습니다.

살아남기 위해 먹는다

《구황활민서》는 언제 우리나라에 들어왔을까요?《세종실록》에 따르면 1436년(세종18) 세종대왕은 "송나라 선비 동위가 올린 '활민서活民書'에 흉년을 구제하는 방법으로 보리와 밀 심기를 권장하였다."라고 하며, 국고에 보관된 보리와 밀 종자를 전국에 배포했습니다. '활민서'는 바로 동위의 《구황활민서》를 말합니다. 따라서 이 책은 1436년 이전에 이미 조선에 들어와 있었던 것입니다. 주웅이 《구황활민보유서》를 간행하기도 전의 일입니다.《구황활민보유서》역시 간행된 지 얼마 되지 않아 국내에 들어온 것으로 보입니다.

세종은 기근 대책에 각별한 관심을 보였습니다.《구황활민서》와 같은 성격의 책을 황정서荒政書라고 합니다. 기근을 대비한 정책에 관한 책입니다. 세종은 중국의 황정서를 참조하여 정책을 결정했고, 우리나라 실정에 맞추어 《구황벽곡방救荒辟穀方》을 편찬했습니다. 이 책은 지금 전하지 않으나, 1554년(명종9) 간행된 《구황촬요救荒撮要》가 이 책을 바탕으로 편찬된 것입니다.《구황촬요》는 굶어 죽어가는 사람을 살리는 방법, 굶어서 생긴 부종을 치료하는 방법, 각종 구황식물을 이용하는 방법을 설명한 책입니다. 한문을 모르는 사람도 읽을 수 있도록 언해를 덧붙였습니다.

《구황촬요》의 내용은 지극히 실용적입니다. 굶은 사람이 급히 밥을 먹거나 뜨거운 죽을 먹으면 안 되니, 먼저 간장을 물에 타서 먹이고 식은 죽을 먹여 기운을 차리게 해야 합니다. 부종이 생겼다면 붉나무 껍질을 물에 끓이고 죽을 쑤어 먹입니다. 먹을 게 없다고 아무 거나 닥치는 대로 입에 넣으면 안 됩니다. 곡식이 없으면 솔잎을 먹습니다. 솔잎만 먹으면 변비가 생기기 쉬우니, 느릅나무 껍질 삶은 물을 섞어야 합니다. 쓴맛을 제거하기 위해 물에 담갔다가 찌는 방법도 소개했습니다. 죽을 쑤어 먹으면 더욱 좋다고 합니다.

> 솔잎가루 3홉, 쌀가루 1홉, 느릅나무 껍질 삶은 물 1되를 섞어서 죽을 쑨다. 아침저녁을 넘기고 연명할 수 있다. 솔잎은 떫고 느릅나무 껍질은 부드러우니, 여기에 곡식가루를 섞으면 위장에 아주 좋다. 비단 흉년을 대비할 뿐만 아니라 평소 양생養生을 잘하고 싶은 사람도 사용할 수 있다. 병을 치료하고 수명을 연장하기에는 기름진 곡식보다 낫다.

소나무는 우리나라 어디나 있으니 솔잎은 구하기 쉬운 재료입니다. 솔잎죽은 굶어 죽을 처지에 놓여야만 먹는 게 아니라 건강을 위해 평소 먹어도 좋다고 합니다. 솔잎차, 솔잎주도 있으니 솔잎죽도 먹을 만할 것 같기는 합니다.

이 밖에 천금주千金酒라고 하는 붉나무술 담그는 법, 더덕, 도라지, 콩깍지, 콩잎으로 장 만드는 법, 메밀 줄기, 콩잎, 콩깍지로 버무리 만드는 법, 칡뿌리, 마, 밤, 냉이, 삽주, 소루쟁이, 토란, 고욤, 죽대, 새박, 연뿌리를 먹기 좋게 조리하는 법이 자세합니다. 다만 곡식 가루를 조금이나마 섞어 먹지 않으면 효과가 없으므로, 최소한의 곡식은 있어야 한다고 했습니다. 《구황촬요》는 임진왜란과 병자호란을 즈음하여 거듭 간행되었습니다. 전란으로 기근에 시달리는 사람들을 위해서였습니다. 국립중앙도서관에는 1660년(현종1) 간행한 《신간구황촬요》가 소장되어 있습니다.

불평등이 굶주림을 만든다

'먹방'이 유행하는 21세기 대한민국에서 굶주림은 남의 나라 이야기입니다. 일이 바쁘면 끼니를 거르기도 하고, 다이어트를 위해 일부러 안 먹는 경우도 있지만, 언제든 마음이 바뀌면 먹을 수 있습니다. 안 먹는 것과 못 먹는 것은 다릅니다. 지금도 굶는 사람이 전혀 없지는 않겠지만, 그래도 오늘날 우리에게 굶주림은 큰 위협이 되지 않습니다. 굶주림을 경험해 본 세대도 점차 줄어들고 있습니다.

농업생산성이 낮고 자연재해에 속수무책이었던 과거에는 기근을 피하기 어려웠지만 지금은 다릅니다. 과학기술의 눈부신 발달에 힘입어, 현재 세계의 식량생산량은 지구상의 모든 인간을 먹여 살리기 충분합니다. 그러나 세계 각지에는 지금도 여전히 기근에 시달리는 사람들이 존재하지요. 해당 국가의 정치 문제, 그리고 다국적 기업의

탐욕이 기근을 만들어내기 때문입니다. 자연 재해로 인한 기근보다 구조적 기근이 더 심각한 문제입니다. 유엔 인권위원회 식량특별조사관을 지낸 장 지글러Jean Ziegler의《왜 세계의 절반은 굶주리는가》(갈라파고스, 2016), 중일전쟁 당시 중국 허난성에 대기근이 일어난 원인을 추적한《1942 대기근》(글항아리, 2013)과 같은 책을 읽어보면, 오늘날 기근의 원인은 자연재해가 아니라 불평등이라는 사실을 알 수 있습니다.

참고문헌

서종학, 《구황촬요》, 채륜, 2011.
염정섭, 〈17~18세기 구황 서적 편찬의 전개와 변화〉, 《한국사상사학》 69집, 한국사상사학회, 2021.

③
효도를 실천하는 법
《수친양로신서 壽親養老新書》

최고의 효도

"내 몸과 머리카락, 피부는 부모에게 받은 것이니 훼손하지 않는 것이 효도의 시작이다.身體髮膚 受之父母 不敢毁傷 孝之始也" 효도의 바이블《효경孝經》에 나오는 말입니다. 효도를 하려면 내 몸부터 챙겨야 합니다. 부모가 가장 걱정하는 건 자식의 건강이기 때문입니다. 오죽하면 공자도 "부모는 자식이 병들까 걱정하는 마음뿐이다.父母惟其疾之憂"라고 했을까요.

하지만 이것만으로는 부족해 보입니다. 사지 멀쩡하면서 부모 속 썩이는 사람이 얼마나 많습니까. 그래서《효경》에서는 '입신양명立身揚名'을 효도의 끝이라고 했습니다. 출세해서 유명해지는 게 효도의 완성이라는 말입니다. 부모가 자식의 성공을 바라는 건 분명한 사실이지만, 이 역시 뭔가 부족한 듯합니다. 성공이 곧 효도라며 부모를 팽개치고 자기 성공에 골몰하는 사람을 과연 효자라고 할 수 있을까요.

사람이 사람을 사랑하는 방법은 여러 가지입니다. 하지만 사랑받

〈동국신속삼강행실도東國新續三綱行實圖〉 가운데 '황수효우' 삽
화. 황수黃守는 평양부平壤府 사람으로 부모 공양의 효행을 직접
실천한 고려 후기의 대표적 효자로 알려져 있다.(출처:서울대학
교 규장각한국학연구원)

는 사람이 절실히 느낄 수 있는 사랑은 마치 아기를 돌보듯 곁에서 돌
봐주는 것이 아닌가 싶습니다. 곁을 떠나지 않고 부모가 편안한 몸과
마음으로 즐거운 삶을 오랫동안 누리게 해 드리는 것, 이것이야말로
누구도 부정하기 어려운 최고의 효도입니다.

연로한 부모님을 위해

효孝는 유교사회에서 가장 중요한 덕목입니다. 유교는 국가를 가정의 확장판으로 간주하기 때문입니다. 따라서 "효도는 모든 행위의 근원孝者百行之源"이라고 하였습니다. 효도는 유교사회를 지탱하는 근간이었습니다. 이 때문에 효도에 대한 설명은 대체로 추상적입니다. 가정만이 아니라 사회 전반에 널리 적용 가능해야 하기 때문입니다. 그래서 효도하라는 말은 많지만, 구체적으로 뭘 어떻게 하라는 이야기는 정작 찾아보기 어렵습니다.

앞서 언급한 《효경》도 마찬가지입니다. 《효경》은 효도가 왜 중요한지 설명한 책이지, 효도하는 방법을 설명한 책은 아닙니다. 유교사회가 그렇게 효도를 강조했음에도, 효도를 실천하는 방법에 대한 책은 드문 편입니다. 효도를 통치이념으로 이용했다는 증거입니다.

《수친양로신서》는 효도를 실천하는 구체적인 방법을 제시한 보기 드문 책입니다. 이 책은 원나라 사람 추현鄒鉉이 편찬했습니다. '수친양로신서'라는 제목은 '연로하신 부모를 돌보아 오래 살게 하는 새로운 책'이라는 뜻입니다. 새로운 책이라고 한 이유는 이 책이 본디 송나라 진직陳直이 편찬한 《양로봉친서養老奉親書》를 보충한 것이기 때문입니다. 국립중앙도서관 소장 《수친양로신서》는 형태로 보아 원나라 또는 명나라 초기 판본입니다. 이 시기 판본은 중국에서도 귀한 대접을 받습니다. 귀중본으로 지정할 만합니다.

서문에 따르면 《양로봉친서》라는 책이 존재한다는 사실을 알게 된 사람들이 이 책을 구했지만 도무지 찾을 수가 없었는데, 추현이 이

효도를 실천하는 구체적인 방법을 제시한 보기 드문 책 《수친양로신서》. (출처: 국립중앙도서관)

책을 찾아내어 더 많은 사람들이 읽을 수 있도록 보충해서 간행했다고 합니다. 이 책에 서문을 쓴 장사홍張士弘은 이 책의 내용대로 어머니를 모셨더니 여든이 넘도록 건강했다며, "천하의 사람들이 이 책을 읽고 부모 모시는 도리를 다하기 바란다."라고 기대했습니다.

노인을 돌보는 방법

《수친양로신서》는 4권으로 구성되어 있습니다. 권1은 《양로봉친서》를 보충 수록했고, 권2는 여러 문헌에서 수집한 효도 관련 명언 및 고사입니다. 권3과 권4는 부모의 건강을 위한 음식 조리법과 약 제조법입니다. 국립중앙도서관 소장본은 권3, 4가 없는 낙질입니다. 목차를 보니 권4에 '어두운 눈을 치료하는 야광육신환夜光育神丸 만드는 법'이 있습니다. 요새 눈이 침침해서 그런지 눈이 번쩍 뜨였지만, 지금 남아 있는 것은 권1, 2뿐이니 아쉽게도 볼 수가 없습니다. 그렇지만 중요한 내용은 전부 권1에 있으므로 권1의 각 항목을 차례로 살펴보겠습니다.

첫째, 음식으로 치료하는 방법飲食調治입니다. 음식이 건강에 미치는 영향을 설명한 것입니다. 이상적인 식생활도 예시했습니다. 부모님이 일어나시면 진하게 내린 술 한 잔과 속을 다스리는 약을 드립니다. 그 다음 아침 전 간식으로 돼지나 양의 콩팥을 넣은 좁쌀죽을 드립니다. 진시辰時, 오전7~9시가 되면 인삼을 넣은 약을 먼저 드시게 한 뒤, 계절에 맞는 음식을 아침 식사로 드립니다. 아침을 다 드시면 1~2백 보 정도 걷게 해서 소화를 시킨다는 식입니다.

둘째. 진맥으로 건강을 진단하는 방법形證脈候입니다. 사람은 늙으면 여위고 기운이 없는 법입니다. 일흔이 넘었는데 혈기가 넘치고 식사량도 많다면 좋아할 일이 아닙니다. 병을 의심해야 합니다. 진맥으로 상태를 파악한 뒤 적당한 약을 복용하게 합니다.

셋째, 의약으로 건강을 유지하는 방법醫藥扶持입니다. 노인은 젊은이와 달라 함부로 약을 쓰면 안 되니, 각별히 주의해야 한다는 내용입니다. 땀을 흘리거나 구토하거나 설사할 경우를 특히 조심해야 한다고 했습니다.

넷째, 기분을 좋게 하는 방법性氣好嗜입니다. 노인은 감정 조절이 어렵습니다. 분노를 일으키면 곧 병이 되니 조심해야 합니다. 외로움을 많이 타므로 혼자 있거나 혼자 자게 해도 안 됩니다. 마음 쓸 곳이 없으면 우울증에 걸리기 쉬우니, 뭔가 흥미를 끌 만한 것을 마련해야 한다고 했습니다.

다섯째, 주거환경宴處起居입니다. 노인의 거처는 항상 깨끗해야 하며, 여름에는 시원하고 겨울에는 따뜻해야 합니다. 침상과 걸상은 보통 크기에서 1/3을 줄여 오르내리기 쉽게 만듭니다. 바닥에는 푹신한 요를 깔고, 벽에는 병풍을 쳐서 바람을 막습니다. 거동이 불편하므로 곳곳에 손잡이와 난간을 설치하는 것도 잊지 말아야 합니다.

여섯째, 가정 형편貧富禍福입니다. 부자만 효도할 수 있는 건 아닙니다. 가난해도 부모의 낯빛을 살피며 그 뜻을 따르고, 가진 것으로 최선을 다한다면 부자의 효도 못지않습니다. 경제적인 문제는 효도에 방해가 되지 않는다는 내용입니다.

마지막으로 주의사항戒忌保護입니다. 상갓집과 장례식에 가면 안 되고, 누군가 병에 걸리거나 다쳤다는 소식으로 놀라게 하면 안 됩니다. 슬프고 근심스런 일을 이야기하면 안 되고, 더럽고 상한 음식, 딱딱하고 독한 음식을 드시게 하면 안 됩니다. 물이 새거나 습한 곳에서 지내게 하면 안 되고, 찬바람과 추위를 쐬게 하면 안 됩니다. 더위를 먹게 해도 안 되고, 힘들게 움직여도 안 됩니다. 밤에는 배불리 먹으면 안 되고, 흐린 날에는 굶으면 안 됩니다. 온통 안 된다는 것투성이입니다.

나머지 항목은 계절별로 주의할 점, 철에 맞는 약과 음식, 그리고 구급법입니다. 음식 이야기가 많은데, 건강을 위해서입니다. 병이 생기면 먼저 음식으로 치료하고, 그래도 낫지 않으면 약으로 치료한다는 것이 저자의 생각입니다. 노인에게 가장 중요한 것은 음식입니다. 병든 뒤에 약을 쓰기보다는 좋은 음식으로 병을 예방하는 것이 중요합니다.

그렇다면 《수친양로신서》가 뽑은 노인에게 가장 좋은 음식은 무엇일까요? 녹용도 아니고 산삼도 아닙니다. 놀랍게도 우유입니다.

우유는 노인에게 가장 좋다. 혈맥을 고르게 보충하고 살을 찌운다. 몸이 건강하고 윤택해지며 얼굴이 빛나고 의지가 쇠하지 않는다. 그러므로 자식된 자는 항상 바쳐서 늘 드시는 음식으로 삼아야 한다. 혹은 떡이나 죽을 만들어 마음껏 드시게 해야 한다. 우유는 고기보다 훨씬 낫다.

낙농협회가 들으면 눈이 번쩍 뜨일 내용입니다. 그러고 보니 기력이 떨어진 노인들이 분유를 드시고 효과를 보았다는 이야기를 들은 것 같습니다. 요새 출생률도 갈수록 떨어지는데, 낙농협회는 학교 우유급식에 집착하지 말고 이 책을 근거삼아 노인의 우유 소비를 장려하는 방향으로 마케팅을 하는 것이 어떨까요.

이 책에 소개한 음식과 약이 효과가 얼마나 있을지는 모르겠지만, 부모를 모시는 사람으로서 음식과 의학에 대한 지식이 있어야 한다는 저자의 주장에는 수긍이 갑니다. 연로한 부모를 모시는 방법을 소개한 이 책은 노령 인구가 갈수록 늘어나는 오늘날에도 참고할 점이 많습니다.

나무가 고요하고 싶어도 바람은 멈추지 않는다

《수친양로신서》의 저자는 원나라 사람이지만 이 책은 조선에서 간행된 것입니다. 원나라와 교류가 활발했던 고려시대의 여파 때문인지, 조선 초기에는 원나라 책을 그대로 간행하는 일이 많았습니다. 이렇게 간행된 책들은 우리 출판문화 발달에 크게 기여했으며, 오늘날까지 귀중본으로 대접받고 있습니다.

《수친양로신서》는 조선에서도 많은 독자를 확보했습니다. 이 책은 조선 중기까지 간행을 거듭했으며, 많은 사람들이 이 책의 존재를 언급했습니다. 이현보李賢輔는 이 책의 핵심을 요약하여 《양로서養老書》라는 책을 엮었고, 유희춘柳希春은 이 책에 실려 있는 양생법을 선조 임금에게 아뢰었습니다. 이 밖에 성혼成渾, 김종직金宗直, 하항河沆, 이덕홍李德弘 등 많은 사람들이 이 책을 읽었다는 기록이 남아 있습니다.

아쉽게도 그들은 노년에 접어든 자신의 건강을 돌보는 데 이 책을 참고했을 뿐, 부모에게 효도하는 데 쓰지는 못했습니다. 이현보는 "양친이 모두 살아계실 적에 이 책을 보지 못한 것이 한스럽다."라고 했고, 성혼은 "부모를 잃고 혼자 남은 나로서는 이 책을 쓸 데가 없어 책을 들고 한참 오열했다."라고 했습니다. 조선시대 사람들이 이 책을 읽고 남긴 독후감에는 슬픔과 후회가 묻어납니다. 《공자가어孔子家語》라는 중국 고전에 이런 말이 있습니다. "나무가 고요하고 싶어도 바람은 멈추지 않고, 자식이 봉양하고 싶어도 어버이는 기다려 주지 않는다." 가슴 아프지만 피할 수 없는 사실입니다.

효도로 다스리는 나라

조선에서 가장 높은 가치는 다름 아닌 효도였습니다. 임금에 대한 충성보다 부모에 대한 효도가 중요했습니다. 충성도 효도에서 나온다고 여겼기 때문입니다. 나랏일이 아무리 급해도 연로한 부모를 돌봐야 한다거나 부모상을 치러야 한다는 핑계를 대면 임금도 어쩔 수 없었습니다. 전쟁이 일어나 나라가 풍전등화의 위기에 처해도 효도만 내세우면 무조건 패스입니다. 효도는 신하의 전유물이 아닙니다. 신하들의 반대를 무릅쓰고 무리한 일을 벌이면서 효도를 핑계 삼은 임금이 한둘이 아닙니다. 돌아가신 선왕을 위해서, 연로한 대비 마마를 위해 하는 일이라는데 누가 감히 반대하겠습니까. 임금 입장에서도 효도는 유용합니다.

유교에서는 국가와 사회를 가족의 확장판으로 여깁니다. 부모가 자식을 돌보듯 어른은 어린이를 돌보고 군주는 백성을 돌보아야 하며, 자식이 부모에게 효도하듯 어린이는 어른을 공경하며 백성은 군주에게 충성해야 한다는 논리입니다. 이뿐만이 아닙니다. 아내가 남편에게 절개를 지키는 것도 효도의 연장선상에 놓습니다. 결국 충忠, 효孝, 열烈은 하나이며, 그중에서도 효가 으뜸입니다. 그래서 효도를 모든 행실의 근원이라고 하는 것입니다. 이처럼 사회 질서가 효도에 바탕을 두고 있으므로 효도를 부정하면 사회가 무너지고 나아가 국가도 위태롭습니다. 그래서 《효경》에 "삼천 가지 죄악 중에 불효가 가장 크다."라고 했지요.

효도를 천륜天倫이라고 합니다. 하늘이 부여한 윤리라는 것입니다. 사람은 하늘을 거역할 수 없습니다. 이로 인해 부모답지 않은 부모에게도 효도해야 하고, 임금답지 않은 임금에게도 충성해야 한다는 논리가 성립합니다. 자기를 죽이려는 부모에게도 끝까지 효도했던 순舜임금의 일화를 미담으로 거론합니다. 효도에 대한 강요는 곧 국가에 대한 무조건적인 충성의 강요입니다.

옛날 사람들은 까마귀가 다 자라면 자기 어미에게 먹이를 물어다 줌으로써 어릴 적에 먹여준 은혜를 갚는다고 여겼습니다. 이른바 '반포지효反哺之孝'라는 고사성어의 유래입니다. 이를 근거로 효도가 자연법칙이라고 주장했지요. 하지만 실제로는 새끼가 어미를 먹여 살리는 게 아니라 피골이 상접한 어미가 뚱뚱한 새끼를 먹여 살리는 것이라고 합니다.

효도는 자연법칙에 위배됩니다. 지구상의 어떤 동물도 부모에게 효도하지 않습니다. 효도는 철저히 인간이 만들어낸 이념의 산물입니다. 동물은 다 자라면 부모의 품을 완전히 떠납니다. 부모도 더 이상 자식을 찾지 않습니다. 자식이 장성하면 집에서 내보내고, 부모가 스스로 살아갈 힘이 없으면 시설로 보내버리는 서구의 문화가 오히려 자연법칙에 가까운 듯합니다. 물론 그것이 더 바람직하다는 뜻은 아닙니다. 오늘날까지도 부모 자식 간의 유대 관계가 남다른 것도, 이 사회에서 윤리와 도덕이라는 명분이 여전히 힘을 발휘하는 것도, 모두 수백 년간 효도를 강조한 문화의 소산입니다.

4

편안하면 위태로움을 생각한다
《진법 陣法》

조선은 문약한 나라인가

조선을 건국한 태조 이성계는 홍건적과 왜구 정벌에서 혁혁한 공을 세운 장군이었습니다. 그 뒤를 이은 태종은 아버지를 따라 전장을 누볐을 뿐만 아니라, 두 차례에 걸친 왕자의 난으로 정권을 잡았습니다. 태종의 뒤를 이어 즉위한 세종은 조선의 역대 국왕 중 가장 많은 전공을 세운 인물입니다. 북쪽으로 사군육진四郡六鎭을 개척하여 영토를 넓혔고, 남쪽으로 바다를 건너 대마도를 정벌했습니다. 조선은 결코 문약한 나라가 아니었습니다.

어째서일까요. 외침이 잦았기 때문입니다. 조선은 홍건적과 왜구의 침입으로 피폐해진 고려의 뒤를 이어 일어난 나라입니다. 조선 건국을 주도한 세력은 모두 전장을 누비던 이들이었습니다. 건국 후에도 외침은 끊이지 않았습니다. 국가 대 국가의 대규모 전쟁은 없었지만, 북쪽에서는 여진족, 남쪽에서는 왜구의 침입이 끊이지 않았습니다. 이 때문에 조선 초기 국왕들은 국방에 각별한 관심을 기울였습니다.

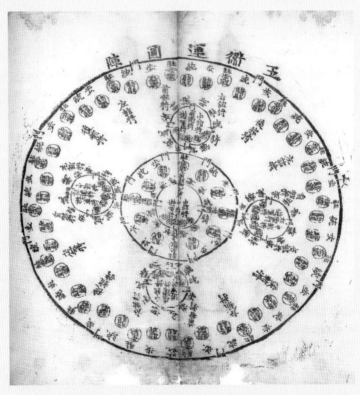

〈오위연원진五衛連圓陣〉. 5개 위衛가 원형으로 포진하는 방법을 설명한 그림이다. 보병과 기병의 배치와 지휘관의 위치가 자세하다. 4개 위가 외진外陣(바깥의 큰 원)을 구성하고, 나머지 1개 위가 내진內陣(가운데 중간 크기의 원)을 구성한다. 가장 바깥에는 수비 보병 보주통步駐統, 그 뒤에 공격 보병 보전통步戰統을 배치한다. 보전통 사이에는 수비 기병 기주통騎駐統과 공격 기병 기전통騎戰統을 배치한다. 각 부대 및 지휘관의 위치가 자세하다. (출처: 국립중앙도서관)

1449년(세종31), '토목土木의 변變'이 일어났습니다. '토목의 변'은 명나라 영종英宗 황제가 몽골의 오이라트족을 정벌하다가 도리어 사로잡힌 충격적인 사건이었습니다. 이 소식이 조선에 전해지자 조만간 큰 전쟁이 일어날 것이라는 위기감이 팽배했습니다. 조선은 전쟁에 대비할 방안을 강구했습니다. 새로운 진법陣法의 편찬도 그중 하나였습니다.

사극에 등장하는 장수의 모습은 엉터리다

진법이란 군사를 배치하는 방법입니다. 수많은 군사가 맞붙어 싸우는 전투에서는 병력도 중요하고 무기도 중요하지만, 조직적으로 움직이는 쪽이 승리합니다. 아무리 군사가 많아도 지휘관의 뜻대로 움직이지 않는다면 오합지졸에 불과합니다. 군사들이 지휘관의 뜻대로 움직이기만 한다면, 적은 군사로도 많은 군사를 이길 수 있습니다. 이 때문에 전투가 벌어지면 지휘관은 전장의 상황 변화에 맞추어 진법을 운용하기 위해 깃발과 피리, 북, 종으로 각 부대에 명령을 하달하기 바쁘지요.

사극을 보면 장수들이 슈퍼히어로처럼 앞장서 적을 쓰러뜨리거나, 아니면 "싸워라", "물러서지 마라", "한 놈도 살려 보내지 마라"라며 소리만 지르는데, 모두 사실이 아닙니다. 적과 직접 맞서 싸우거나 사기를 북돋우는 것도 장수의 임무이긴 하지만 그것이 전부가 아닙니다. 전세를 보아가며 각 부대의 전진과 후퇴를 결정하고, 군사들을 제 손발처럼 움직여 전투를 승리로 이끄는 것이 장수의 원래 역할입니다. 군사 훈련 역시 정해진 신호대로 이른바 '좌작진퇴坐作進退, 앉고 일어나고 나아가고 물러남'하는 데 초점이 맞추어져 있었습니다. 전쟁은 무작정 상대에게 덤벼드는 패싸움이 아닙니다.

조선 초기에는 군사제도와 군사전략의 개편이 절실했습니다. 홍건적과 왜구의 침입이 극심했기 때문입니다. 이러한 배경에서 편찬된 조선 최초의 진법서가 정도전이 편찬한 《진법陣法》입니다. 이 책은 군비의 중요성과 장수의 마음가짐을 강조하고, 문헌에 기록된 고대의 진법을 정리한 것입니다. 기본적인 군사 이론을 서술하는 데 치중하였으므로 실전에 적용하기는 무리가 있습니다. 이를 문제 삼아 세종조에 《진도법陣圖法》, 《계축진설癸丑陣說》을 편찬하여 실전에 사용할수 있도록 진법을 구체화했습니다. 문종이 즉위한 뒤 그간 여진족과의 전투 경험을 반영하고, 당시의 위태로운 국제 정세에 대비하여 새로이 편찬한 책이 이번에 소개하는 《진법》입니다. 앞서 편찬된 책들과구별하기 위해 《오위진법五衛陣法》이라고도 합니다.

조선의 야전 교범

세종의 뒤를 이어 즉위한 문종은 무기 개발과 병서 편찬에 유난히 관심이 많았습니다. 문종이 지나칠 정도로 무武를 숭상한다며 신하들이 비판한 기록이 《문종실록》에 자주 보일 정도입니다. 1451년 문종의 명으로 편찬된 《진법》은 우리나라 전쟁사를 정리한 《동국병감東國兵鑑》과 함께 국방에 관한 그의 관심을 보여주는 저술입니다. 국립중앙도서관 소장본은 주석을 붙여 1572년 다시 간행한 판본입니다. 문종

5위의 부대가 합동으로 진을 전개하는 그림. (출처: 국립중앙도서관)

당시 간행된 것은 아니지만 임진왜란 이전 판본으로 가치가 높아 귀
중본으로 지정되어 있습니다. 권두에 수양대군이 쓴 서문이 있습니다.

태종과 세종은 태평성대를 만났으나 편안할 때 위태로움을 생각했다. 그
리하여 하륜, 변계량, 하경복, 정흠지, 정초에게 진설陣說을 편찬하여 군
사 훈련의 법도로 삼았다. 그러나 하륜 등이 편찬한 책은 단지 옛글에 근
거했고 조목에 미진한 것이 있었다. 우리 주상전하(문종)는 선왕들과 똑
같은 덕을 지닌 분으로 번영한 나라를 유지했다. 마침내 위험이 닥치기
전에 미리 대비하는 선왕들의 뜻을 계승하여 진법을 편찬했다.

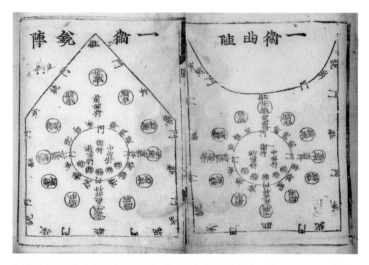

〈일위곡진-衛曲陣〉과 〈일위예진-衛銳陣〉. 곡진은 전면이 움푹한 진, 예진은 뾰족한 진이다. 진형陣形에 따라 병력을 배치하는 방법을 그림으로 설명했다. (출처: 국립중앙도서관)

수양대군은 태조, 태종, 세종의 뒤를 이어 문종이 진법에 각별한 관심을 기울여 새로운 진법의 편찬을 명하였기에 김종서, 정인지 등과 함께 이 책을 편찬한다고 밝혔습니다. 이어서 군대의 지휘에 사용하는 각종 깃발, 피리, 징, 북 등의 신호도구 그림이 있습니다. 다음으로 이 책의 핵심이라 할 수 있는 진법의 그림이 있습니다. 진은 곡진曲陣, 예진銳陣, 직진直陣, 방진方陣, 원진圓陣의 다섯 가지입니다. 1위衛의 부대가 진을 전개하는 경우와 5위衛의 부대가 합동으로 진을 전개하는 경우를 모두 그림으로 해설했습니다.

본문은 ①분수分數, ②형명形名, ③결진結陣, ④용병用兵, ⑤군령軍令, ⑥장표章標, ⑦대열의주大閱儀主로 구성되어 있습니다. '분수'는 부대 편성입니다. 오伍(5명), 대隊(25명), 여旅(125명)로 구성된 부대를 다시 통統, 부部, 위衛의 상위 부대에 소속시킵니다. 4통이 1부, 5부가 1위를 구성하므로, 1대를 1통으로 구성하면 5위는 2,500명이고, 1여를 1통으로 구성하면 5위는 12,500명입니다. 병력이 적으면 적은 대로, 많으면 많은 대로 이 진법을 적용할 수 있습니다. 이와 별도로 정규군의 30%를 유격대遊軍로 편성하여 변화에 대응합니다.

'형명'은 신호 체계입니다. 깃발, 피리, 북, 징을 이용하여 명령을 하달하거나 전황을 보고하는 방법을 설명했습니다. '결진'은 진의 종류와 구성입니다. 진에는 연진連陣과 합진合陣이 있고, 각 진에는 보병과 기병이 혼합 배치되며, 보병과 기병은 다시 수비駐와 공격戰의 역할로 나뉩니다. '용병'은 신호에 따라 진을 배치하는 방법이며, '군령'은 명령을 어기는 자에 대한 처벌 조항입니다. '장표'는 각 부대의 표식이며, '대열의주'는 국왕이 참관하는 군사 훈련의 절차입니다. 끝으로 한계희韓繼禧와 홍귀달洪貴達의 발문이 있습니다. 한계희의 발문은 1455년이 책을 간행할 때 쓴 것이고, 홍귀달의 발문은 1492년 이 책을 보충하면서 지은 것입니다.

이 책의 내용은《문종실록》1년 6월 19일에 '신진법新陣法'이라는 제목으로 실려 있습니다. 사관史官의 평가에 따르면 문종의 진법은 정교하고 자세하긴 하지만, 예전의 진법을 함부로 고쳤다는 비판도 있었던 모양입니다. 그러나 결과적으로 문종의《진법》은 성공적으로 안착했습니다. 이 책은 누차 간행을 거듭하였으며, 조선 후기에는《병장도설兵將圖說》이라는 이름으로도 간행되었습니다. 이 책이《오위진법》

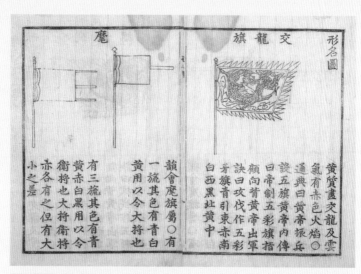

形名圖

交龍旗　麾

黃質畫交龍及雲
氣有赤色火焰○
通典曰黃帝振兵
設五旗黃帝內傳
曰帝制五彩旗指
顧向背黃帝出軍
訣曰玫伐作五彩
牙旗青引東赤南
白西黑此黃中

韻會麾旗屬○有
一旒其色有青白
黃用以令大將也

有三旒其色有青
黃赤白黑用以令
衛將也大持衛將
亦各有之但有大
小之差

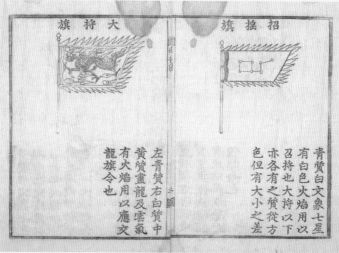

大將旗　招搖旗

左青質右白質中
黃質畫龍及雲氣
有火焰用以應交
龍旗令也

青質白文象七星
有白色火焰用以
召將也大將以下
亦各有之質從方
色但有大小之差

《진법》에 소개된 〈형명도〉는 신호 체계를 설명하는 그림이다. 휘麾는 기의 일종으로서 색은 청·황·적·백·흑이 있고, 3개의 류旒(깃술)가 있다. 대장大將·위장衛將에게 명령할 때에 사용한다. 교룡기交龍旗는 군주의 지휘용 깃발로서 황색 바탕에 교룡交龍과 운기雲氣를 그린다. 초효기招搖旗는 푸른 바탕에 흰 무늬로 7성星을 그려 장수를 부를 때 사용한다. 대장기大將旗는 교룡기에 응답하는 용도로 쓰이며 용과 운기가 그려져 있다. (상단 왼쪽부터 시계방향 순, 출처: 국립중앙도서관)

이라고도 불리는 이유는, 이 책에 설명한 진법이 다섯 부대의 합동 작전을 전제로 구성되었기 때문입니다. 문종은 과거 12사司로 구성된 중앙군을 5사로 새롭게 편성했는데, 이 책은 새롭게 편성한 중앙군의 훈련을 위해 편찬했다는 견해가 지배적입니다. 《진법》은 조선 군대의 필드 메뉴얼field manual, 이른바 'FM'입니다. 부대 지휘를 위한 야전 교범입니다.

조선이 문약해진 이유

1590년, 도요토미 히데요시가 일본을 통일했습니다. 그로부터 얼마 지나지 않은 1618년, 누르하치가 여진족을 통일하여 후금後金을 세웠습니다. 조선의 남쪽과 북쪽에 거대한 통일 국가가 수립된 것이었습니다. 이로 인해 조선은 임진왜란과 병자호란이라는 큰 전쟁을 겪었지만, 오히려 그 뒤로 외침은 잦아들었습니다. 청나라는 만주 일대를 시조의 발상지라 하여 출입을 엄금했습니다. 덕택에 조선과 청나라는 심마니나 장사꾼이 몰래 국경을 넘는 사소한 사건 외에는 충돌을 빚은 일이 없었습니다.

왜구도 자취를 감추었습니다. 왜구는 본디 일본 전국시대의 산물입니다. 지방 영주들의 각축으로 생계를 잃은 이들이 도적으로 변하여 노략질을 일삼았던 것이지요. 그러나 도요토미 히데요시가 일본을 통일하여 강력한 중앙집권 체제를 구축한 이후로 왜구는 완전히 씨가 말랐습니다. 오죽하면 도요토미 히데요시가 임진왜란을 일으킨 것은 큰 잘못이지만, 그로 인해 왜구가 없어진 것은 공로로 인정해야 한다는 주장이 있을 정도입니다. 이렇게 조선은 점차 전쟁의 위협으로부터 벗어났습니다.

《춘추좌씨전春秋左氏傳》에 이런 말이 있습니다.

편안하면 위태로움을 생각해야 하니, 생각하면 대비가 있고, 대비가 있으면 우환이 없다. 居安思危, 思則有備, 有備無患

평화로운 때일수록 전쟁을 잊지 말고 대비하라는 말입니다. 하지만 아무런 위협이 없는데 전쟁을 생각하고 대비하기란 쉬운 일이 아닙니다. 어쩌면 전쟁에 대한 대비는 전쟁의 위협 속에서만 가능할지도 모릅니다. 조선은 원래 문약한 나라가 아니었지만, 조선을 둘러싼 국제정세가 조선을 점차 문약하게 만든 것입니다.

참고문헌

곽성훈, 〈조선 초기 진법서의 편찬 배경과 활용〉, 《역사와 현실》 97집, 한국역사연구회, 2015.

호기심 많은 조선시대 의관의 연구노트

《소문사설 謏聞事說》

한식 전도사 이영애 씨와의 만남

매달 둘째, 넷째 월요일의 국립중앙도서관은 조용합니다. 휴관일이니까 그럴 수밖에요. 간혹 모르고 오는 사람들이 있기는 하지만, 굳게 잠긴 문 앞에서 이내 발길을 돌립니다. 휴관인 줄 알면서 일부러 찾아오는 사람은 없을 것입니다. 그러나 저는 딱 한 번, 휴관일의 국립중앙도서관을 일부러 방문한 적이 있습니다. 다큐멘터리 프로그램의 촬영을 위해서였습니다. 방송국에서 이용객을 방해하지 않으려고 촬영 날짜를 휴관일로 잡았기 때문입니다.

이때 촬영한 프로그램이 2014년 SBS 스페셜로 방송된 〈이영애의 만찬〉입니다. '대장금'으로 유명한 그 이영애 씨 맞습니다. 저는 그분에게 《소문사설》이라는 조선시대 요리책을 소개하는 역할을 맡았습니다. 조선시대 요리책은 전부 한문이므로 전문가의 설명이 필요해서 그렇습니다. 수많은 고서 전문가 중에 굳이 저를 불러온 이유는 《소문사설》을 소개하는 책을 쓴 적이 있어서 그런 것 같습니다.

《소문사설》에는 온돌제작법, 생활도구 제작법 등 여러 도구 제작법을 비롯해 조리법 부분인 '식치방' 항목이 있다. 이 부분에는 총 38종의 조리법이 실려 있다. 동아찜, 송이찜, 붕어찜, 메밀떡, 토란떡, 닭고기 만두와 굴만두, 만두전골 등의 요리법과 중국 및 일본 음식의 조리법과 효능, 맛도 기록되어 있다. (출처: 국립중앙도서관)

처음에 출연을 제의받았을 때는 의아했습니다. 먼지 쌓인 고서는 화려한 여배우와 거리가 멉니다. 이영애 씨가 무엇 때문에 고서를 보겠다는 것일까요? 알고 보니 당시 이영애 씨는 결혼과 출산으로 한동안 공백기를 가진 뒤 '한식 전도사'를 자처하며 세계에 한식 문화를 소개하는 데 앞장서고 있었습니다. 이 프로그램은 이영애 씨의 복귀작으로, 조선시대 요리책을 살펴보며 우리 전통 음식 문화를 배우는 과정과 외국 사람들에게 한식을 알리는 모습을 함께 담았습니다.

촬영은 5층 고문헌실에서 진행되었습니다. 촬영 시작 전, 잠시 이영애 씨와 인사를 나눌 기회가 있었습니다. 사실 얼굴은 하나도 기억이 나지 않습니다. 감히 똑바로 쳐다볼 수가 없었기 때문이지요. 텔레

비전에서 보던 모습과는 조금 다른, 다소 수수한 모습이었다는 것만 기억납니다. 옆에 있던 방송작가도 소탈한 분이라고 귀띔해 주었습니다. 조곤조곤한 목소리만큼은 평소 방송에서 접하던 그대로였습니다. 촬영은 대본조차 없이 자연스럽게 진행되었습니다. 카메라가 돌아가는 가운데, 저는 이영애 씨와 나란히 앉아《소문사설》을 한 장씩 넘기며 이야기를 나누었습니다.

어의가 편찬한 실용백과사전

《소문사설》은 조선 숙종의 어의御醫 이시필李時弼, 1657~1724의 저작입니다. 그는 1678년 의과에 합격하여 의관 노릇을 시작했습니다. 뛰어난 의술을 인정받아 어의의 자리에 올라 숙종의 건강을 관리했지요. 경종 즉위 후에도 한동안 어의로 활동했으나, 1723년 제주도로 유배되어 이듬해 세상을 떠났습니다. 경종의 환후를 논의하는 자리에서 말을 잘못했다는 죄였지만, 실은 노론 측 인사들과 가까웠던 탓에 당시 정권을 잡은 소론의 미움을 샀기 때문이 아닌가 합니다.

이시필은 호기심이 왕성한 사람이었습니다. 그는 의원으로 네 차례 이상 사신단을 따라 중국을 여행했는데, 이 경험은 그의 안목을 크게 넓혔습니다. 그는 중국 사람들이 사용하는 편리한 도구와 그곳에서 먹어본 새롭고 맛있는 음식을 전부 기록으로 남겼습니다. 업무로 지방에 파견되거나 심지어 유배되었을 때도 호기심을 잃지 않고 늘 새로운 것을 배우고 기록했습니다.

'소문사설'이라는 책 제목은 "생각이 고루하고 견문이 좁은 사람이 보고 들은 이야기를 기록하였다"는 뜻입니다. 하지만 검손한 제목과 달리 이 책에는 당시의 최신 지식과 기술에 대한 정보가 가득합니다. 이 책에 수록된 온돌 설치법, 도구 제작법, 음식 조리법은 지금도 재현 가능할 정도로 자세합니다. 특히 중국과 일본, 우리나라 각 지방의 여러 가지 음식을 소개한 부분이 일찌감치 주목을 받았습니다. 하지만 이 책은 단순한 요리책이 아닙니다. 이시필이 습득한 각종 신지식을 망라한 연구노트이자 종합과학서입니다.

이시필은 원래 사람의 병을 치료하는 의관이었습니다. 그가 어째서 건축과 기술, 음식 따위에 관심을 가진 것일까요? 이시필은 말했습니다.

> 우리나라 사람은 성품이 게으르고 대충대충 하는 습속이 있다. 장인이 물건을 제작할 적에도 사물의 이치를 미루어 밝히거나 만드는 방법에 대해서는 전혀 노력을 기울이지 않는다. 장인들은 겨우 모양이나 낼 뿐이며, 물건을 만드는 방법은 방서方書라고 멸시하며 하려 들지 않으니 한탄스럽다.

우리나라 사람들이 사물의 원리를 파악할 생각을 하지 않고, 새로운 기술을 도입하는 데도 소극적이라는 지적입니다. 조선시대 지식인들은 철학과 역사, 문학에는 관심이 많았지만 과학 기술에는 별로 관심이 없었습니다. 하지만 이시필은 호기심 많은 사람이었습니다. 모르는 것을 보면 그 원리를 알고 싶어 했습니다. 아마도 그가 실무를 담당하는 중인 신분이었기 때문이 아닌가 합니다. 그는 현장에서 즉시 활용 가능한 실용적인 지식과 기술에 남다른 관심을 기울이고 기록으로 남겼습니다. 그 결과물이 바로 《소문사설》입니다.

실용적인 도구와 맛있는 음식

국립중앙도서관본 《소문사설》은 3부로 구성되어 있습니다. 1부는 온돌 공사법을 설명한 〈전항식塼炕式〉, 2부는 각종 도구의 제작법과 사용법을 소개한 〈이기용편利器用篇〉, 3부는 음식 조리법과 효능을 설명한 〈식치방食治方〉입니다.

이중 〈전항식〉은 본디 이이명李頤命의 저작인데, 이시필이 그 중요성을 간파하고 이 책에 옮겨 실은 것입니다. 〈전항식〉은 벽돌을 이용한 온돌 설치법입니다. 온돌은 우리나라의 전통 난방기술이지만, 주먹구구식으로 만들었기에 공사 기간도 오래 걸리고 열효율도 좋지 않았습니다. 반면 중국의 온돌은 규격화된 벽돌로 만들었기에 단기간에 완성할 수 있을 뿐만 아니라 틈새가 없어 열효율이 좋았습니다. 약간의 땔감으로 밤새도록 방을 따뜻하게 만들 수 있었습니다.

이시필은 숙종을 병간호하느라 대궐에서 밤을 새는 연잉군延礽君(훗날의 영조)을 위해 벽돌식 온돌 설치법을 소개했습니다. 당시에는 대궐에도 온돌방이 별로 없었던 모양입니다. 성호 이익이 노인들에게 들은 이야기에 따르면 100년 전에는 고위 관리의 집에도 온돌이 한두 칸뿐이었다고 하니, 이시필이 활동한 시기에는 온돌 구경하기 어려웠던 것이 분명합니다. 그림만 보면 어떤 구조인지 알 수 없지만, 설명을 함께

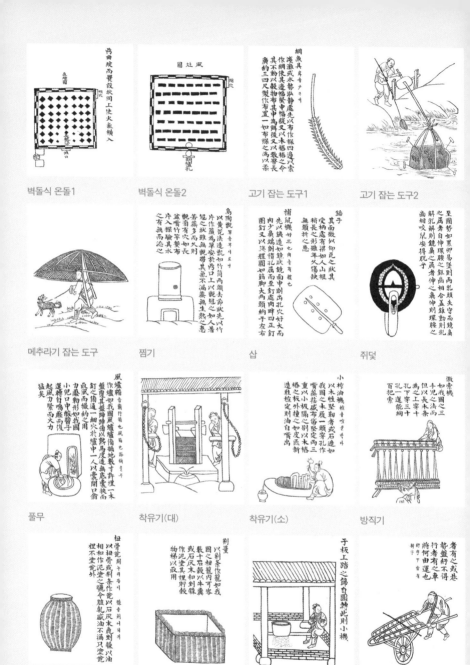

벽돌식 온돌1

벽돌식 온돌2

고기 잡는 도구1

고기 잡는 도구2

메추라기 잡는 도구

찜기

삽

쥐덫

풀무

착유기(대)

착유기(소)

방직기

싸리나무 항아리

싸리나무 상자

1인용 탈곡기

1인용 수레

《소문사설》에 소개된 실용적인 지식과 기술의 일부

보면 이해가 갑니다. 벽돌만 있으면 초보자도 만들 수 있을 정도로 간단합니다. 이시필은 온돌 설치법을 설명한 뒤 이렇게 덧붙였습니다.

연잉군延礽君이 병간호하는 틈에 사알司謁의 방에서 쉬었는데, 역시 이 방법대로 온돌을 만들어 드렸다. 연동蓮洞 이 정승(이이명) 댁에도 이 방법대로 온돌을 설치했는데 참으로 오묘하였다. 사대부들이 이 이야기를 듣고 부러워하며 실행하려 했지만 아직 그렇게 하지 못했다. 우리들 같은 경우는 힘이 없어 실행할 수가 없으니, 우선 계획을 세우고 비용을 모으며 사람들을 만나면 권하곤 한다.

연잉군은 훗날의 영조입니다. 그가 숙종의 병간호를 위해 궁중에 머무를 적에 이 방법대로 온돌을 설치했다는 것입니다. 이이명의 저택에도 같은 방식으로 설치했습니다. 하지만 널리 보급하는 데까지 나아가지는 못했습니다. 보급하려는 의지도 있었고, 설치에 필요한 지식과 기술도 확보하고 있었지만, 중인이라는 신분적 한계가 발목을 잡았던 것입니다. 결국 벽돌식 온돌은 오늘날 흔적도 없이 사라졌습니다. 지금 우리가 알고 있는 전통 온돌은 자연석을 힘들여 쌓아 만든 '덤벙 온돌'입니다. 덤벙 온돌은 시공이 어렵고 열효율도 낮습니다. 1960년대 산림녹화사업이 시행되기 전까지 전국의 산지가 민둥산이었던 이유가 이것입니다.

2부 〈이기용편〉은 이시필이 중국을 여행하며 직접 목도한 도구들을 소개한 것입니다. 이시필은 중국에서 유용하게 쓰이는 도구들이 조선에서도 널리 쓰이기를 바랐습니다. 이중 물고기 잡는 그물 망어구網魚具는 지금도 중국 남부 지역 및 동남아시아에서 사용하고 있으며, 용수철을 이용한 포서기捕鼠機라는 쥐덫은 지금 사용하는 사냥용 덫과 비슷합니다. 이 밖에 삽, 작두, 식칼, 거름망, 풀무, 착유기, 방직기, 연자방아, 외다리방아, 외바퀴 수레 등 실생활에 유용한 도구들이 가득합니다. 지금 시골에서 볼 수 있는 도구들도 있지만, 이시필이 활동하던 시기에는 쓰이지 않았던 모양입니다.

3부 〈식치방〉은 음식 조리법입니다. 어의였던 이시필이 음식 조리법에 관심을 보인 이유는 무엇일까요. 대장금이 요리사이면서 의녀였다는 점이 힌트입니다. 옛날의 음식은 맛이 중요한 것이 아니라 효능이 중요했습니다. 음식은 맛을 느끼기 위한 것이 아니라 건강과 치료를 위한 것이었습니다. 특히 숙종 임금은 말년에 병으로 입맛을 잃어 좀처럼 수라를 들지 않았다고 합니다. 이시필은 궁중 요리사들을 시켜 그가 나라 안팎에서 직접 맛본 음식을 만들게 하여 숙종 임금에게 올렸습니다. 이시필 덕택에 숙종 임금은 대궐에 앉아서 당시 국내외 '맛집'의 음식을 두루 맛보았습니다.

〈식치방〉에 실린 음식은 38종입니다. 이중 동아찜(서리를 맞은 동아를 기름에 볶아 겨자를 곁들여 먹는 찜), 송이찜, 붕어찜, 메밀떡, 토란떡, 닭고기 만두와 굴만두, 만두전골 등의 요리는 이시필이 궁중 요리사 숙수 및 양반가의 요리 담당 노비에게 배운 것입니다. 그들의 이름을 빠짐없이 기록해 두었습니다. 마늘장아찌, 솜사탕, 분유, 새끼돼지찜, 호떡, 계란탕, 신선로, 연근녹말가루죽, 오이장아찌는 중국 음식입니다. 이시필이 중국 가는 사신을 따라갈 때 먹어본 것입니다. 가마보코(어묵의 일종으로서 흰살 생선을 잘게 갈아 밀가루를 넣어 뭉친 음식)와 서국미西國米죽은 일본 음식인데, 일본 사람의 왕래가 잦은 동래에서 맛보았습니다. 개성 식혜와 순창 고추장 같은 지방 특산 음식도 빼놓지 않았습니다. 이시필은 이 음식들의 조리법과 함께 효능과 맛도 기록해 두었습니다. 그는 한중일 3개국의 미식을 두루 맛본 '구르메(미식가)'였습니다.

인류의 가장 소중한 자산, 호기심

이영애 씨는《소문사설》에 흥미를 보였습니다. 여느 고서와 달리 그림이 많은 책이라서 그랬는지도 모르겠습니다. "제가 한자를 잘 몰라서요."라고 겸손해 하면서도 책에 실려 있는 그림들을 하나하나 주의 깊게 살펴보았습니다. 모르는 것이 있으면 거듭 물어보며 이해하려고 애썼습니다. 그리고 이해한 것을 자신의 언어로 다시 풀어내며 제대로 이해했는지 확인했습니다.

한 시간 남짓 촬영이 진행되는 동안 제가 이영애 씨에게 받은 인상은 '아름답다'가 아니라 '똑똑하다'였습니다. 물론 아름다운 분입니다. 하지만 그녀는 대본의 지시대로 말하고 움직이는 인형이 아니었습니다. 호기심이 왕성하고 이해력이 뛰어나며 스스로 생각하고 말할 줄 아는 영리한 사람이었습니다. 오랫동안 정상급 여배우로 군림한 이유를 알 것 같았습니다. 이때의 촬영이 포함된 다큐멘터리는 텔레비전으로 방영된 뒤 책으로 나왔습니다.

《소문사설》의 저자 이시필 역시 호기심이 왕성한 사람이었습니다. 그는 어의로서 부와 명예를 이미 손에 넣었지만 새로운 정보와 실용적인 지식을 갈구했습니다. 새로운 것, 모르는 것을 보면 그 원리를 알아내려 애썼습니다. 자기 것으로 만들어 남에게 소개할 수 있을 정도로 완벽하게 이해했습니다. 《소문사설》은 호기심의 산물입니다.

호기심은 인류의 가장 소중한 자산입니다. 아득히 먼 옛날, 숲속에 살던 원숭이들 중 일부가 '저 드넓은 초원에는 무엇이 있을까' 하는 호기심을 참지 못해 초원으로 기어 나왔습니다. 원숭이에게 초원은 위험한 곳입니다. 숲에 살 때는 여차하면 나무 위로 뛰어오르면 안전합니다. 하지만 초원은 피할 곳이 없습니다. 맹수를 만나 잡아먹힌 놈도 있었을 테고, 낯선 환경에서 먹이를 구하지 못해 굶어 죽은 놈도 있었을 겁니다. 하지만 죽음조차 호기심을 막지 못했습니다. 네 발로 기어다니면 멀리 볼 수가 없으니 차츰 두 발로 서는 법을 익혔고, 오랜 세월이 지나자 원숭이는 결국 인간으로 진화했습니다. 우리는 모두 호기심을 못 이겨 초원으로 나온 원숭이의 후예입니다.

인류가 이룩한 과학의 발전도 호기심의 산물입니다. 역사에 길이 남을 발견과 발명은 모두 호기심에서 시작되었습니다. 과학자들이 뭔가 쓸모가 있을 것 같아서 연구를 했던 것이 아닙니다. 그들은 그저 궁금했던 겁니다. 쓸모는 그 다음입니다. 인류가 달 표면을 밟은 것도, 지금 화성에 가려고 준비하는 것도, 그곳에 금은보화가 묻혀 있어서가 아닙니다. 그런데도 달 착륙과 화성 탐사를 위해 천문학적 예산을 쏟아 붓습니다. 그 과정에서 얻은 기술이 군사적, 상업적으로 활용되기도 하지만 그것은 우주 진출의 부산물에 불과합니다. 우주 진출의 근본적인 동기는 호기심입니다.

인문학의 원동력도 호기심입니다. 인문학의 쓸모나 가치를 이야기하는 사람이 많은데, 그것은 인문학의 본질이 아닙니다. 인문학을 하는 데 다른 이유는 없습니다. 인간의 심리와 그 인간들이 만들어낸 역사가 궁금할 뿐입니다. 인간은 왜 이렇게 행동하는가. 역사는 왜 이렇게 전개되었는가. 순수한 호기심입니다. 그렇게 알아낸 것을 어떻게 써먹을까 하는 것은 그때 가서 생각하면 됩니다.

누구나 어린 시절에는 호기심이 왕성합니다. 어린이들은 나뭇잎 하나, 돌멩이 하나에도 관심을 보입니다. 하지만 그 호기심은 점차 세파에 시달리며 무뎌집니다. 새로운 것을 보아도 무관심하거나 기껏해야 감탄에 그칩니다. 모르는 것을 보면 궁금해 하기보다는 두려워합니다. 이래서야 어린이 같은 성장과 발전은 기대하기 어렵습니다.

저는 《소문사설》을 볼 때마다 어린이의 호기심을 잃지 않고 새로운 지식과 기술을 배우려 했던 조선시대 의관이 떠오릅니다. 그리고 호기심에 가득한 눈을 반짝이며 책을 넘겨보던 여배우의 모습도 함께 떠오릅니다.

참고문헌

백승호, 부유섭, 장유승, 《소문사설 – 조선의 실용지식 연구노트》, 휴머니스트, 2011.
장유승, 《謏聞事說》의 明淸 서적 수용 양상〉, 《동양한문학연구》 57집, 동양한문학회, 2020.
이영애, 홍주영, 《이영애의 만찬 : 한식 문화로 본 우리의 아름다운 음식 이야기》, RHK코리아, 2015.

6

지옥을 피하는 방법

《예수시왕생칠재의찬요 預修十王生七齋儀纂要》

한국형 판타지의 포문, 영화 〈신과 함께〉

영화 〈신과 함께〉는 1, 2부 모두 천만 관객을 동원하며 큰 인기를 끌었습니다. 같은 제목의 웹툰을 원작으로 한 이 영화는 장르상 판타지에 속하지만 그다지 황당무계하다는 생각은 들지 않습니다. 저승사자, 시왕과 판관 등 다양한 등장인물, 그리고 망자가 49일 동안 7개의 지옥에서 재판을 받는다는 영화의 설정이 우리 정서에 깊이 뿌리내린 민속신앙에 바탕을 두고 있기 때문입니다.

비판도 있는 모양입니다. 영화가 웹툰의 전통적 정서를 충분히 반영하지 못했고, 결말이 신파조로 흘렀다는 것입니다. 클라이맥스에서 울부짖는 장면이 빠지지 않는 건 한국영화의 고질병입니다. 그래도 영화 〈신과 함께〉는 우리의 역사와 문화에 바탕한 이른바 '한국형 판타지'의 가능성을 보여주었습니다. 그전까지 한국형 판타지는 〈전설의 고향〉이 고작이었지요.

영화를 본 사람들의 소감은 한결같습니다. '착하게 살아야겠다'는 것입니다. 당연한 생각입니다. 만약 저승이 있어 생전에 지은 죄를 심판받는다면 아무도 죄를 지으려 하지 않겠지요. 그런데 앞으로는 착하게 산다지만, 이미 저지른 죄는 어떻게 씻어야 할까요? 옛사람들도 똑같은 고민을 했습니다. 그래서 나온 책이 《예수시왕생칠재의찬요預修十王生七齋儀纂要》입니다.

극락과 지옥의 갈림길에서

《예수시왕생칠재의찬요》는 예수재의 절차를 기록한 책입니다. 예수 그리스도와는 전혀 관계없는 불교 의식으로, 지옥에 떨어지지 않기 위한 공덕을 미리預 닦는修 제사齋입니다.

예수재, 영산재靈山齋, 수륙재水陸齋를 우리나라 불교의 3대 의례라고 하는데, 모두 명복冥福 즉 저승에서의 행복을 비는 의식입니다. 다만 죽은 사람의 영혼을 천도하는 영산재와 떠도는 귀신들을 천도하는 수륙재와 달리, 예수재는 살아 있는 인간의 극락왕생을 위한 의식입니다. 살아 있을 때 지내므로 '생전예수재'라고도 하고, 저승 시왕에게 지내므로 '시왕재'라고도 합니다.

예수재의 기원은 고대 인도로 거슬러 올라갑니다. 인도 마가다국의 빔비사라왕은 석가모니에게 귀의한 첫 번째 군주였습니다. 그는 석가모니의 가르침에 따라 백성을 잘 다스렸습니다. 어느 날 저승사자들이 찾아왔습니다. 왕은 당연히 극락에 갈 줄 알았지만 저승사자들이 데려간 곳은 지옥이었습니다. 왕은 항의했습니다.

"나는 생전에 나쁜 짓을 저지르지 않았는데 왜 지옥으로 데려

《예수시왕생칠재의찬요》는 예수재의 절차를 기록한 책이다. 예수재는 지옥에 떨어지지 않기 위한 공덕을 미리 닦는 제사이다. (출처: 국립중앙도서관)

왔소?"

저승사자들이 대답했습니다.

"왕께서 생전에 저승 시왕과 그 신하들에게 공양을 올리지 않았기 때문입니다."

왕은 어처구니가 없었지만 저승사자들을 설득했습니다.

"저승에 누가 있는지 모르는데 어떻게 공양을 올리겠소? 이제 저승에 시왕과 그 신하들이 있다는 사실을 알았으니, 나를 돌려보내주면 중생을 타일러 공양을 올리게 하겠소."

저승사자들은 그 말이 옳다고 여겨 빔비사라왕을 이승으로 돌려

보냈습니다. 왕은 시왕과 그 신하 259명의 명단을 가지고 돌아와 하루에 한 명씩 정성껏 공양을 올렸습니다. 훗날 왕이 다시 세상을 떠났을 때는 저승의 재판을 거치지 않고 곧장 극락으로 갔다고 합니다.

생전에 아무런 죄를 저지르지 않아도 저승 시왕에게 공양을 올리지 않으면 지옥행이라니, 부조리하다고 느낄 수도 있습니다. 하지만 저승도 이승과 똑같은 하나의 세계입니다. 어느 세계나 정의가 존재하는 한편, 부조리도 존재하기 마련이지요. 망자의 운명을 결정하는 시왕은 정의로운 존재지만, 인간과 마찬가지로 부조리한 존재이기도 합니다. 따라서 시왕을 비롯하여 보살, 판관, 장군, 귀왕, 사자, 동자 등 저승의 모든 구성원에게 미리 공양을 올려두면 지옥에 가는 것을 피할 수 있습니다. 이것이 예수재를 지내는 이유입니다.

열 곳의 지옥을 대비하다

저승 시왕의 재판을 거쳐 망자의 운명이 결정된다는 저승관을 '시왕 사상'이라고 합니다. 불교와 도교가 혼합된 저승의 세계관입니다. 시왕 사상은 《불설예수시왕생칠경佛說預修十王生七經》에 자세합니다. 이 책에 따르면 저승에는 10명의 왕이 존재합니다. 진광왕秦廣王, 초강왕初江王, 송제왕宋帝王, 오관왕五官王, 염라왕閻羅王, 변성왕變成王, 태산왕太山王, 평등왕平等王, 도시왕都市王, 전륜왕轉輪王입니다. 이들을 명부시왕冥府十王이라고 합니다.

망자는 49일 동안 7일 간격으로 7회, 그리고 100일째, 1년째, 3년째에 각 1회씩 시왕에게 총 10회의 재판을 받습니다. 그 결과에 따라

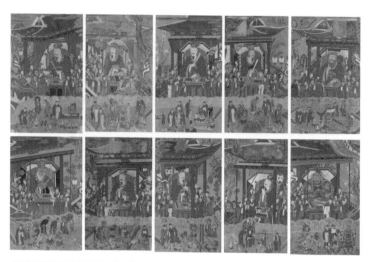

보성 대원사 시왕도(1766년). 저승시왕이 10회의 재판을 통해 망자의 운명을 결정한다는 시왕사상을 표현했다.

천상, 인간, 축생, 수라, 아귀, 지옥의 육도六道 가운데 한 곳으로 갑니다. 생전에 지은 업에 따라 내세가 결정되는 것인데, 예수재를 지내면 재판을 거치지 않고 곧장 좋은 곳으로 갈 수 있습니다.

시왕 사상은 고려시대부터 널리 퍼져 있었으니, 예수재 역시 고려시대부터 지냈을 것으로 추정됩니다. 조선시대에는 주로 윤달에 지냈습니다. 윤달이 시왕의 휴가기간이라고 믿었기 때문이지요. 조선은 유교를 숭상하고 불교를 배척한 숭유억불 정책을 펼쳤지만, 예수재는 사라지지 않고 민간에서 그 생명을 이어갔습니다. 지금도 절에 가면 명부전冥府殿이라는 건물이 따로 있지요. 저승 시왕을 모시고 공양을 올리는 곳입니다. 명부전 없는 절은 찾아보기 어렵습니다. 시왕 사상이

광범위하게 퍼져 있었다는 증거입니다. 예수재의 구체적인 절차를 기록한 《예수시왕생칠재의찬요》 역시 조선 전기부터 후기까지 계속해서 간행되었습니다. 조선시대에도 예수재를 자주 지냈다는 증거입니다.

국립중앙도서관 소장 귀중본 《예수시왕생칠재의찬요》는 1576년 안동 광흥사廣興寺에서 간행된 것입니다. 목판본이니 당시에는 여러 부를 찍었겠지만 지금은 남은 것이 별로 없습니다. 임진왜란 이전에 만든 책이므로 귀중본입니다.

이 책은 총 31편에 걸쳐 예수재의 절차를 설명했습니다. 먼저 예수재의 의의를 밝히는 '통서인유通敍因由', 자리를 깨끗이 하는 '엄정팔방嚴淨八方', 향을 피워 행사의 시작을 알리는 '주향통서呪香通序', 불佛, 부처, 법法, 율법, 승僧, 승려의 삼보三寶에게 공양을 올리는 '주향공양呪香供養'이 이어집니다. 다음은 저승의 존재들을 차례로 불러서 대접하고 돌려보냅니다.

행사의 하이라이트는 염라대왕의 등장입니다. 염라대왕을 불러오려면 주문을 외워야 합니다. 주문은 범어梵語, 산스크리트어입니다. '옴 살파 염마라도 제비야唵薩婆焰魔羅闍第呬耶'를 두 번 외고 '사하莎訶'로 끝맺습니다. '사하'는 흔히 '사바하'라고 하는데, 기독교의 '아멘'과 비슷합니다. 이어서 제문을 읽습니다.

들기로, 맑은 바람은 아래로 흩어지고 상서로운 기운은 올라가 맺힙니다. 성인과 범인의 경계가 다르지 않고 저승과 이승의 길은 이어졌습니

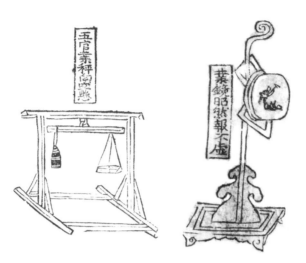

업칭業秤(왼쪽)은 죄의 무게를 가늠하는 저울로 오관왕이 사용하며, 업경業鏡(오른쪽)은 생전에 지은 죄를 보여주는 거울로 염라대왕이 사용한다. (출처: 국립중앙도서관)

다. 제단에 이미 성인을 모실 준비를 마쳤으니 다음으로 상 앞에 나아가 저승의 여러분을 널리 부릅니다. …삼가 바라건대, 멀리서 찬미하는 말을 들으시고 각자 기쁜 마음으로 삼보三寶의 위엄 있는 광채를 의지하고 오통五通, 다섯 가지 신통력의 오묘한 작용을 드러내어 궁전을 나와 저승을 떠나소서. 왕은 보석으로 장식한 수레를 타고, 신하는 울긋불긋한 안개에 올라 하인들을 데리고 제단으로 오소서. 삼가 한결같은 마음으로 우선 세 번 청합니다.

_ 제13 소청명부편召請冥府篇

말은 복잡하지만 절차는 단순합니다. '부른다, 먹인다, 보낸다'의 반복입니다. 대접할 존재가 워낙 많다보니 한참 동안 이어집니다. 공양을 마치면 지전紙錢을 불태우고 종료를 고합니다. 각 절차에서 낭독하는 진언眞言, 주문, 게송偈頌 등도 실려 있습니다. 예수재를 진행하는 승려들은 이 책을 보며 의식을 진행했을 것입니다.

《예수시왕생칠재의찬요》는 불경의 일종입니다. 불경의 세계는 심오합니다. 한중일 삼국에서 불경을 제외한 모든 책을 합쳐도 불경의 규모에 미치지 못합니다. 책의 역사에서도 불경은 대단히 중요합니다. 유럽의 출판 역사를 말할 적에 성경을 빠뜨릴 수 없는 것과 마찬가지입니다.

사후세계를 믿는 이유

사후세계는 존재할까요? 죽기 전에는 알 수가 없으니 사후세계는 믿음의 영역에 속합니다. 그렇다면 사람들은 왜 사후세계가 있다고 믿는 것일까요? 현실의 부조리 때문입니다. 만약 우리가 살고 있는 이 세상에서 착한 사람은 항상 상을 받고 나쁜 사람은 항상 벌을 받는다면, 사후세계를 믿는 사람은 없을 것입니다. 하지만 현실은 그렇지 않으므로 죽은 뒤에나마 공정한 심판을 받았으면 하는 바람으로 사후세계의 존재를 믿는 것입니다. 사후세계는 신상필벌과 권선징악이 통하지 않는 부조리한 현실의 산물입니다.

사후세계에는 현실에서 이룰 수 없는 소망이 반영되어 있지만, 현실의 모습이 그대로 반영되어 있기도 합니다. 사후세계가 현실을 닮은 것은 이 때문입니다. 사후세계의 신부터가 인간을 닮았습니다. 인간처럼 기뻐하고, 인간처럼 분노합니다. 인간처럼 먹고 마시기도 합니다. 어떤 이는 신이 인간을 만들었기 때문이라고 하지만, 제가 보기에 신과 인간이 닮은 이유는 인간이 신을 만들었기 때문입니다. 인간이 만들어낸 사후세계는 역사와 문화의 산물입니다. 그러므로 서양 사람이 믿는 사후세계와 동양 사람이 믿는 사후세계는 전혀 다르지요. 한국, 중국, 일본의 사후세계도 조금씩 다릅니다.

시왕 사상에 따르면 저승은 계급사회입니다. 당시 사회가 계급사회였기 때문입니다. 저승에도 왕과 신하가 있고, 신하들은 관료제에 따른 위계가 있습니다. 저승은 생전에 지은 죄를 심판하는 정의로운 세상입니다. 하지만 이승과 마찬가지로 부조리도 존재하지요. 뇌물을 받고 특혜를 주기도 합니다. 엄밀히 따지면 예수재는 저승의 구성원들에게 바치는 뇌물입니다.

이러한 부조리는 종교의 존속을 위해서도 필요합니다. 종교는 현실적인 기반 없이 존재할 수 없습니다. 사찰은 시주를 받고, 교회는 헌금을 받아야 합니다. 예수재 역시 사찰의 운영에 기여했을 것입니다. 하지만 예수재를 지내는 사람들은 마음의 평화를 얻었을 것이니 손해 보는 거래는 아니지요. 저승은 이승의 거울입니다. 이승의 소망이 투영되고, 이승의 현실이 반영됩니다. 종교는 비현실적인 것처럼 보여도 지극히 현실적입니다.

참고문헌

오경후, 〈생전예수재의 종교문화적 기초〉, 《한국사상과 문화》 90집, 한국사상문화학회, 2017.
한상길, 〈조선시대 생전예수재 연구〉, 《역사민속학》 49집, 한국역사민속학회, 2015.

우리 동네 역사책
《훈도방주자동지 薰陶防鑄字洞志》

조선의 출판도시, 주자동

서울은 세계적으로 손꼽히는 대도시입니다. 27개 자치구와 424개 행정동에 천만 인구가 거주합니다. 수도권에서 평생을 보낸 저도 어느 동네가 어디 붙어 있는지 헷갈릴 때가 많습니다. '서울공화국'이라는 말이 있듯이 서울은 도시의 수준을 넘어선 지 오래입니다.

서울이 원래부터 이렇게 거대했던 건 아닙니다. 서울의 팽창은 일제강점기부터 시작되었습니다. 조선시대 서울은 지금보다 훨씬 작았지요. 조선시대 서울은 한양 도성이 둘러싸고 있는 사대문 안과 그 주위 4킬로미터, 다시 말해 종로구와 중구를 합친 정도에 불과했습니다. 오늘날 서울 면적의 1/20 수준입니다.

조선시대 서울은 동서남북중 5개의 부部로 나뉘어졌습니다. 부는 지금의 자치구에 해당합니다. 각 부에는 십여 개의 방坊이 있었습니다. 지금의 행정동과 비슷한 개념입니다. 방 아래에는 계契 또는 동洞이라고 하는 더 작은 행정구역이 있었습니다. 일상생활이 이루어지

지도에 네모로 표시된 훈도방 주자동은 남산 북쪽 기슭의 작은 마을로 훈도방은 조선시대 서울의 남부에 속한 11개 방의 하나이며, 주자동은 훈도방에 속한 9개 동의 하나이다. (출처: 서울대학교 규장각한국학연구원)

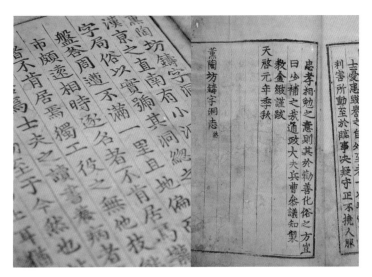

《훈도방주자동지》. 왼쪽은 첫머리에 수록된 박승종朴承宗의 서문, 오른쪽은 마지막에 수록된 김치金致의 발문이다. (출처: 국립중앙도서관)

는 '동네'의 개념입니다. 아파트 단지와 비슷하다고 할까요. 조선시대 서울에는 이런 동네가 3백 개쯤 있었습니다.

동네마다 고유한 역사가 있고, 남다른 특색이 있었겠지만 지금은 알 수가 없습니다. 기록이 남아 있지 않기 때문입니다. 지금의 시, 군에 해당하는 거대 행정구역의 역사를 기록한 읍지邑誌는 많지만, 생활의 중심이 되는 작은 동네에 관한 기록은 극히 드뭅니다. 이 점에서 《훈도방주자동지》는 귀중한 자료입니다.

훈도방 주자동은 남산 북쪽 기슭의 작은 마을입니다. 훈도방은 조선시대 서울의 남부南部에 속한 11개 방의 하나이며, 주자동은 훈도방

에 속한 9개 동의 하나입니다. 1407년(태종7), 활자를 주조하는 주자
소鑄字所를 이곳에 설치하였으므로 주자동이라는 이름이 생겼습니다.
지금의 남산스퀘어 빌딩 자리입니다. 이곳에서는 숭유억불의 나라답
게 사찰의 범종, 나팔, 놋그릇 따위를 녹여 금속활자를 주조했습니다.
아울러 책을 간행하는 업무를 담당한 관청 교서관校書館의 별관을 이곳
에 두어, 주조한 활자로 책을 만들었습니다. 주자동은 조선의 출판도
시였던 것입니다. 이제 옛 자취는 거의 찾아볼 수 없지만, 주자동이라
는 이름만은 지금도 남아 있습니다.

동네의 역사를 책으로 만들다

《훈도방주자동지》는 36장에 불과한 작은 책입니다. 주자동 출신
선비 권희權憘, 1547~1624와 권반權盼, 1564~1631이 편찬했습니다. 두 사람은
모두 안동권씨입니다. 주자동은 안동권씨가 조선 초기부터 대대로 살
던 곳입니다. 장의동壯義洞에 사는 안동김씨를 장동김씨壯洞金氏라고 불
렀던 것처럼, 주자동에 사는 안동권씨를 주동권씨鑄洞權氏라고 했습니
다. 안동권씨가 이 책의 편찬에 앞장선 것도 당연하겠지요.

이 책을 인쇄하는 데 사용한 활자는 훈련도감자訓鍊都監字입니다. 훈
련도감자는 임진왜란으로 수많은 책이 불타 없어지자 급히 책을 보
충하기 위해 만든 활자입니다. 훈련도감이라는 군사 조직을 이용해서
만들었기 때문에 훈련도감자라고 하지요. 임진왜란을 겪고 나서 훈련
도감을 설치했는데, 정작 전쟁이 일어나지 않아 할 일이 없으니까 이
를 이용해 출판사업을 벌인 것입니다.

임진왜란 이후로 족보를 비롯한 각종 문헌의 인쇄가 활발해집니다. 한 차례 전쟁을 겪은 사람들이 인쇄의 중요성을 깨달았기 때문입니다. 하나뿐인 원고가 전쟁으로 없어지면 큰일입니다. 그러니 인쇄해서 여러 권으로 만들어놓으면 무슨 일이 일어나도 한 권쯤은 살아남을 수 있습니다. 모든 문헌을 인쇄할 수는 없으므로 여기저기서 중요한 내용을 뽑아 한 권으로 엮기도 했습니다. 전쟁은 책이 사라지는 계기가 되기도 하지만 책을 만드는 계기가 되기도 합니다.

《훈도방주자동지》 역시 이러한 배경에서 만들어진 책입니다. 이 책 마지막의 '천계원년계추天啓元年季秋'라는 간기刊記로 미루어 1621년(광해군13) 9월에 간행한 것으로 보입니다. 이 책은 나무 활자를 이용하여 간행한 목활자본입니다. 일반적으로 목활자본은 금속활자로 간행한 책만큼 귀한 대접을 받지는 못하지만, 임진왜란 직후 간행한 오래된 책인데다 동네의 역사를 정리한 드문 책이므로 귀중본으로 지정되어 있습니다.

권희와 권반 두 사람은 이 책을 완성한 뒤 박승종朴承宗, 1562~1623에게 서문을 받아 간행했습니다. 박승종의 집 역시 주자동에 있었습니다. 임진왜란 이전에 세운 것으로 상당히 화려했다고 합니다. 박승종의 당색은 북인으로 당시 영의정이었습니다. 강경파에 속하여 수많은 정적을 만든 이이첨李爾瞻과는 달리 온건파에 속했지만, 북인 정권의 핵심이었다는 사실만은 부정할 수 없습니다. 게다가 손녀가 세자빈이 되었으니 광해군과 사돈 간이기도 하지요.

이 책이 간행된 지 2년도 못 되어 인조반정이 일어났습니다. 인조반정을 주도한 것은 북인에게 핍박받던 서인이었습니다. 광해군은 왕위에서 쫓겨나고, 박승종은 아들과 함께 스스로 목숨을 끊었습니다. 어차피 살기는 글렀으니, 붙잡혀 모진 고초를 겪을 바에는 차라리 일찌감치 죽는 것이 낫다는 판단이었겠지요. 박승종의 주자동 저택은 반정공신 이시백李時白에게 넘어갔습니다. 집안이 풍비박산 나는 바람에 전하는 글이 별로 없습니다. 이 책에 실려 있는 서문이 그중 하나입니다.

한양 정남쪽에 작은 동네가 있으니 훈도방이라고 한다. 훈도방에 주자국籌字局이 있으므로 세상 사람들이 이 동네를 주자동이라고 부른다. 남산이 이불처럼 주위를 둘러싸고 있어 둘레가 1리도 못 된다. 게다가 위치가 외지고 길이 멀어서 조정과 시장이 제법 멀다. 시세를 엿보아 벼슬을 얻으려는 자는 이곳에 살려고 하지 않고, 물건을 사고팔아 이익을 보려는 자도 이곳에 살려고 하지 않는다. 다른 재주 없는 장인이 책을 인쇄하느라 거주하고, 독서하거나 요양하는 사대부가 널찍한 이곳을 좋아해서 거주한다. 개국 초부터 지금까지 그러하였으니, 유명하고 큰 동네에 비하면 적막하고 무료할 뿐이다.

그렇지만 아침에 꽃 피고 저녁에 달이 뜨면 젊은이와 노인이 술병과 찬합을 손에 들고서 모두 모이고, 귀한 사람과 천한 사람이 신분을 잊은 채 실컷 즐기는 일이 매년 벌어진다. 이것은 다른 동네에 없는 일인데 이 동네에서만 시간이 갈수록 더욱 부지런히 하는 이유는 무엇인가.

성인 공자는 어진 풍속이 있는 마을이 아니면 거주하지 않았고, 한나라

재상 소하는 반드시 외진 곳에 집터를 정했으니, 지금 이 동네에서 비로소 그 이유를 알 수 있다. 초상이 나거나 우환이 생기면 기어가서라도 도와주고, 재주나 행실이 뛰어난 사람이 있으면 널리 알리고 존경한다. 부유한 사람은 의리를 잃지 않고, 가난한 사람도 안빈낙도하며 서로 친하고 서로 아끼며 시종일관 변치 않는다. 만석꾼의 집과 가난뱅이의 집이 이곳에 모두 모여 있다고 해도 과언이 아니다.

_ 박승종, 〈훈도방주자동지의 서문〉,《훈도방주자동지》

박승종의 서문에 따르면 주자동은 둘레가 1리도 못 되고 당시 서울 중심가와의 거리도 제법 먼 동네였습니다. 이 때문에 권력을 추구하거나 돈을 벌려는 사람은 이 동네에 거주하지 않았습니다. 오로지 책 만드는 기술자와 책 읽는 선비만 모여 살았습니다. 외진 동네였지만 인심은 좋았습니다. 봄날 달밤이면 어른과 아이, 양반과 상놈이 한자리에 모여 즐겁게 놀았습니다. 효자와 열녀, 그리고 기묘사화와 을사사화에 희생된 수많은 선비들을 배출한 동네라는 자부심도 있었습니다. 주자동은 지역공동체의 *끈끈한* 정이 살아 있는 곳이었습니다. 이것이 동네의 역사를 책으로 정리하게 된 배경입니다.

주자동 사람들

지역사회에 대한 기록으로 가장 일반적인 형태는 읍지^{邑誌}입니다. 읍지는 시, 군 단위로 편찬되는데, 여기에는 행정구역의 변천과정, 지리적 특색, 지역 풍속, 각종 건물 및 유적 현황, 출신 인물 등이 수록

조선시대의 지리지는 주로 고을 단위로 편찬되었기 때문에 《망우동지》와 같은 마을 단위의 지리지는 극히 드물다. (출처: 서울역사박물관)

됩니다. 《훈도방주자동지》의 구성 역시 일반적인 읍지와 비슷합니다. '공관公館', '사우祠宇', '고적古跡', '풍속風俗', '효자孝子', '절부節婦', '명환名宦'의 7개 항목으로 구성되어 있습니다.

'공관'은 관청입니다. 당시 주자동에 있었던 교서관의 조직과 인원을 간략히 소개했습니다. '사우'는 사당입니다. 주자동 사람들은 기도할 일이 있으면 남산 꼭대기의 국사당國祠堂을 찾아갔다고 합니다. 국사당은 남산의 산신을 모신 곳으로, 조선 태조 때 세운 유서 깊은 사당입니다. 지금 남산 팔각정이 있는 곳이지요. 1925년 일제가 조선신궁을 세우면서 철거하여 인왕산으로 옮겼습니다.

'고적'은 주자동 일대의 유적입니다. 국사당 아래에 있는 우물 성재정聖齋井, 동네 사람들이 친목을 다지는 강신대講信臺, 동네 무사들이 활쏘기를 연습하는 탑현塔峴, 세조 임금이 물을 마셨다는 어수정御水井이 있습니다. '풍속' 항목에서는 고을 풍속이 도탑기로 유명하며, 1586년부터 향약鄕約을 시행하고 있다는 사실을 자랑했습니다.

'효자', '절부', '명환'은 고을 출신의 효자, 열녀와 이름난 관원에 대한 소개입니다. 이 책의 대부분을 차지하고 있습니다. 모든 역사는 결국 사람의 역사이기 때문입니다. 주자동 출신의 효자는 5명, 열녀는 3명이며, 이중 3명은 천민입니다. 책 만드는 기술자로 천민 신분이었던 조명중趙命仲은 병든 아버지를 위해 손가락을 잘랐고, 술장사를 하던 천민 말금末今은 남편이 죽자 삼년상을 치르고 자기가 죽을 때까지 제사를 지냈으며, 의정부 소속 여종 세옥世玉은 남편을 따라 죽었다고 합니다. 주목할 만한 행실이 있으면 신분에 관계없이 수록한 것입니다.

주자동 출신의 이름난 관원은 성리학을 도입한 안향安珦의 후손들, 세조의 오른팔 권람權擥, 기묘사화에 희생된 기준奇遵, 〈어부가漁父歌〉의 작자 이현보李賢輔, 퇴계 이황의 형 이해李瀣, 북인 정권의 영수 이산해李山海, 임진왜란 때 진주성 전투를 승리로 이끈 김시민金時敏 등입니다. 주자동에서 나고 자란 사람만 수록한 것이 아니라 지방에서 올라와 잠시 살았던 사람도 수록했습니다. 그들 역시 동네 사람으로 인정해 주었던 것입니다.

동네 소식지가 필요한 이유

《훈도방주자동지》는 조선 후기에 귀중한 사료로 이용되었습니다. 성호 이익, 순암 안정복 등이 이 책을 고증에 활용한 적이 있습니다. 국가가 만든 역사서와 지리지가 조명하지 못한 부분을 조명한 덕택입니다.

하지만 이 책과 같은 동네 기록은 손에 꼽을 정도입니다. 서울의 경우, 이 책과 중랑구 망우동의《망우동지忘憂洞誌》(1760)가 고작입니다. 만약 동네마다 이런 책을 만들었다면 우리는 서울의 과거를 지금보다 자세히 알 수 있을 것입니다. 뿐만 아니라 서울은 지금보다 다채로운 역사와 문화를 가진 도시가 되었을 것입니다. 아쉽지만 지난 일이니 어쩔 수 없고, 중요한 것은 이제부터입니다.

지금도 동네 소식지를 만드는 사람들이 있습니다. 돈이 되는 것도 아니고 누가 알아주는 것도 아닙니다. 단지 주민의 화합과 동네의 발전에 기여한다는 믿음으로 하는 일이지요. 자잘하고 쓸모없는 것처럼 보이지만, 이것이야말로 생활에 밀착된 소중한 기록입니다. 먼 훗날을 위해 수집하고 보존할 필요가 있습니다.

동네 소식지만이 아닙니다. 공공기관의 기관지, 회사의 사보, 학교의 학교신문도 마찬가지입니다. 누군가에게는 요긴한 정보를 전해주고, 구성원들을 이어주는 소통의 창구가 되기도 합니다. 하지만 예산이 부족해지면 1순위로 없어지곤 하지요. 이러한 군소 매체들은 매스미디어의 눈길이 닿지 않는 곳을 독특한 시각으로 속속들이 비춰줍니다. 저마다 다른 눈으로 보고 다른 목소리를 내는 매체들이 존재해야 하는 이유입니다.

참고문헌

윤재호, 〈역사탐방 − 주자동〉,《프린팅코리아》 39집, 대한인쇄문화협회, 2005.

마치며

귀중한 책의 역사는 계속된다

경주 불국사 석가탑에서 발견된 '무구정광대다라니경無垢淨光大陀羅尼經'은 세계 최고의 목판인쇄물입니다. 폭은 6센티미터 남짓에 불과하지만 길이는 6미터가 넘습니다. 두루마리 화장지의 축소판입니다. 이걸 '책'이라고 부를 수 있을지는 모르겠지만, 심오한 의미가 담긴 불경인데다 총 글자 수가 5천 자가 넘으니, 책에 버금가는 인쇄물이라고 해도 좋을 것입니다.

그런데 한 가지 의문이 있습니다. 목판인쇄는 원래 대량 생산을 위한 것입니다. 하지만 당시 신라에 다라니경을 읽을 수 있는 사람은 극소수에 불과했을 것입니다. 그들만을 위해 다라니경의 목판을 만들었다면 아무래도 수지가 맞지 않지요. 차라리 글씨 잘 쓰는 사람을 시켜 붓글씨로 써서 나누어주는 쪽이 저렴합니다. 그럼에도 목판인쇄를 선택한 이유는 무엇일까요?

아마 다라니경을 필요로 하는 사람은 글을 읽을 줄 아는 사람만이 아니었을 겁니다. 글을 읽지 못해도 다라니경이 필요한 사람들이 있었을 터인데, 과연 읽지도 못하면서 책이 왜 필요했을까요?

불경은 성물聖物입니다. 탑 속에도 넣고 불상의 몸속에도 넣고 무덤 속에도 넣습니다. 반드시 읽기 위한 것만은 아니지요. 어딘가 보관해두는 것도 다라니경의 기능입니다. 다라니경의 목판인쇄는 아마도 그런 종교적 필요에 의해 이루어졌을 것으로 추측해볼 수 있습니다.

해인사 장경판전에 즐비한 팔만대장경 역시 읽기 위해 만든 책이 아닙니다. 고려는 불교국가였으니 불경을 읽고 이해할 능력이 있는 사람이 제법 많았겠지만, 그들만을 위해 이 거대한 국가적 사업에 착수했으리라 생각하기는 어렵습니다. 잘 알려진 대로 팔만대장경은 거란의 침입을 극복하기 위해 만든 것입니다. 불경이라는 성물의 힘을 정말로 믿어서 그랬는지, 아니면 그 힘을 믿는 사람들의 협력을 이끌어내려고 그랬는지는 모르겠지만, 어쨌든 많은 사람들이 읽기를 바라고 만든 것이 아니라는 점만은 확실합니다.

고려의 금속활자 역시 많은 사람에게 책을 보급하기 위해 만든 것은 아닙니다. 당시 기술로 금속활자는 대량 생산에 적합하지 않았습니다. 대량 생산이 목적이었다면 목판인쇄를 선택했을 겁니다. 한중일 삼국 중 유독 우리나라에 금속활자인쇄가 발달한 이유는 대량 생산이 필요하지 않았기 때문입니다. 현재까지 알려진 고려 최초의 금속활자본 서적 《상정고금예문詳定古今禮文》(1234)은 고작 28부를 찍었습니다. 국가의 전례典禮에 관한 어려운 책이니 애당초 많은 독자를 기대할 수가 없는 책입니다. 조선시대도 마찬가지였습니다. 조선시대 금속활자본 서적의 간행부수는 대개 2, 30부, 많아야 1백 부 수준이었습니다.

활자를 만드는 데 많은 비용이 들지만, 일단 한 번 만들어 놓으면 두고두고 써먹을 수 있습니다. 활자를 다시 조판하면 얼마든지 새로운 책을 만들 수 있기 때문입니다. 목판은 그렇지 않습니다. 목판은 한 가지 책을 만드는 데만 사용할 수 있습니다. 새로운 책을 만들려면 목판을 다시 새겨야 하기 때문입니다. 목판은 단일품종 대량 생산에 적합한 인쇄 방식입니다. 수요가 충분하다면 목판으로도 다품종 대량 생산이 가능합니다. 여러 종류의 목판을 만들어 책을 많이 찍으면 되기 때문입니다. 실제로 일본과 중국은 그렇게 했습니다. 하지만 우리는 그만한 수요가 없었습니다. 이것이 우리나라에 활자인쇄술이 발달한 이유입니다.

우리나라의 금속활자는 다품종 소량 생산을 위한 것이었습니다. 구텐베르크의 금속활자는 내구도와 조판 방식의 혁신을 이루어 다품종 대량 생산이 가능했지만, 우리 활자는 그렇지 못했습니다. 조선 최초의 활자 계미자는 하루에 몇 장 찍어내는 것이 고작이었고, 경자자는 20장, 갑인자에 와서야 비로소 40장에 도달했습니다. 우리나라 금속활자의 하루 인출량은 이때 이미 한계에 다다랐습니다. 조선 후기까지도 금속활자의 하루 인출량은 40장을 넘지 못했습니다. 옛 책 한 권은 적게는 100장, 많게는 200장 정도입니다. 교서관의 역량을 최대한 가동해도 책 한 권 만들려면 3~5일이 걸립니다. 구텐베르크 이후 유럽 각지에 인쇄소가 우후죽순으로 생겨난 반면, 우리나라는 조선 말기까지 교서관 한 곳에서만 금속활자인쇄가 가능했습니다. 이래서야 대량 생산은 언감생심인 셈이지요.

금속활자의 한계 때문에 조선은 출판을 이원화했습니다. 중앙의 교서관에서 활자로 책을 소량 제작하고, 이것을 지방으로 보내 각 지방 관청에서 목판으로 간행해 보급했습니다. 덕택에 유교 경전을 비롯한 기초 학습서, 각종 실용서가 널리 보급되는 길이 열렸습니다. 하지만 그뿐이었습니다. 국가가 출판을 장악한 결과, 국가의 이념과 정책에 봉사하는 책만 출판 가능했습니다. 그에 반하는 책은 애당초 집필하기도 어려웠거니와, 설사 누군가 죽음을 각오하고 집필하더라도 보급할 방법이 없었습니다. 상업 출판의 발달로 비교적 이른 시기부터 다양한 책이 시장에 출현했던 중국이나 일본과 달리, 우리의 출판문화에는 다양성을 찾아보기 어려웠습니다. 이념과 정책에 반하는 책은 물론, 오락적 성격이 강한 책도 드물었습니다. 국가에서 보급하는 학습서와 실용서조차도 부족한 형편이었으니 당연한 일이 아니었을까요.

국가의 이념과 정책에 회의를 품고, 문제를 제기하며, 대안을 탐색하는 것이 지식인의 책무입니다. 조선에는 많은 지식인이 존재했고, 그중 일부는 본연의 책무를 다했습니다. 그들은 자신들이 품었던 회의와 제기한 문제, 탐색한 대안을 글로 남겼습니다. 그 글을 별도의 책으로 만들기도 하고, 개인 저술인 문집의 일부에 넣기도 했습니다. 하지만 공론화는 불가능했지요. 출판이 불가능했기 때문입니다. 결국 새로운 지식의 유통은 알음알음 빌려 보고 느릿느릿 베껴 쓰는 식으로 이루어졌습니다. 주위 사람들이 힘을 모아 문집을 간행하더라도 널리 보급하기는 어려웠습니다. 수요도 많지 않고, 유통할 방법도 없었기 때문입니다.

조선은 독서인구도 적었을 뿐만 아니라 상업 출판이 뿌리내리기 어려운 구조였습니다. 그렇다고 책을 필요로 하는 사람이 없었던 것은 아닙니다. 지식인은 소수지만 다양한 책을 필요로 합니다. 이 때문에 조선은 중국에서 대량의 서적을 수입하고, 다품종 소량 생산으로 출판의 활로를 모색했습니다. 오늘날 우리 출판시장에서 번역서가 차지하는 비중이 외국에 비해 현저히 높고, 갈수록 소수의 독자를 위한 다품종 소량 생산에 치중하는 상황과 비슷해 보입니다.

조선시대의 책은 크게 두 종류로 나뉩니다. 다수의 독자를 위한 책과 소수의 독자를 위한 책으로 말입니다. 앞서 말한 학습서와 실용서는 전자에 속하고, 그 밖의 모든 책은 후자에 속합니다. 국가기록물이자 역시 유네스코 세계기록문화유산인 조선왕조실록과 승정원일기, 그리고 의궤는 많은 독자를 위한 책이 아닙니다. 국가 운영을 위해 전례를 참고할 관원 및 먼 훗날의 역사가를 위한 책이었습니다. 조선시대 문헌의 40%를 차지하는 개인 문집 역시 보급을 목적으로 만든 책은 아닙니다.

그렇다면 그들은 누구를 위해 책을 만들었을까요?

오늘날의 저자는 독자를 위해 책을 만듭니다. 저자와 독자가 직접 만나지는 못하더라도, 저자는 책을 통해 자기가 하고 싶은 이야기를 독자에게 들려줄 수 있습니다. 그러므로 저자는 책이 독자에게 닿을 수 있도록 모든 노력을 다합니다. 가급적 많은 독자가 자신의 책을 읽어주길 바라지요. 많은 독자의 존재는 전업 작가의 필수 조건이기도 합니다. 혹자는 이를 근대적 작가의 존재 조건이라고도 합니다.

그러나 이 같은 관념은 그리 오래된 것이 아닙니다. 독자가 자신의 책을 읽어주기를 바라는 저자의 마음이야 예나 지금이나 마찬가지지만, 옛날에는 많은 독자가 돈을 내고 자신의 책을 사 보기를 기대하기는 어려웠을 겁니다. 책을 팔아 먹고사는 건 불가능에 가까웠습니다. 정부가 출판을 주도했고, 책의 유통도 활발하지 않았던 우리나라는 물론이고, 상업 출판이 비교적 활발하고 유통망이 발달했던 중국과 일본에서도 쉽지 않았습니다. 책으로 돈을 버는 사람이 있었다면 저자가 아니라 출판업자였습니다. 저작권 개념도 없던 시절이니, 조금 인기가 있다 싶은 책은 똑같이 만들어 팔면 그만이었습니다.

많은 독자를 기대하기 어려운 이유는 또 있습니다. 글을 읽을 줄 아는 사람이 많지 않았기 때문입니다. 신분제 사회에서 미천한 평민이나 노비가 책을 읽을 수 있었겠습니까. 설사 그들에게 인기를 얻은 책이 있었다 한들, 지식인 사회에서 인정받기는 어려웠을 것입니다. 그럼에도 과거의 저자들은 꾸역꾸역 책을 만들었습니다. 그것도 아주 수준 높은 책을 말입니다. 무엇을 위해서였을까요?

한나라 양웅揚雄이 《주역》을 본떠 《태현경太玄經》이라는 책을 만들었습니다. 사람들은 비웃었습니다.

"요즘 사람들은 《주역》조차 읽지 않는데, 이렇게 어려운 책을 누가 읽겠는가? 이 책은 장독 덮개로 쓰이게 될 것이다."

양웅은 대답했습니다.

"세상이 나를 알아주지 않아도 상관없다. 나는 후세의 자운子雲을 기다린다."

자운은 양웅 자신의 자입니다. 그는 많은 사람이 읽기를 바라며 책을 만든 것이 아니었습니다. 먼 훗날, 누군가가 자신이 만든 책을 통해 자신의 존재를 알아주길 기대했을 뿐입니다. 양웅만이 아니었습니다. 과거에 책을 만든 사람들은 모두 같은 생각을 했습니다. 그들은 많은 독자를 기대하지 않았습니다. 다만 책의 가치를 알아줄 단 한 사람의 독자를 기대했을 따름입니다.

조선 지식인의 저술은 대부분 간행되지 못했고, 운 좋게 간행되어도 널리 보급되지 못했습니다. 당대의 독자를 기대할 수 없었던 그들은 후대의 독자를 위해 저술을 정리하고 보관했습니다. 그 결과가 세계 어디에 내놓아도 부끄럽지 않은 수준의 기록문화입니다. 그 악조건 속에서 이 정도의 문화 수준을 유지했다는 것이 오히려 놀랍습니다. 이 점에서 조선시대 출판문화는 갈수록 소외되고 있는 우리 출판문화에 시사하는 바가 있다고 생각합니다.

이 책에서 소개한 귀중본은 모두 국립중앙도서관 소장본으로 오늘날 그 가치를 널리 인정받고 있습니다. 하지만 귀중본에 절대불변의 기준이 있는 것은 아닙니다. 귀중한 책은 시대에 따라 달라집니다. 이 점은 국립중앙도서관의 전신 조선총독부 도서관의 귀중도서를 보면 알 수 있습니다.

조선총독부 도서관이 펴낸《문헌보국文獻報國》이라는 잡지가 있습니다. 1935년부터 1944년까지 발행되었지요. '문헌보국'이라는 잡지 제목부터가 수상합니다. 문헌으로 나라에 보답한다니, 군국주의 냄새가 물씬 풍깁니다. 순수한 연구가 아니라 일본의 조선 통치에 기여하겠다는 의미입니다. 이 잡지의 '본관 귀중도서'라는 코너에서 귀중본을 소개했습니다.

소개한 책은 《이세물어伊勢物語》, 《포은시고圃隱詩稿》, 《장승법수藏乘法數》, 《송월청완松月淸玩》, 《화이통상고華夷通商考》, 《일본서기日本書紀》, 《백씨문집白氏文集》, 《춘무상국척독春畝相國尺牘》, 《화완포략설火浣布略說》, 《일본도설日本圖說》 등입니다. 《포은시고》를 제외하면 모두 일본인의 저작이거나 일본에서 간행된 책입니다. 정몽주의 《포은시고》가 포함된 것은 그가 일본에 사신으로 가서 지은 시가 실려 있기 때문으로 보입니다. 총독부 입장에서 귀중본의 기준은 일본과의 관련이었습니다.

주로 일본인 연구자들이 집필을 맡았는데, 필진에 이재욱이라는 조선인이 끼어 있습니다. 해방 후 초대 국립도서관 관장을 맡은 분이지요. 이 분이 귀중도서 코너에서 조선본을 여럿 소개했습니다. 노수신盧守愼의 《자훈언해字訓諺解》, 선조 임금의 넷째 아들 이후에게 내린 공신교서 《호성공신신성군후교서扈聖功臣信城君珝教書》, 통신사 서기 김선신金善臣의 일본 여행기 《청산도유록淸山島遊錄》입니다. 해방 후 부관장을 맡은 박봉석이라는 분도 고려 문헌 《불조삼경주佛祖三經註》를 소개했습니다. 아무래도 일본과 관련 있는 문헌에 치우쳐 있지만, 그나마 이분들 덕택에 우리 입장이 조금이나마 반영된 건 다행입니다.

해방 후에는 국수주의적 풍조가 유행하면서 한글 문헌이 각광받았습니다. 『훈민정음해례본』 같은 국보급 문헌을 비롯한 각종 언해본, 천대받던 한글 소설들의 위상도 높아졌습니다. 편지 한 장조차 한글로 적혀 있으면 주목받았지요. 반대로 한문 문헌은 소외되었습니다. '한문은 중국 것'이라는 편견 때문이었지요. 반환문화재를 '종이뭉치' 취급한 이유도 마찬가지입니다.

한글이 중요하다는 사실은 긴 말이 필요 없지만, 한문으로 기록된 문헌을 도외시하면 우리 역사와 문화의 폭은 형편없이 좁아집니다. 전근대 한문은 중국의 문자가 아니라 동아시아의 공통 문자였기 때문입니다. 언어가 사고에 미치는 영향을 무시하는 것은 아니지만, 언어는 그릇입니다. 그릇이 달라진다고 내용물이 달라지지는 않습니다. 양푼에 담든 도자기에 담든 음식 맛은 그대로입니다. 한문 문헌도 우리의 귀중한 문화유산입니다.

이처럼 어떤 책이 귀중한지는 시대에 따라 달라집니다. 애당초 '책'의 개념과 역할부터가 시대에 따라 달라지지요. 지금의 책은 접근이 용이한 대중 매체이지만, 책의 역사 전체를 놓고 보면 책이 대중적으로 소비된 시기는 그리 길지 않습니다. 책의 전성기는 20세기입니다. 근대에 접어들어 출판 기술이 비약적으로 발전하고, 교육에 힘입어 독자층이 폭발적으로 확대된 결과입니다. 이런 시기는 예전에도 없었고, 앞으로도 없지 않을까요.

지금은 책보다 쉽고 재미있는 매체가 널려 있습니다. 한 권의 책을 많은 독자에게 판매하여 수익을 얻는 상업출판의 시대는 조만간 막을 내릴지도 모르겠습니다. 책은 옛날처럼 소수의 독자를 위한 매체로 회귀하려는 조짐이 보입니다. 대세가 그러하니 어쩔 수 없습니다만, 오로지 책만이 줄 수 있는 혜택이 분명히 존재하는데, 번거롭고 어렵다는 이유로 책을 멀리한다면 그 혜택을 스스로 포기하는 것이나 다름없습니다.

독자가 아무리 적더라도 책의 영향력은 결코 작지 않습니다. 지금까지 그래왔듯 책은 앞으로도 학문의 진보, 나아가 사회의 진보에 일조할 것입니다. 이것이 책을 쓰는 사람, 책을 만드는 사람, 책을 읽는 사람의 의무입니다. 그리고 책을 사랑하는 사람이 존재하는 한, 귀중한 책의 역사는 계속될 것입니다.